Margret Feils

Die KLAVIER-SPIEL-SCHULE

mit Lilli und Resa

Band 2

Illustrationen von Martin P. Hirschberg

Inhalt

Vorwort

Die vorliegende Klavier-Spiel-Schule in 3 Bänden richtet sich vor allem an die jungen Klavierschüler. Mit Band 1 kann jederzeit im Grundschulalter begonnen werden.

Wie der Titel schon verrät, geht es hier sehr spielerisch zu. Die beiden Hauptfiguren (*Lilli* und *Resa*) begleiten die Schüler durch die ersten beiden Bände und ziehen sich erst im 3. Band allmählich von der Bildfläche zurück.

Lilli und *Resa* übernehmen die Rolle der Entdecker und Erfinder und bieten eine vorzügliche Chance, den Klavierunterricht in Zweiergruppen durch Rollenspiel zu gestalten. Selbstverständlich kann auch der Einzelunterricht mit diesem sinnvollen Lernmedium bereichert werden.

Auch die Texte, häufig in Dialogform angelegt, dienen dazu, das Unterrichtsgeschehen lebhaft und spielerisch zu gestalten. Da diese Texte den Lernstoff ausführlich behandeln, sind sie für die Schüler, die schon lesen können, eine wertvolle Lernhilfe. Aber auch das elterliche Vorlesen kann den Klavierunterricht aktiv unterstützen. Des weiteren bleibt es dem/der unterrichtenden Lehrer/in überlassen, inwieweit er/sie diese Texte als Grundlage zum Unterrichtsgespräch, bzw. zum Rollenspiel einfließen lässt.

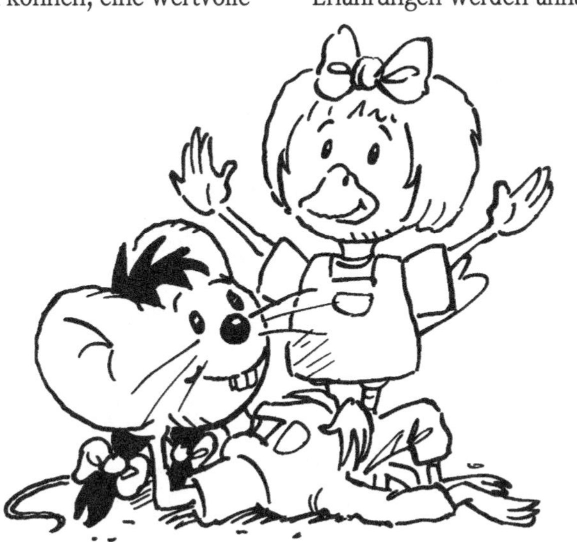

Ich bin besonders froh, in Martin P. Hirschberg einen so einfühlsamen und phantasievollen Illustrator gefunden zu haben.
Die Illustrationen in dieser Klavier-Spiel-Schule sind nicht bloßes Beiwerk zur Auflockerung der Gesamterscheinung, sondern beziehen sich immer wieder auf die Lerninhalte und stellen diese konkret und für das Kind gut nachvollziehbar dar. Sie sind bewusst so angelegt, dass sie vom Kind ausgemahlt werden können. In diesem Sinne haben wir auf Farbillustrationen verzichtet.

Spielerisch werden auch gezielte Hörübungen angegangen. Unter dem Motto „TÖNERATESPIEL“ werden Aufgaben gestellt, die als Partnerspiel (Lehrer/in und Schüler/in bzw. Schüler/in und Schüler/in) geübt bzw. gelöst werden können.

Unter dem Begriff „MUSIKERSPRACHE“ werden alle wichtigen und neuen Begriffe kurz und prägnant zusammengefasst.

Gezielte Fingerübungen, welche die Unabhängigkeit der Finger sowie unverkrampftes Spiel ermöglichen, finden sich unter der Rubrik „FINGERTRAINING“.

Viele Anregungen zu Lernspielen erweitern die Lernerfahrung zusätzlich, wobei auch hier die Möglichkeit genutzt werden kann, im Gruppenunterricht echte Wettspiele zu initiieren.Von Anfang an wird dem eigenen Gestaltungswillen des Schülers bzw. der Schülerin Rechnung getragen: Ins Buch malen, eintragen und selbst Erfundenes notieren lernen gehören zu dieser Klavier-Spiel-Schule immer dazu.

Ganz bewusst vollzieht sich der Weg zum Klavierspiel hier zunächst ohne Noten. Die elementaren musikalischen Erfahrungen werden anhand von freiem Spiel zu gegebenen Texten gemacht, so dass von Beginn an das musikalische Hören in das Klavierspiel mit einbezogen wird. Motive erfinden bzw. nachahmen steht hier im Vordergrund.

Die elementare Musiklehre wird ausschließlich anhand von praktischer Erfahrung dargelegt und erlernt.

Die Auswahl der Musik richtet sich an den heutigen Schüler, der nicht mehr ausschließlich mit Volksmusik und klassischem Spielmaterial zu motivieren ist. Zeitgemäße Stücke sowie Einflüsse aus der Blues- und Popmusik erhalten daher ebenso Raum wie Originalkompositionen großer Meister.

Es wurde versucht, der Entwicklung des Kindes mit entsprechendem Liedgut sowie zunehmend anspruchsvolleren Musikstücken gerecht zu werden. Die Erfahrung zeigt: Je farbenfroher die Palette des Lernangebots ist, umso fröhlicher und phantasievoller nimmt der Schüler Anteil am Geschehen. Und nur mit innerem Anteil angenommenes Lernen führt zu einer wirklichen und dauerhaften musikalischen Erfahrung, die das Leben so sehr bereichern kann.

Margret Feils

Was ist eine 5-Ton-Lage?

Lilli und Resa sind stolz.
In Band 1 haben sie ja schon eine ganze Menge gelernt. Doch neugierig wie die beiden sind, reicht ihnen das noch lange nicht. Deshalb haben sich etwas überlegt: Damit sie nicht durcheinander kommen, wer wann wohin wandert, benennen sie die Lage, in die sie gehen, nach dem tiefsten Ton. Wenn Resa also mit dem ersten Finger zum **F** geht, spielt sie in der **F**-Lage. Die anderen Finger überspringen keine einzige weiße Taste, so erhält der 5. Finger das **C**.

Bei Lilli ist es der 5. Finger, der die Lage bestimmt, weil er ja den tiefsten Ton spielt.

FINGERTRAINING

Die beiden Hände fliegen mit weit kreisenden Bewegungen im Adlerflug über die gesamte Tastatur. Plötzlich lassen sie sich in der ***F****-Lage nieder, weil sie da ein Mäuschen gesehen haben. Ist die Maus bei* ***F****,* ***G****,* ***A****,* ***H*** *oder ...? Dann fliegen sie weiter und fangen das Mäuschen in der* ***C****-Lage, der* ***G****-Lage, der* ***A****-Lage, der* ***D****-Lage, ...*

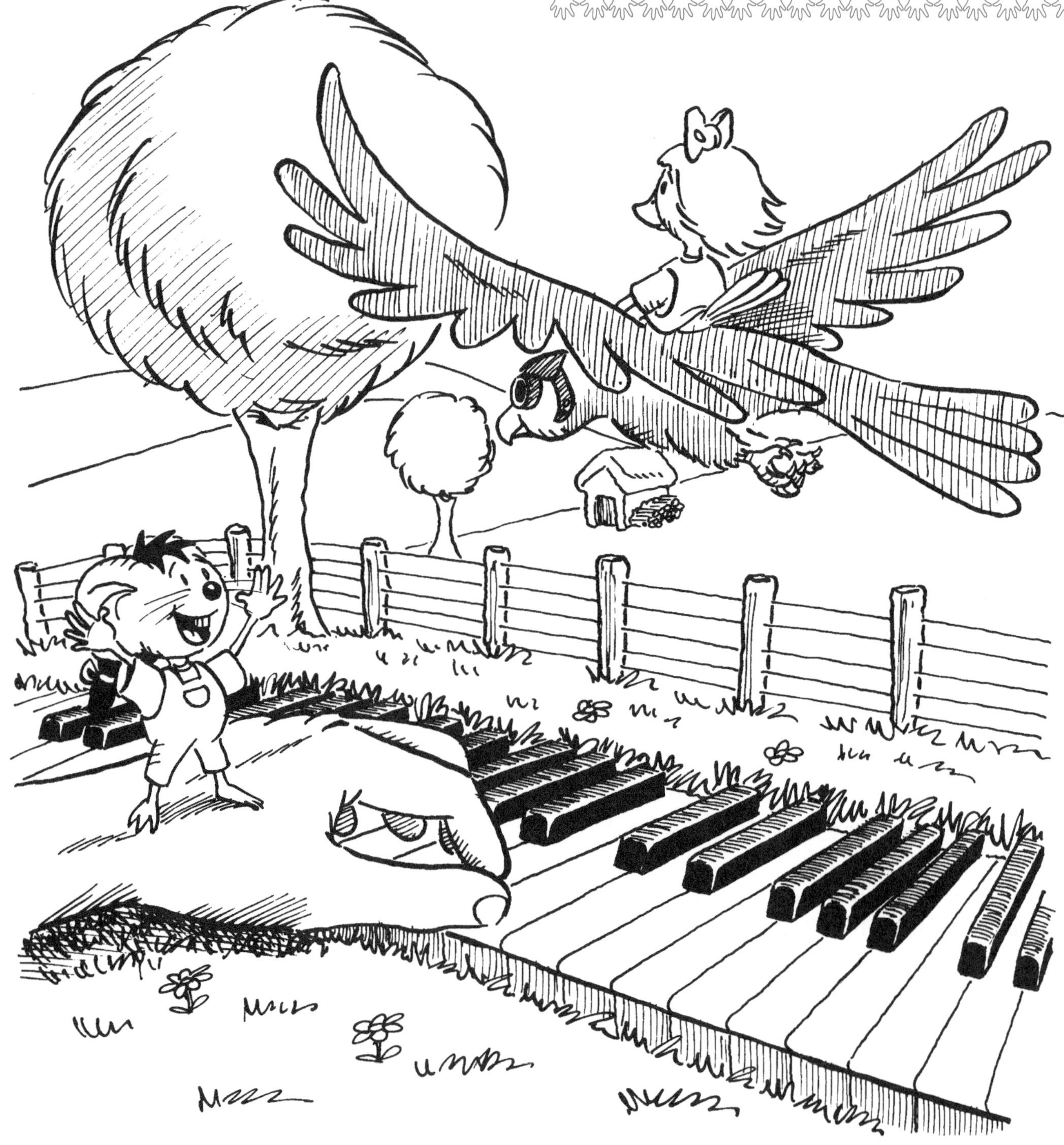

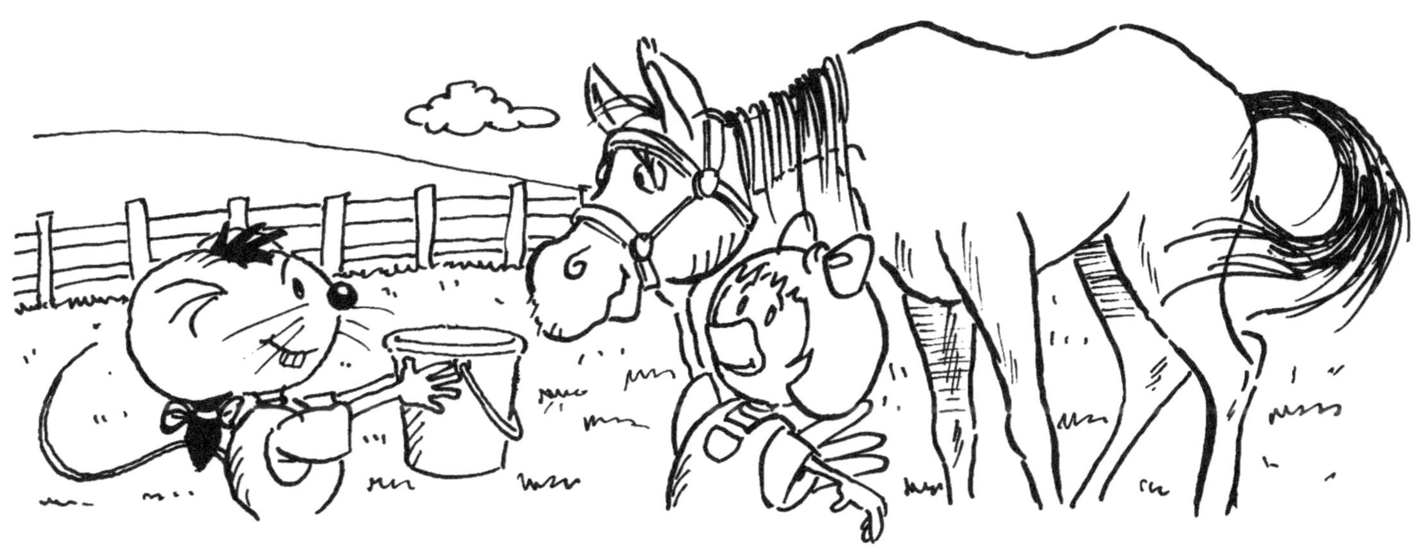

Komm mein Pferdchen

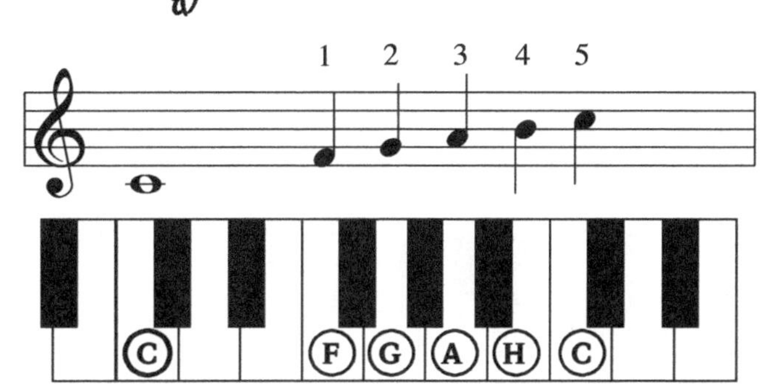

Bei diesem Lied, das Lilli und Resa in Jugoslawien kennengelernt haben, ist Resa in die **F**-Lage gewandert. Lilli begleitet Resa mit einer Quint, die sie manchmal gleichzeitig und manchmal nacheinander anschlägt.

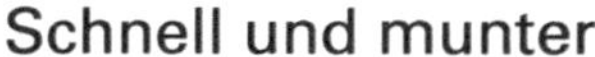

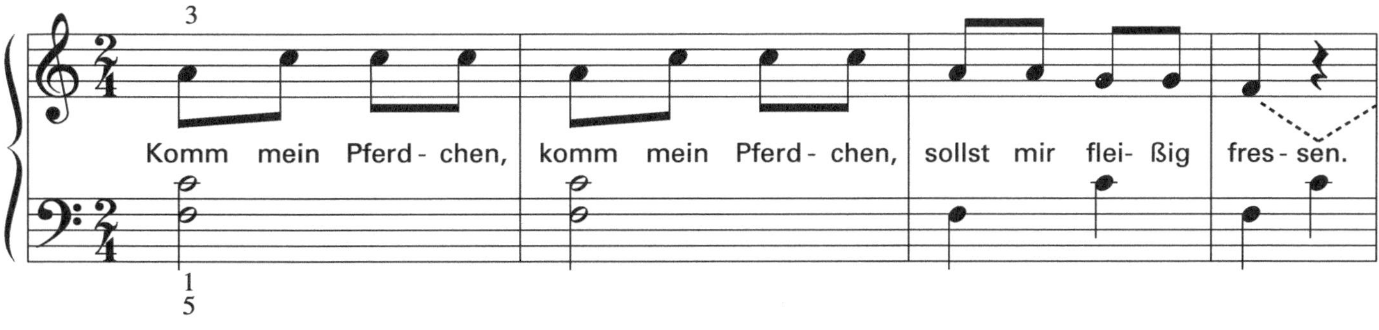

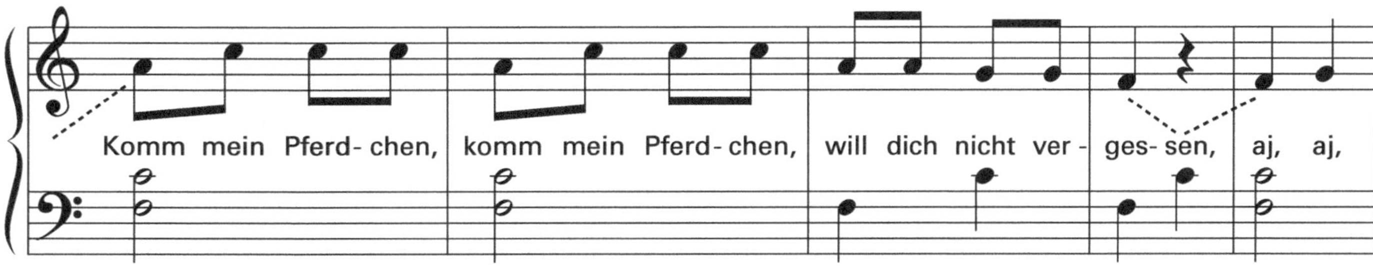

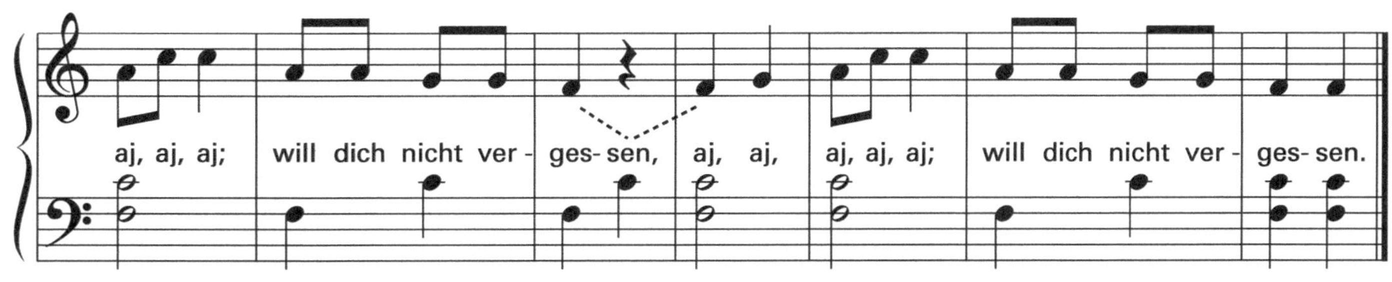

Sonne und Regen

Mit dem Wetter, das ist so eine Sache: Da will man schwimmen gehn und prompt wird es kalt oder es regnet in Strömen.

Für diesen Fall haben sich Lilli und Resa ein etwas traurigeres Lied vom Wetter ausgedacht. Sie wandern beide in die **D**-Lage und ganz am Schluss spielt Lilli schon drei Töne gleichzeitig! So sehen die Noten der beiden aus:

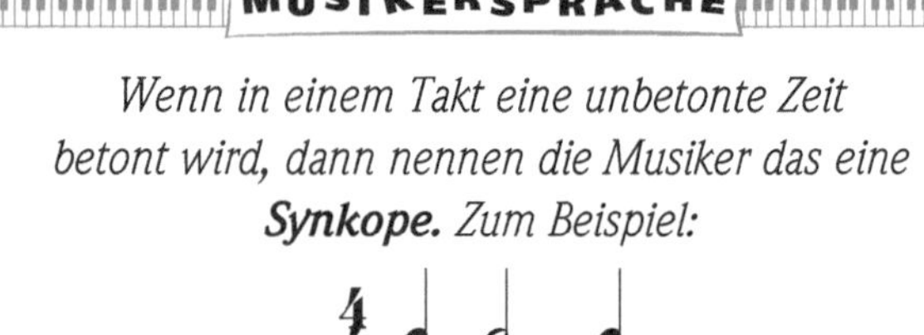

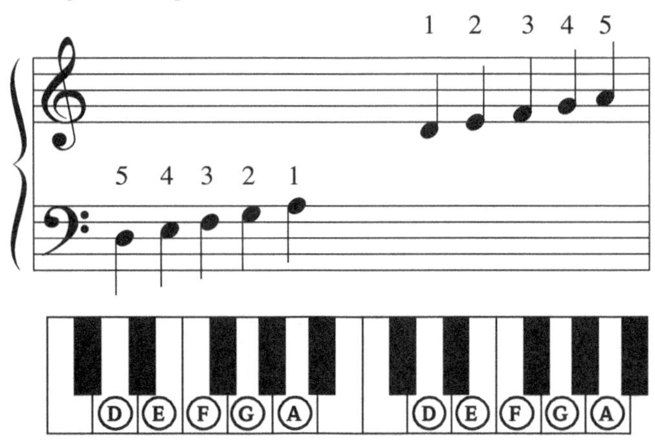

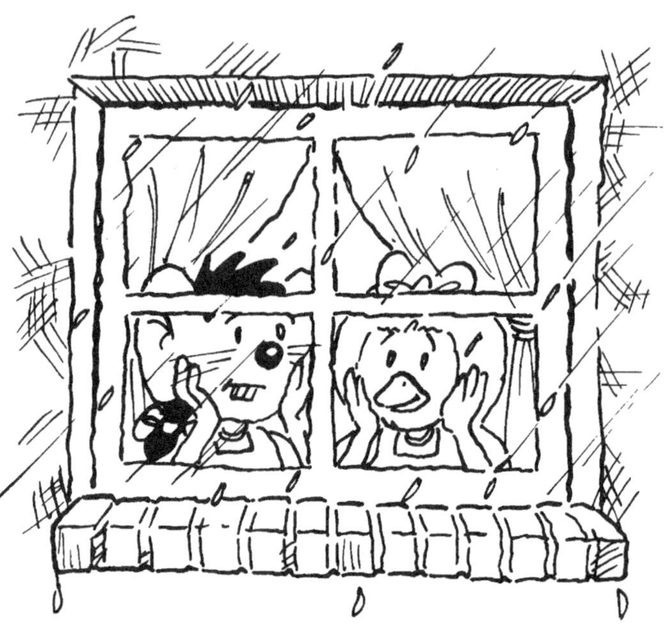

Text und Musik: Margret Feils

Langsam

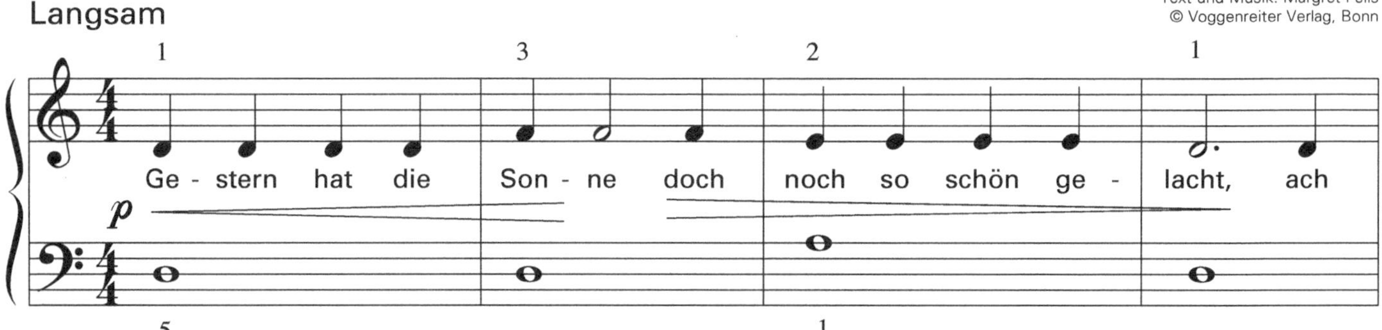

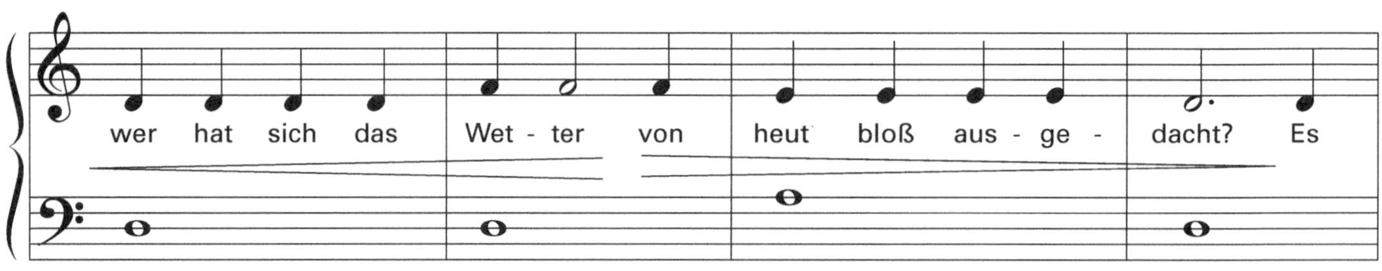

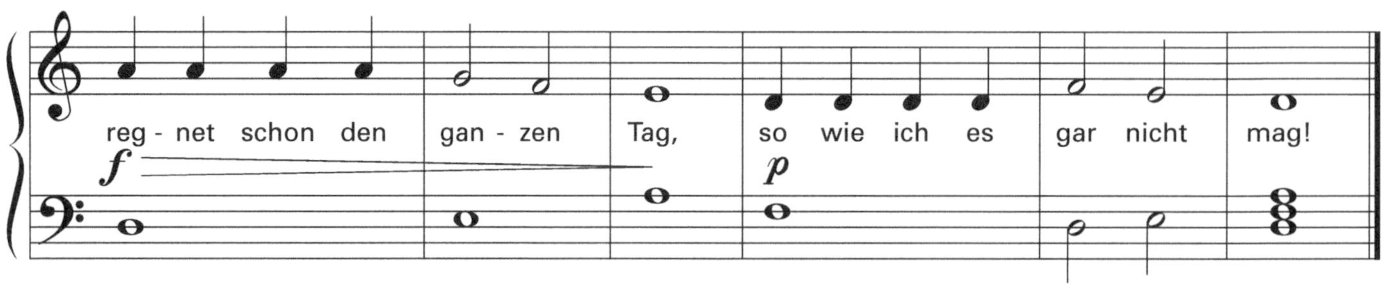

Sommer ist schön

Jetzt ist wieder schönes Wetter, und es geht auf ins Schwimmbad!

Lilli und Resa sind beide in der **C**-Lage.

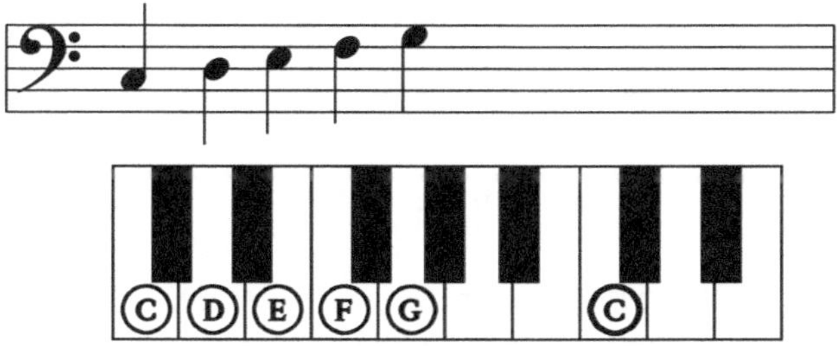

Doch Lilli will noch etwas mit Resa besprechen:

„Du, Resa, wenn man zweimal dasselbe spielen soll, dann kann man doch die Wiederholungszeichen setzen, weißt du noch? Wenn dann aber der letzte Takt von der Wiederholung anders klingen soll, dann setzen wir dafür auch ein Zeichen. Das geht ganz einfach mit Zahlen:

„Schluss 1“ gilt für die erste Runde und „Schluss 2“ gilt für die zweite Runde, wobei „Schluss 1“ einfach übersprungen wird!“

Wenn die beiden das Lied schön spielen können, lass dir noch eigene Strophen einfallen vom Herbst, Winter, Frühling …

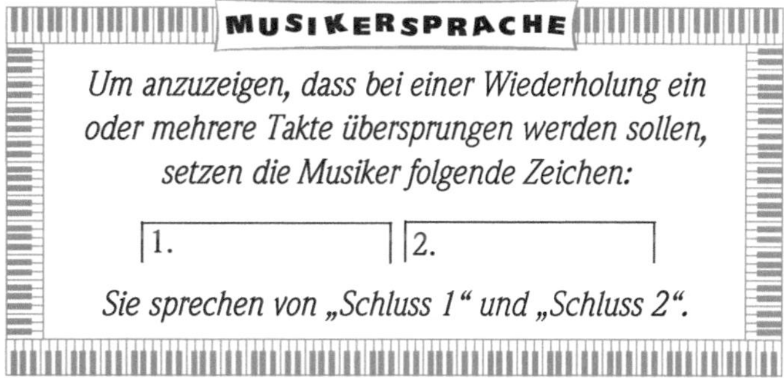

MUSIKERSPRACHE

Um anzuzeigen, dass bei einer Wiederholung ein oder mehrere Takte übersprungen werden sollen, setzen die Musiker folgende Zeichen:

1. 2.

Sie sprechen von „Schluss 1“ und „Schluss 2“.

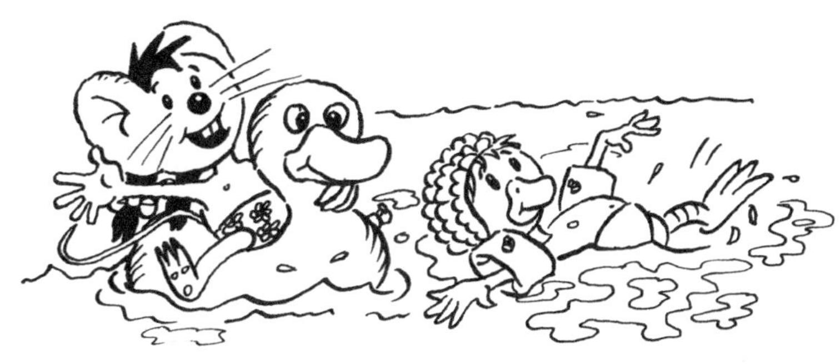

Text und Musik: Margret Feils

Fröhlich

3 5

Som - mer ist schön, Som - mer ist schön, da kann ich manch - mal

mf

schwim - men gehn; schwim - men gehn; plit - sche plat - sche

5 3

p

plit - sche plat - sche plit - sche plat - sche plumps.

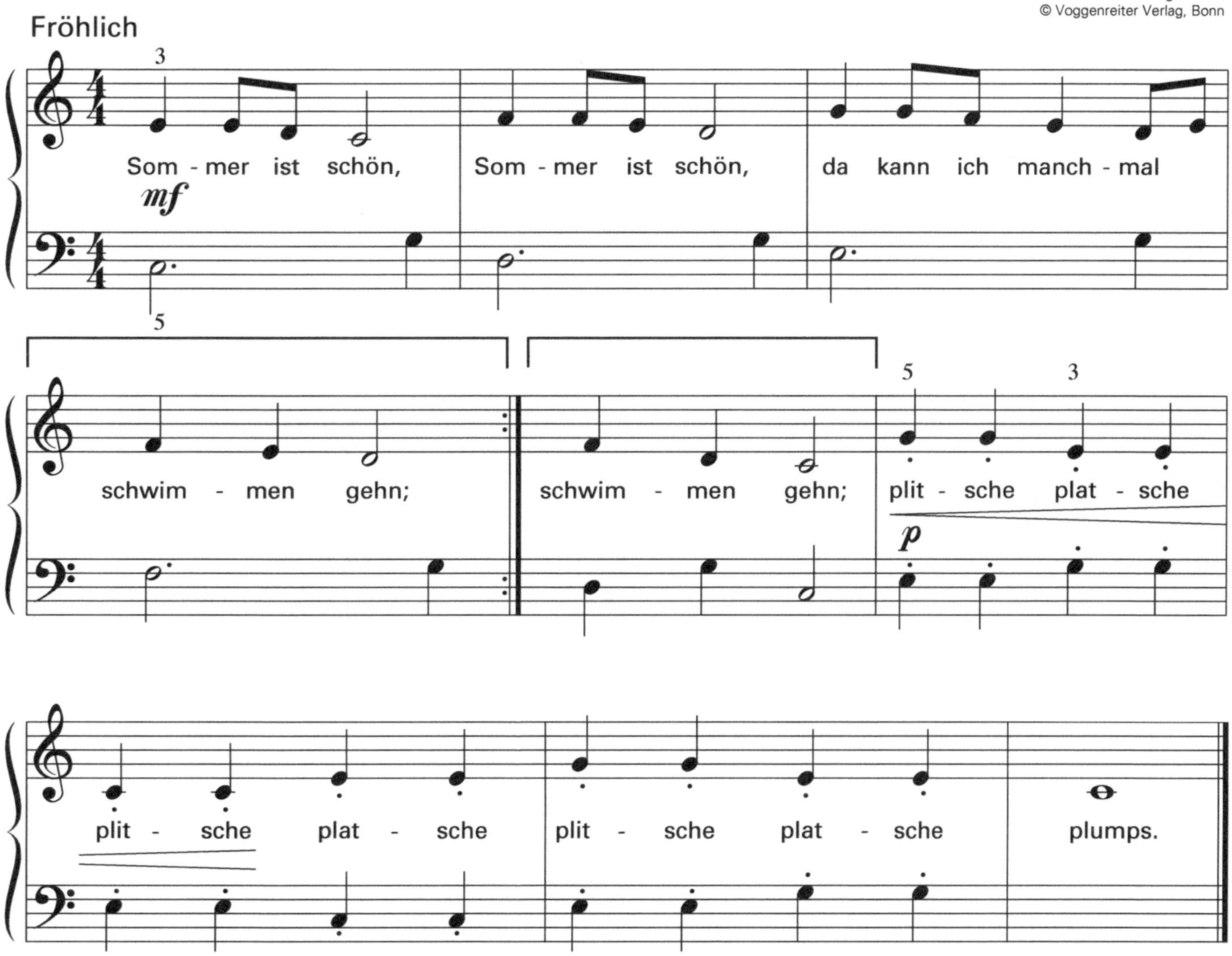

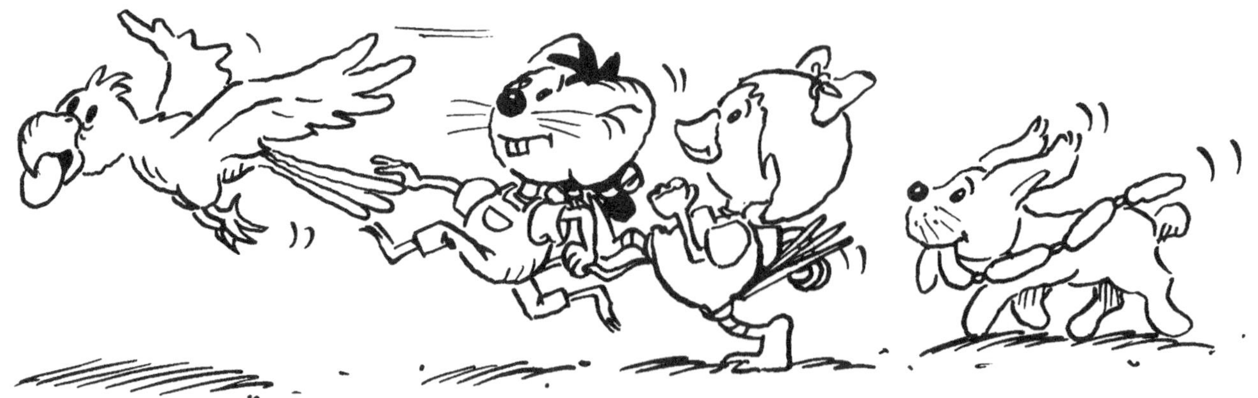

Von kleinen Tieren mit großem Hunger

Lilli ist sehr stolz, weil sie nun zu Resas Melodie fast immer zwei Töne gleichzeitig spielen kann. Wie heißen ihre Tonabstände?

Vielleicht fällt Resa zu den anderen Strophen eine neue Melodie ein!

TÖNERATESPIEL

Ohren auf, Augen zu, was hörst du?
Quint, Terz oder Sekund?
Lilli spielt ihre Begleittöne aus dem Lied, und Resa hört genau hin, damit sie sagen kann, um welche Tonabstände es sich handelt.

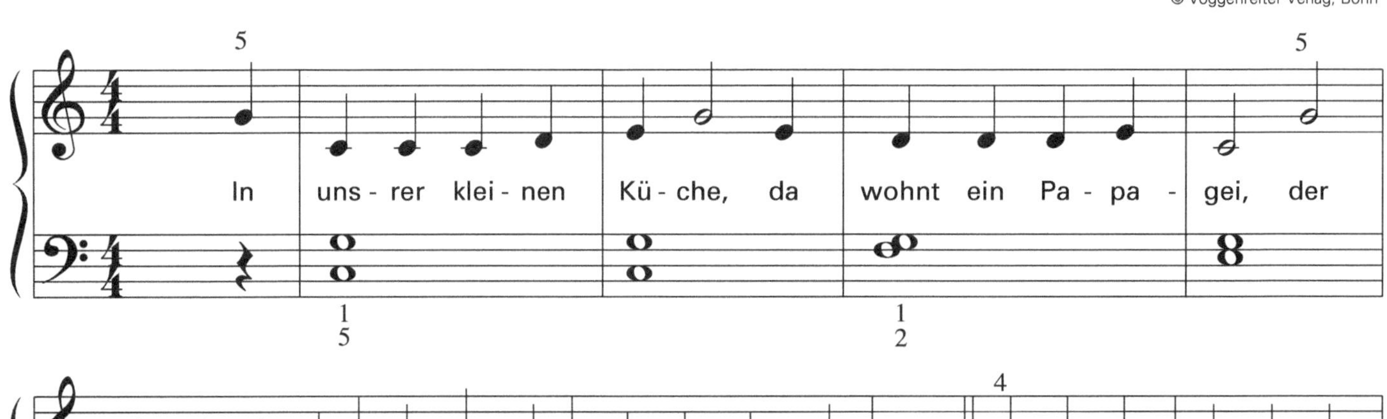

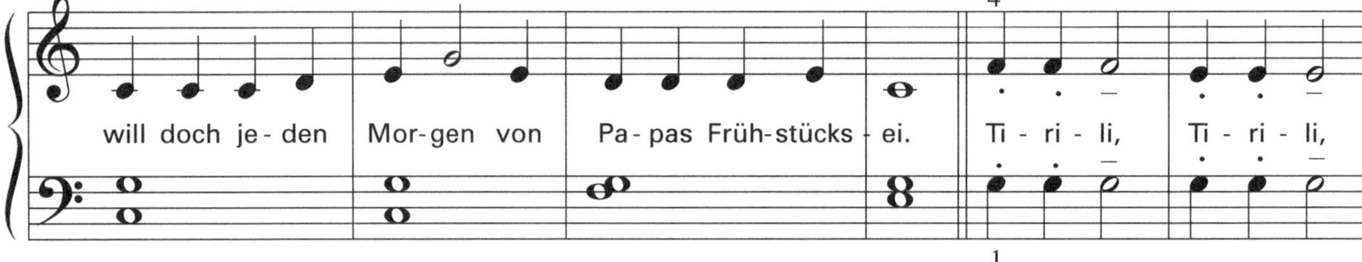

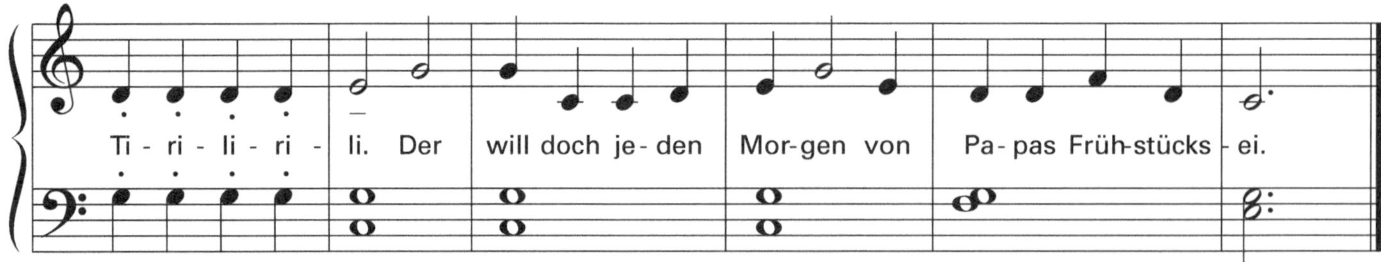

2.
**In unsrem kleinen Garten, da wohnt ein kleiner Hund,
der frisst am liebsten Würstchen, die findet er gesund,
wau, wau, wau ...**

3.
**In meinem kleinen Stübchen, da wohnt ein kleines Schwein,
das frisst am liebsten Rübchen, die findet es so fein,
quiek, quiek, quiek ...**

Der Ton „Fis“ stellt sich vor

„Sag mal, ist dir auch schon aufgefallen, dass die schwarzen Tasten noch gar keine Namen haben?“

„Stimmt, mit denen haben wir ja schon ewig nicht mehr gespielt!“

Damit sich das ändert, sollen nun die Zauberzeichen erscheinen, die aus weißen Tasten schwarze Tasten machen.

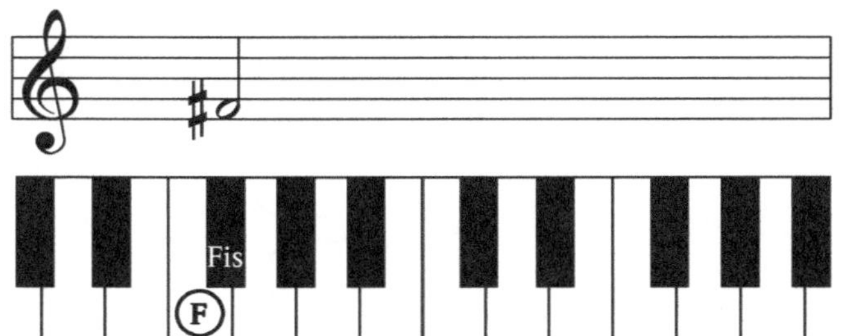

MUSIKERSPRACHE

Wenn statt der weißen Taste die nächst höhere schwarze Taste gespielt werden soll, dann wird der Ton erhöht. Hierfür gibt es das Zeichen:

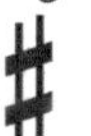

*Es wird **„Kreuz“** oder **„Kreuzchen“** genannt. Wenn so ein Zauberzeichen vor einem **F** steht, wird die nächstliegende schwarze Taste gespielt. Diese Taste heißt **„Fis“**. Das Zeichen wirkt einen ganzen Takt lang, dann ist seine Zauberkraft vorbei.*

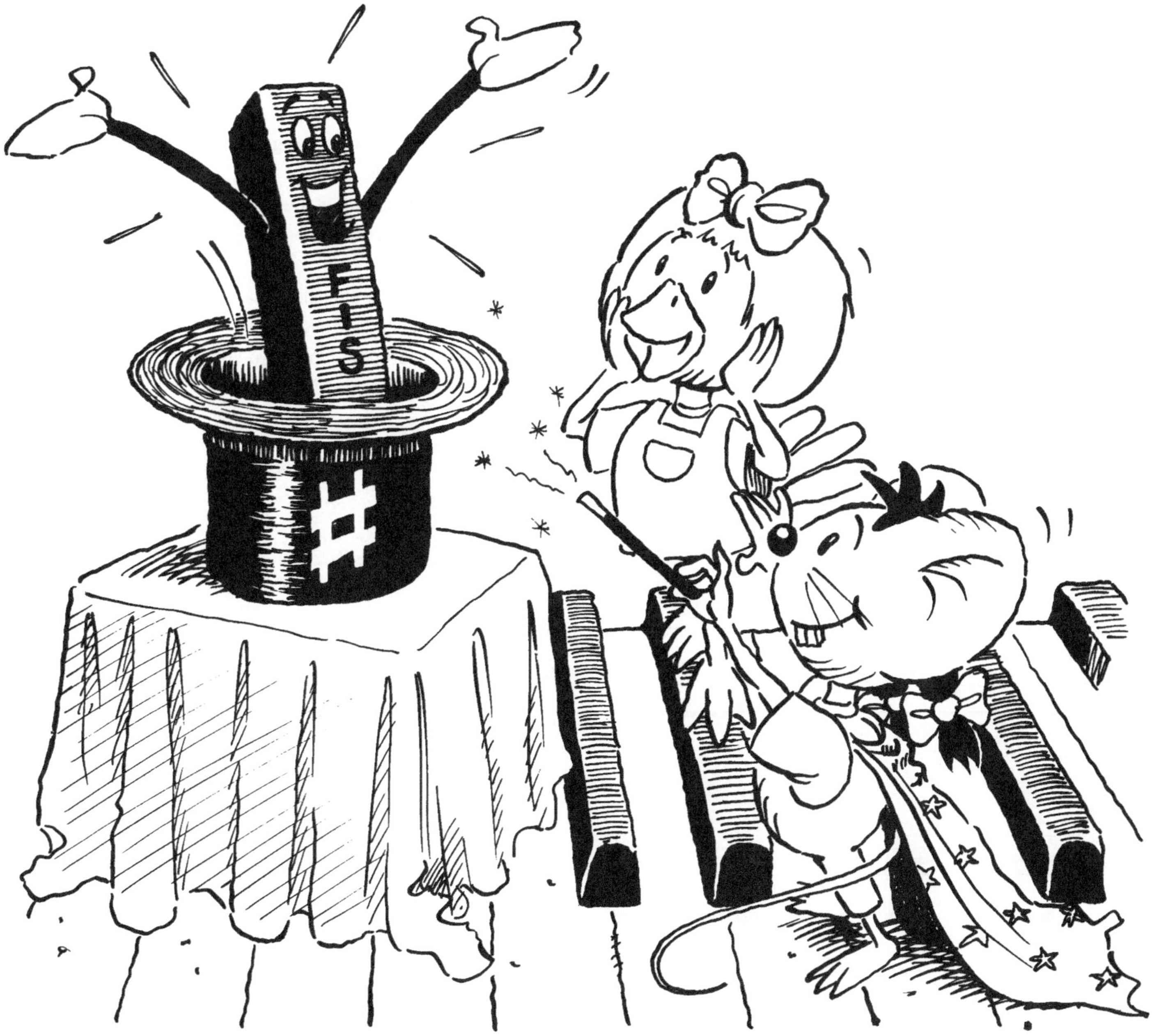

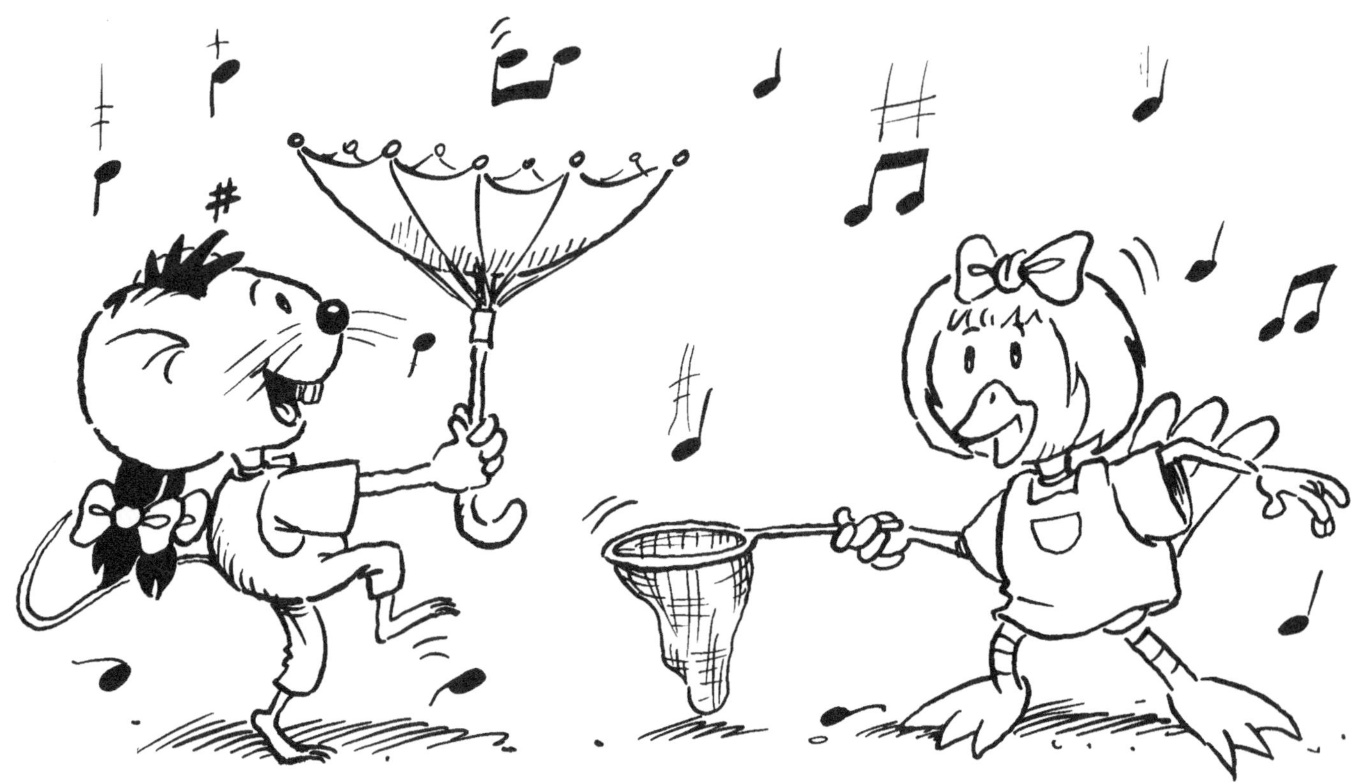

Ist ein Lied vom Himmel gefallen

Beide Hände sind in die **D**-Lage gewandert, so wie beim Lied vom schlechten Wetter. Allerdings kommt hier kein **F** mehr vor, weil es jedesmal vom Kreuzchen zu **Fis** verzaubert wird! Die Hände spielen gleichzeitig. Lilli macht Resa alles nach: Spielt Resa mit dem 5. Finger, dann tut Lilli das auch, spielt sie mit dem 4., macht Lilli es ihr nach …

Zum Üben hat Lilli ihre Melodie mal alleine gespielt. Dabei ist ihr aufgefallen, dass sie dieses Lied kennt:

Ist ein Mann in' Brunnen gefallen,
hab es hören plumpsen;
wär er nicht hineingefallen,
wär er nicht ertrunken.

Daraufhin spielen die beiden das „Lied vom Himmel" und tauschen dabei die Rollen:
Resa spielt Lillis Stimme (das „Lied vom Mann im Brunnen"), und Lilli übernimmt Resas Melodie (das „Lied vom Himmel").

Musik: Traditional („Ist ein Mann in' Brunnen gefallen …")
Text:: Margret Feils

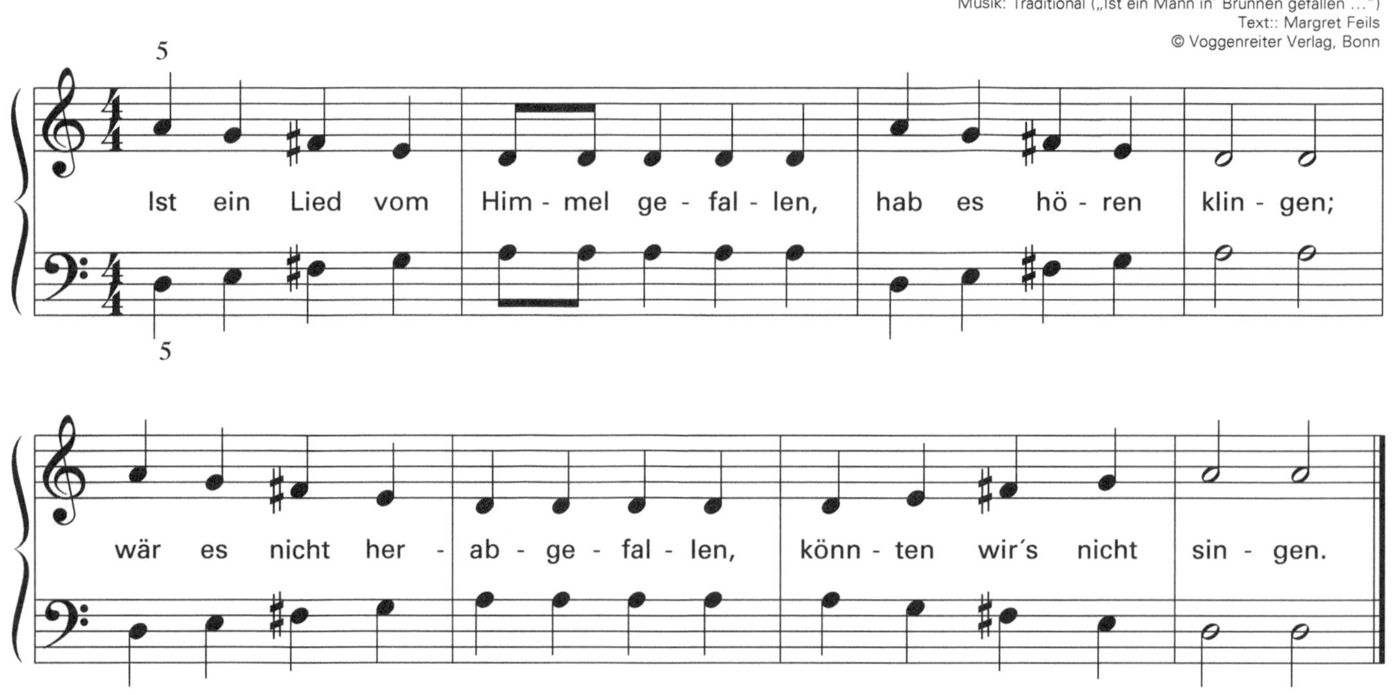

Der Ton „B“ stellt sich vor

Fing mir eine Mücke heut

Dies ist ein Lied aus Russland. Auch hier wird ein Ton verzaubert, aber diesmal in die andere Richtung.

„Sag mal, Resa, wenn man Töne erhöhen kann, kann man sie sicherlich auch erniedrigen, oder?“

„Logisch, das muss gehen!“

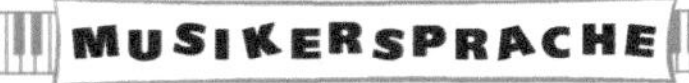

*Natürlich haben die beiden recht: Spielt man statt der weißen Taste die nächst tiefere schwarze, erscheint das Zeichen ♭. Es wird **„b“** oder **„Be-chen“** genannt. Wenn das „♭“ vor dem **H** steht, spielt man nicht mehr die **H**-Taste, sondern die nächste schwarze Taste zur Linken, diese Taste heißt **„B“**.*

Weil beide Hände in die **G**-Lage gewandert sind, kommen zwei neue Töne vor.

So sehen die Töne in der **G**-Lage aus:

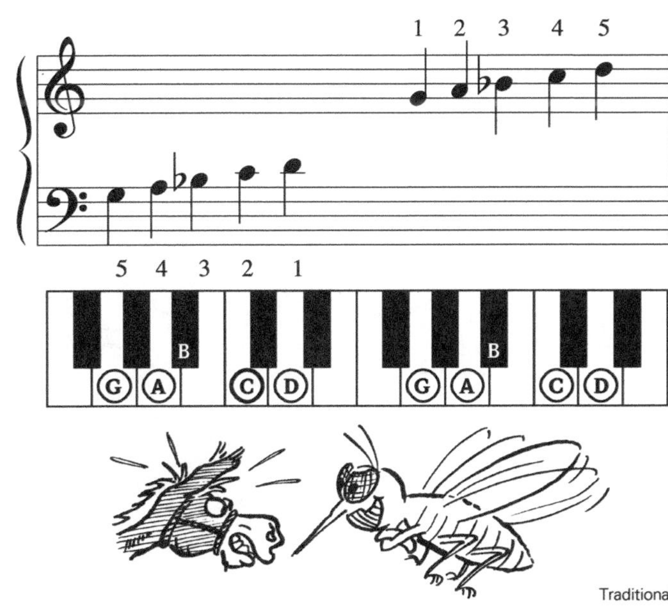

Traditional

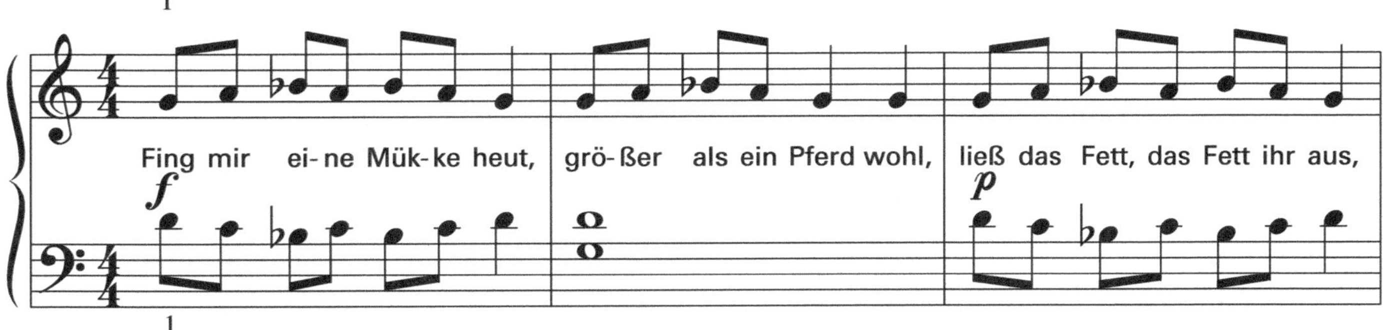

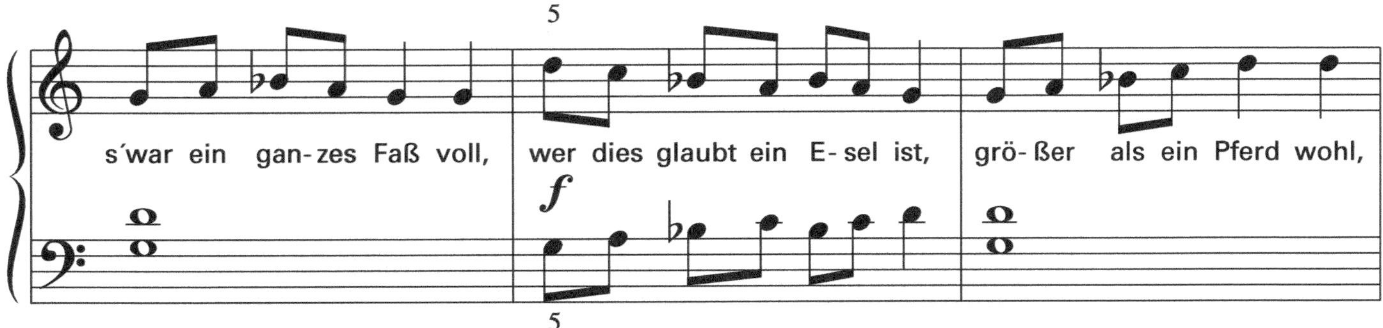

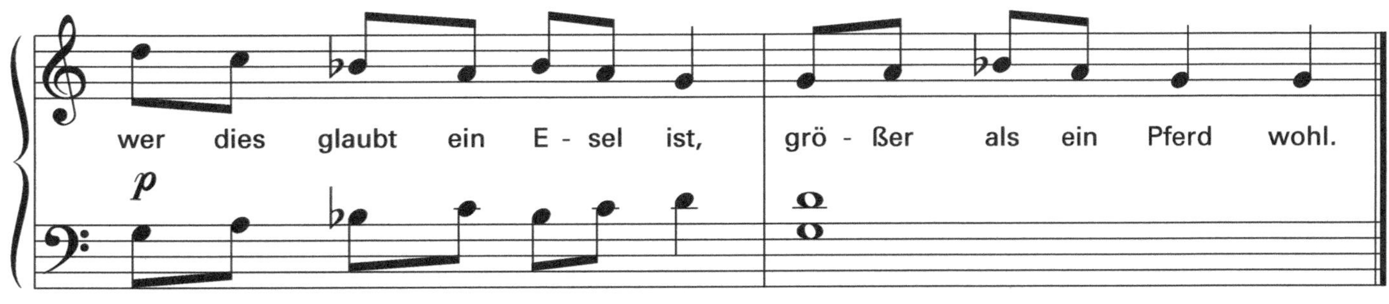

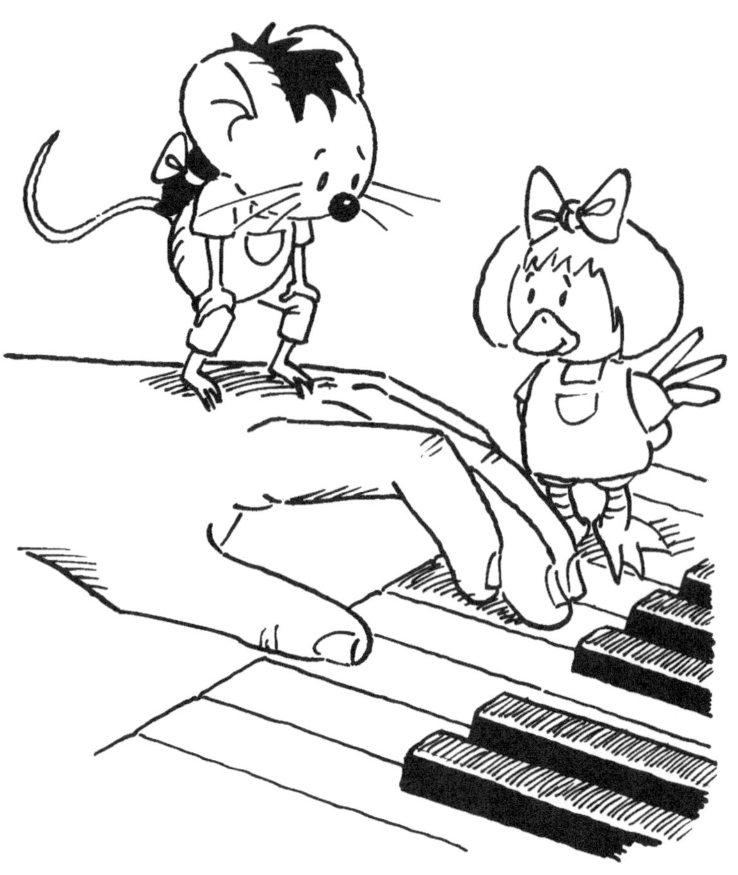

FINGERTRAINING

Hier gibt's eine ganz besonders wichtige Übung für die Finger: Sie sind alle gemütlich in der **F***-Lage eingeschlafen. Jetzt darf sich jeder Finger der Reihe nach bewegen, während die restlichen Finger wirklich ganz entspannt und ruhig auf den Tasten liegen. Was macht nun der Finger, der an der Reihe ist? Er bewegt sich erst mal in die Luft nach oben, dann legt er sich wieder an die Taste. Jetzt erst bewegt er sich, ohne sich anzustrengen, nach unten und spielt einen leisen, schönen Ton. Dann löst er die Taste wieder. Bei all dem wird nicht gewackelt und gezappelt, nur das erste Fingergelenk darf sich bewegen. So, und jetzt ist der nächste dran und macht genau dieselben vier Schritte:*
1. in die Luft – 2. an die Taste –
3. nach unten zum Ton – 4. lösen und ruhn.

Atte katte nuwa

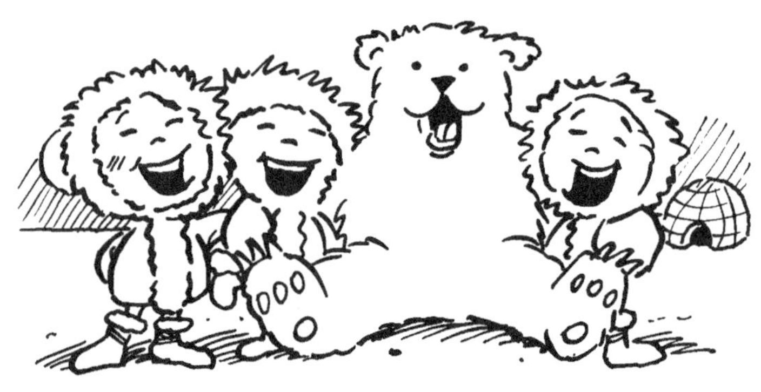

Dieses Lied singen die Eskimokinder.

Hier gibt's was Besonderes: Nach dem Doppelstrich in der Mitte des Liedes ändert sich die Taktart vom 2/4-Takt zum 3/4-Takt; das ist mal was ganz Neues, oder?

Und weil die beiden zu faul waren, den Schluss des Liedes aufzuschreiben, haben sie ein Zeichen gesetzt: *Da Capo al fine*. Weißt du noch, was das bedeutet?

Melodie aus Lappland,
Fassung: Ulrich Kabitz, aus: DIE ZUGABE Bd. 2

At-te kat-te nu-wa, at-te kat-te nu-wa, e-mis-sa de-mis-sa du-la mis-sa de.

He-xa ko-la mis-sa woa-te, He-xa ko-la mis-sa woa-te.

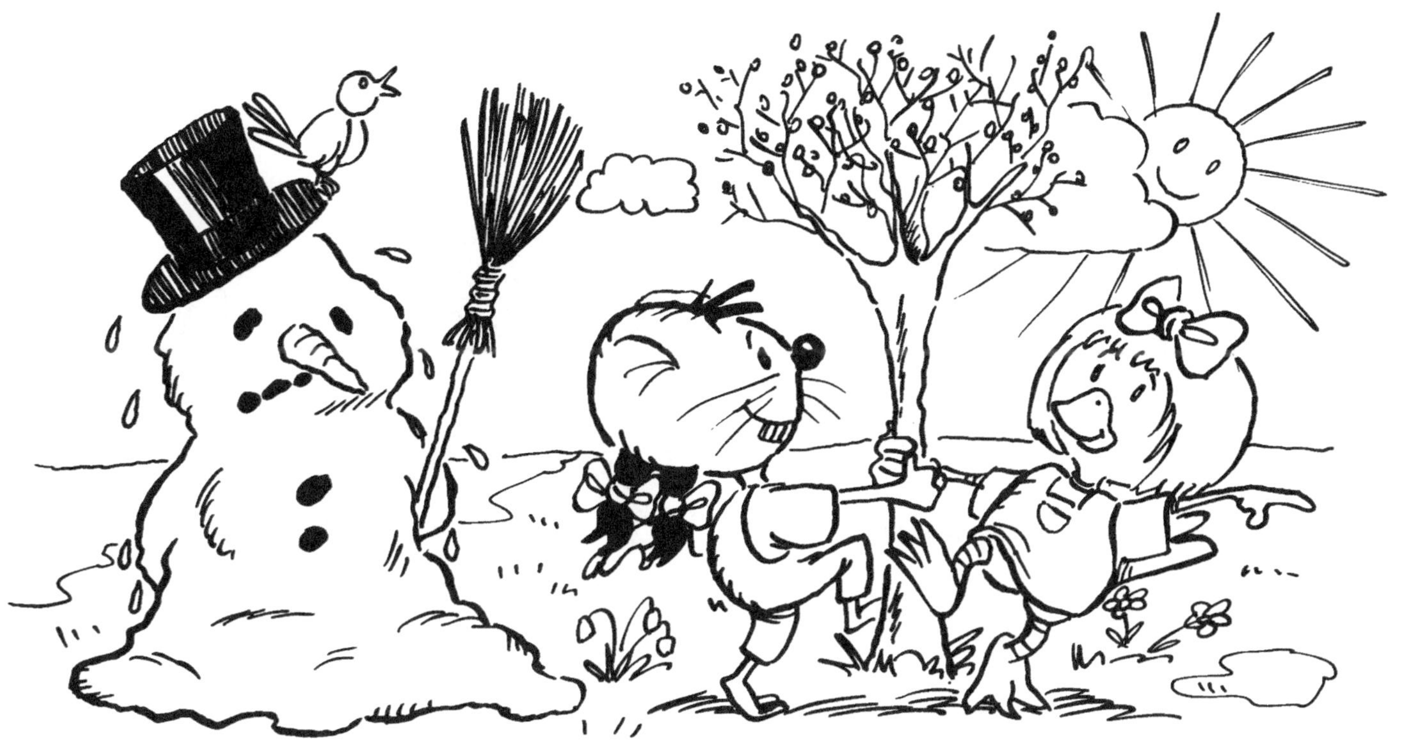

Winter ade

Jetzt spielen die beiden Hände Lilli und Resa wieder in der **D**-Lage. Aber aufgepasst: Das Kreuzchen erhöht das **F** immer zum **Fis**!

FINGERTRAINING

Nun liegen die Finger in der **D***-Lage und spielen die gleiche Übung wie zuvor in der* **F***-Lage. Jeder Finger macht vier Schritte: heben, fühlen, spielen, lösen.*

Traditional

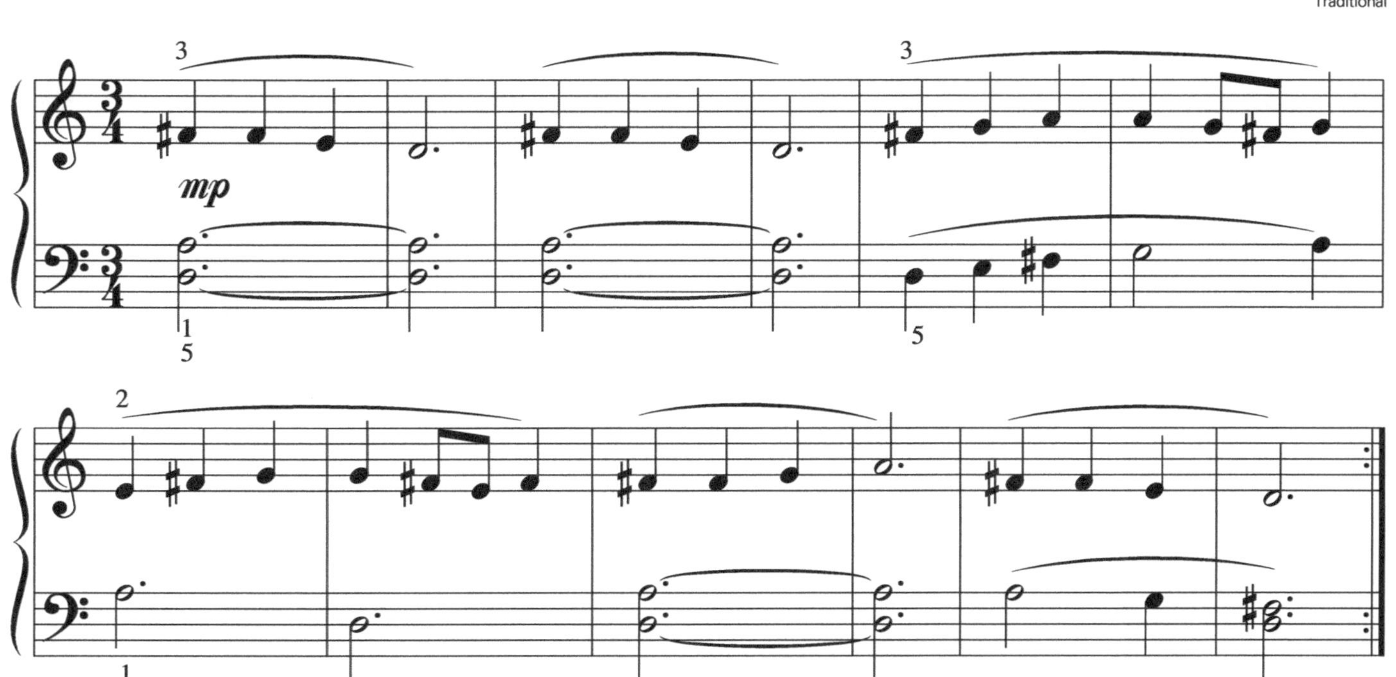

Alle schwarzen Tasten erhalten Namen

Ganz zufrieden sind Lilli und Resa noch nicht, schließlich kennen sie erst zwei schwarze Tasten mit Namen.

Schlau, wie die beiden sind, haben sie herausgefunden, dass man die Zauberzeichen auch vor die anderen Noten setzen kann und dann passiert folgendes:

So wie das *Kreuzchen* aus dem **F** ein **Fis** machen kann, so kann es jede andere weiße Taste auch erhöhen. Der Abstand von einer weißen zur nächstliegenden schwarzen Taste ist ein Halbtonschritt, das bedeutet:

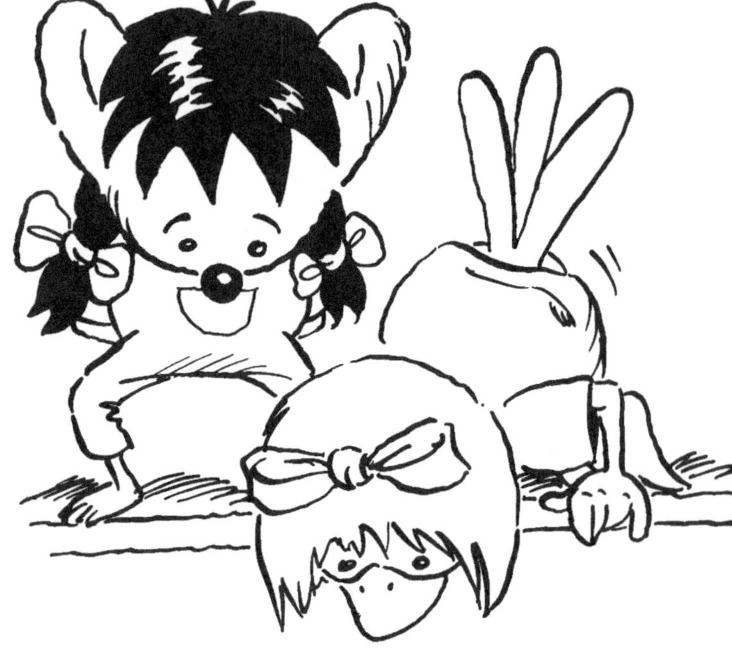

Das Kreuzchen erhöht um einen Halbtonschritt!

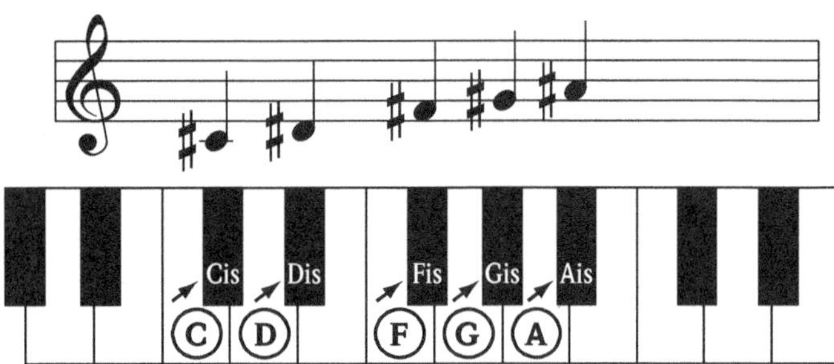

Aus dem **C** wird mit Hilfe des Kreuzchens ein **Cis**, aus dem **D** wird ein **Dis**, aus dem **F** ein **Fis**, aus **G** wird **Gis** und aus **A** wird **Ais.**

Die Endung *„is"* hängt sich einfach an den Namen der weißen Taste und schon ist sonnenklar, dass hier ein Ton um einen Halbtonschritt erhöht wurde.

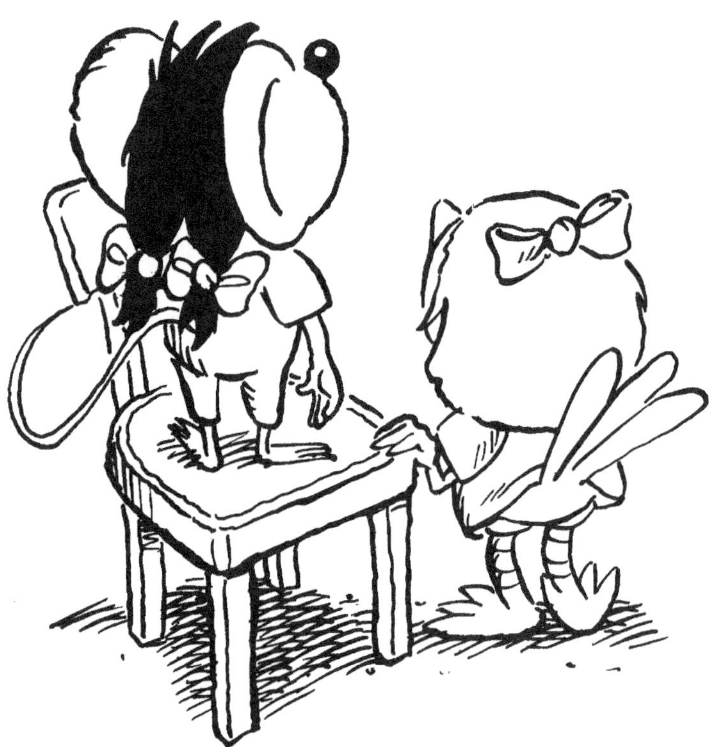

Und was ist mit dem *„be"*?

Nach ein bisschen Überlegung hat Lilli es herausgefunden: Das *„be"* verzaubert auch, aber in die andere Richtung:

Das Be-chen erniedrigt um einen Halbtonschritt!

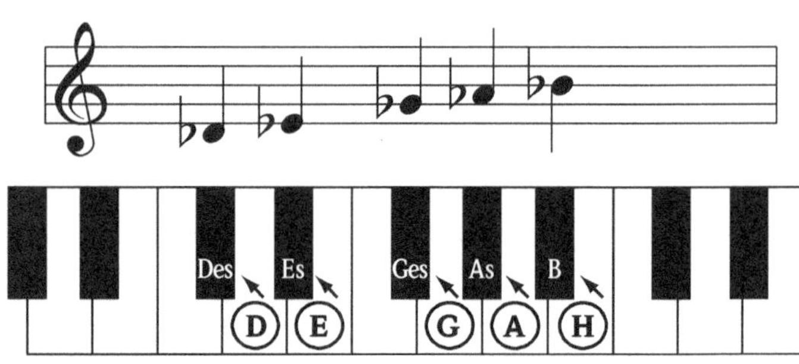

Also: Aus **D** wird **Des**, aus **E** wird **Es**, aus **G** wird **Ges**, aus **A** wird **As** und aus **H**, das wissen die beiden schon, wird **B**.

Es ist die Endung *„es"*, die verrät, dass der Ton erniedrigt wurde. Weil die Zauberzeichen vor die Noten gesetzt werden und diese verändern, heißen sie *Vorzeichen.*

Aber was tun, wenn das Vorzeichen nicht mehr wirken soll? Dann wird ein anderes Zeichen eingesetzt, es heißt ***Auflösungszeichen*** und sieht so aus:

Dieses Zeichen löst die Zauberkraft der Vorzeichen auf.

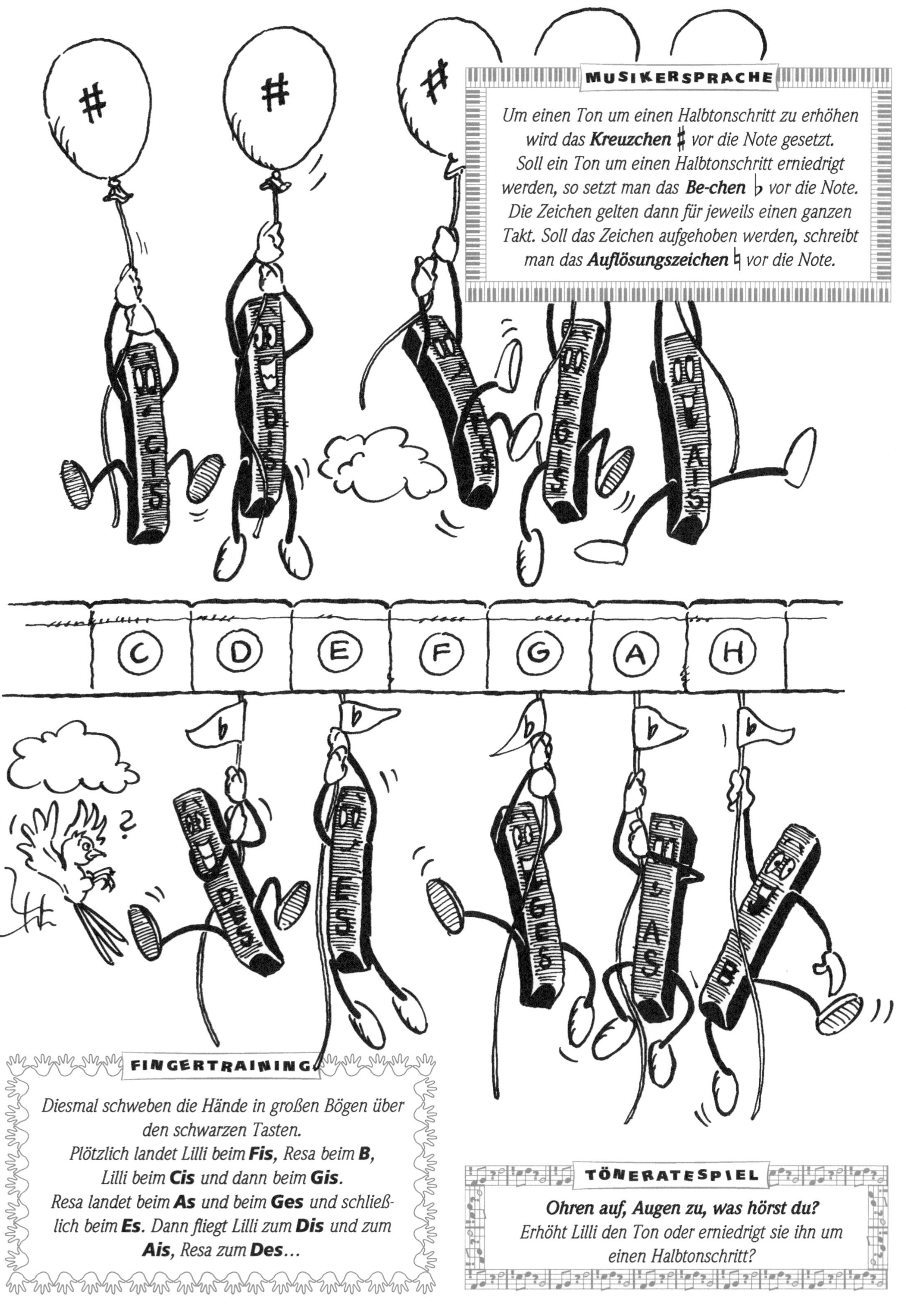

MUSIKERSPRACHE

*Um einen Ton um einen Halbtonschritt zu erhöhen wird das **Kreuzchen** ♯ vor die Note gesetzt. Soll ein Ton um einen Halbtonschritt erniedrigt werden, so setzt man das **Be-chen** ♭ vor die Note. Die Zeichen gelten dann für jeweils einen ganzen Takt. Soll das Zeichen aufgehoben werden, schreibt man das **Auflösungszeichen** ♮ vor die Note.*

FINGERTRAINING

*Diesmal schweben die Hände in großen Bögen über den schwarzen Tasten.
Plötzlich landet Lilli beim **Fis**, Resa beim **B**, Lilli beim **Cis** und dann beim **Gis**.
Resa landet beim **As** und beim **Ges** und schließlich beim **Es**. Dann fliegt Lilli zum **Dis** und zum **Ais**, Resa zum **Des**…*

TÖNERATESPIEL

Ohren auf, Augen zu, was hörst du?
Erhöht Lilli den Ton oder erniedrigt sie ihn um einen Halbtonschritt?

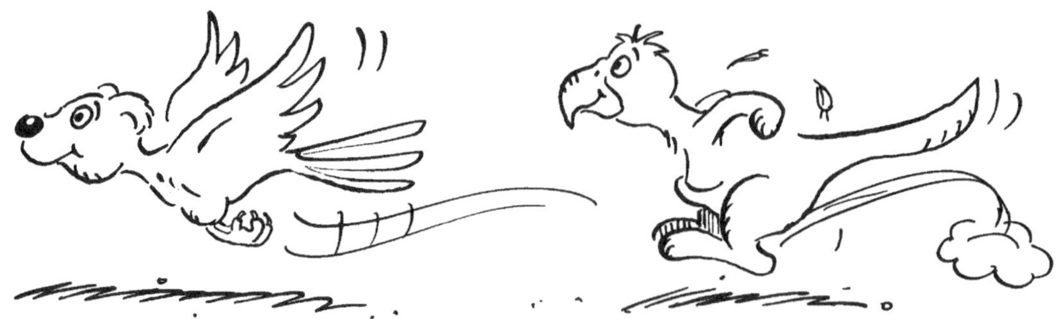

Känguruh und Papagei

Hier wimmelt es nur so von Zauberzeichen. Das kommt daher, weil in dem Lied auch wirklich gezaubert wird!

Da gibt's noch eine Fingersatzbesonderheit: An der Stelle, wo es Halbtonschritt für Halbtonschritt nach oben geht, klettert der Daumen immer unter dem dritten Finger her, so kommt man prima oben an.

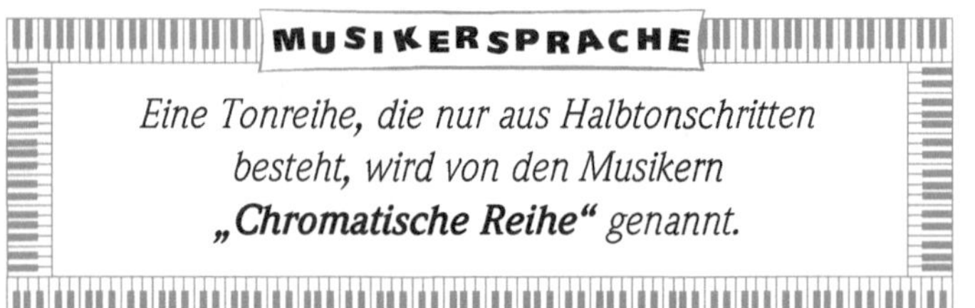

MUSIKERSPRACHE

Eine Tonreihe, die nur aus Halbtonschritten besteht, wird von den Musikern ***„Chromatische Reihe“*** *genannt.*

Ein Kän - gu - ruh sah ein - mal zu wie Pa - pa - gei - en sin - gen. Der

Pa - pa - gei, der woll - te auch wie Kän - gu - ruhs weit sprin - gen. Drum

tau - schen bei - de et - was aus und ho - kus - po - kus, was kommt da - bei raus? Ein

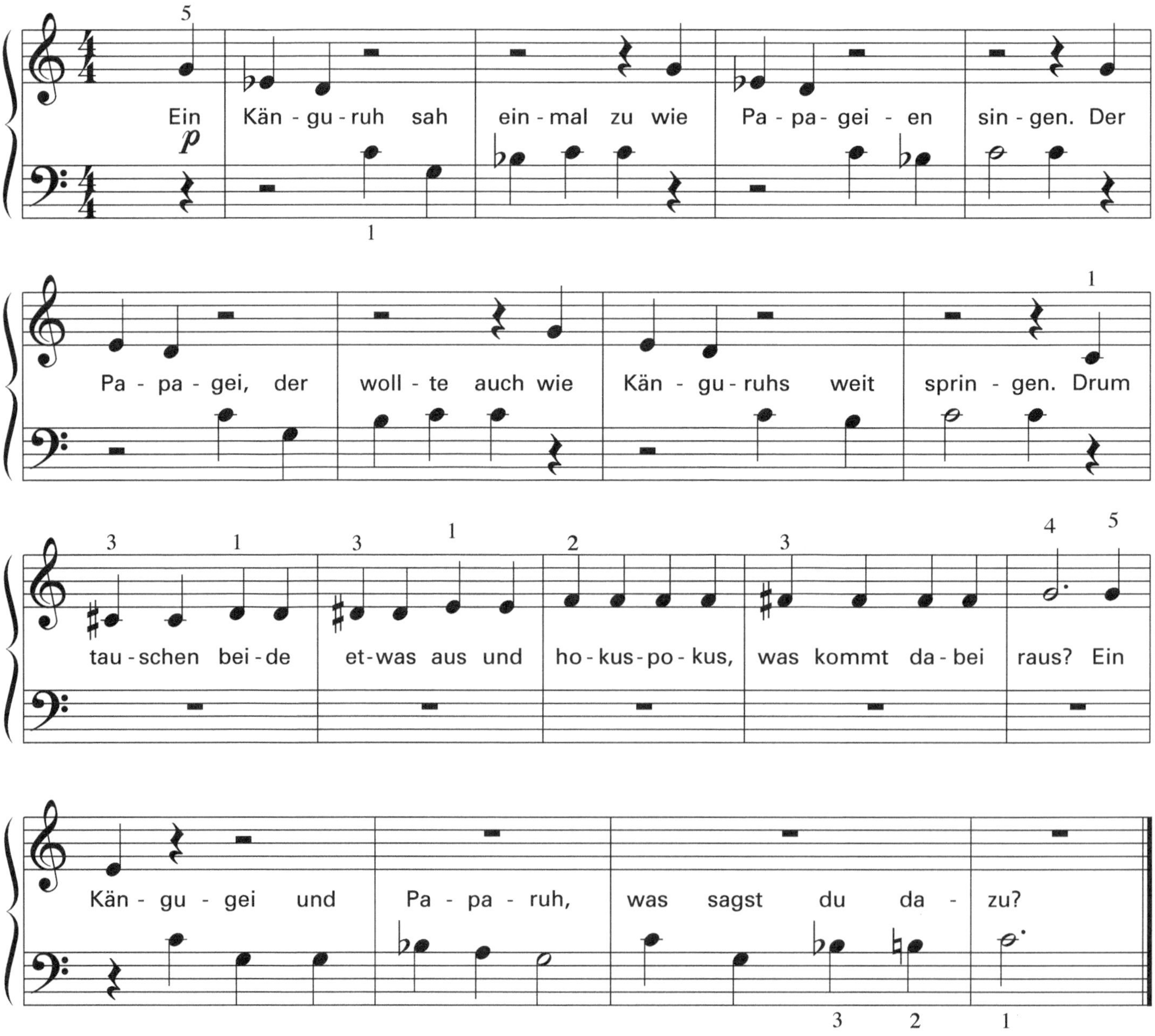

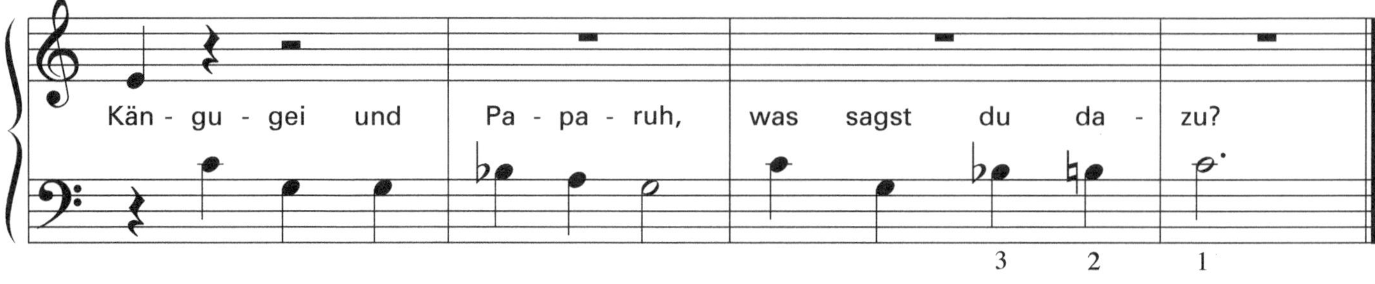

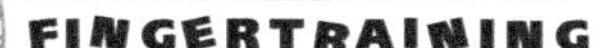

Hier üben die beiden mal nur Halbtonschritte zu gehen: Der dritte Finger bekommt immer die schwarzen Tasten, und der Daumen klettert unter ihm weiter, so als ob der dritte Finger eine Brücke wäre. Der zweite Finger kommt nur bei den weißen Lücken vor.

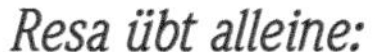

Resa übt alleine:

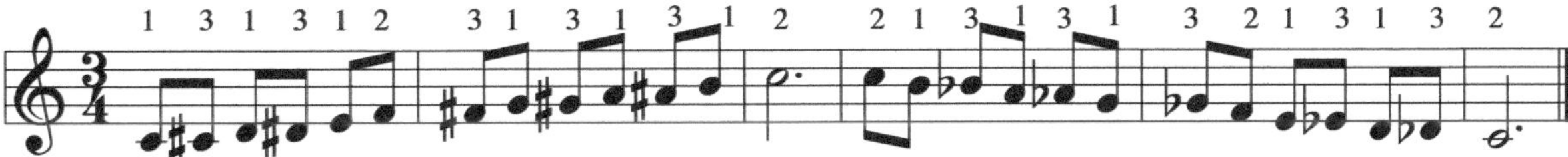

Lilli übt alleine:

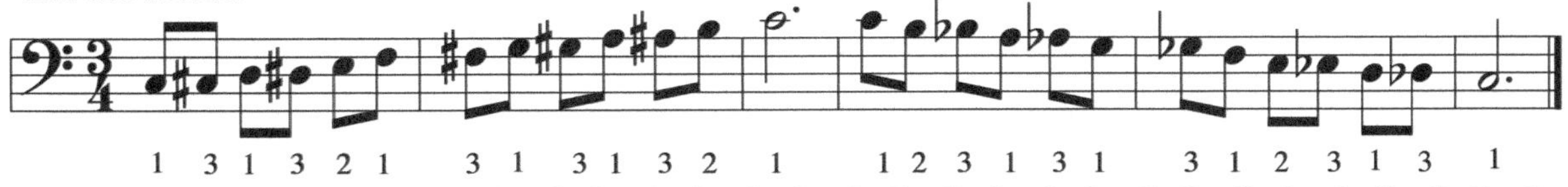

Ramonas Schlangentanz

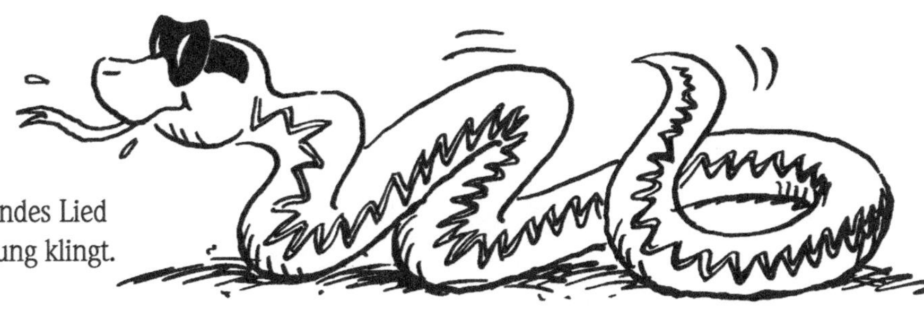

Mit den Zauberzeichen hat Ramona ein spannendes Lied erfunden, das verdächtig nach Schlangenbeschwörung klingt.

Musik: Margret Feils/Ramona F. (10 Jahre)

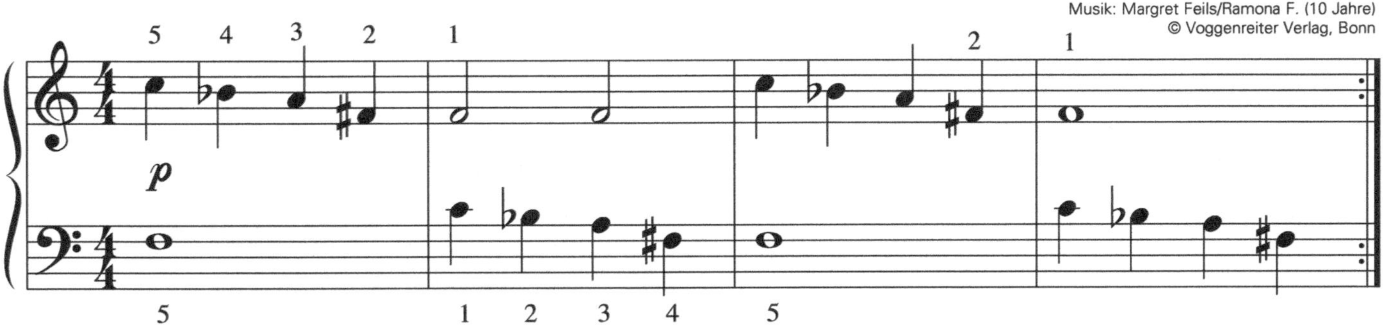

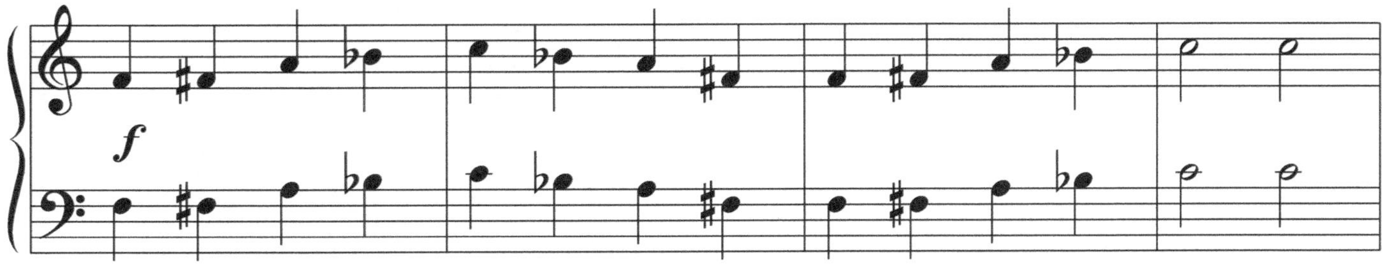

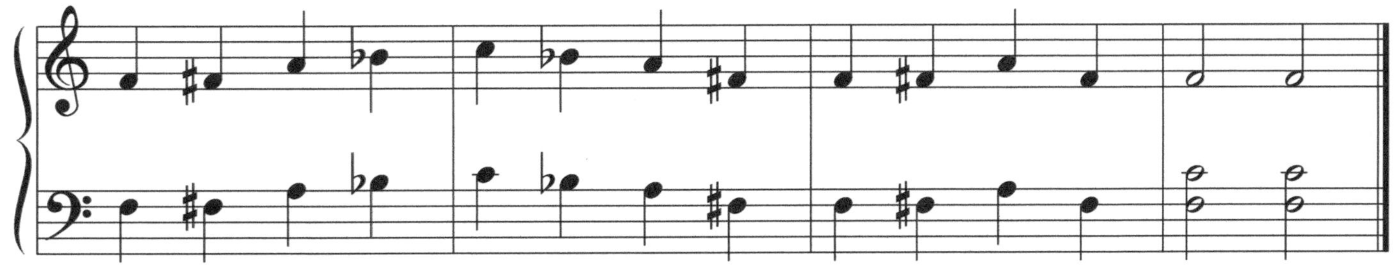

Die Oktaven bekommen Namen

„Resa, ich bin mir ganz sicher, dass die Musiker auch bestimmte Bezeichnungen für die tausend **C**s und **G**s haben."

„Du übertreibst ja wieder mal ganz schön, tausend **C**s hab ich noch nicht gefunden. Aber trotzdem, eigene Namen für die acht wären prima!

MUSIKERSPRACHE

*„**Subkontra-Töne**" sind die allertiefsten Töne, das tiefste **A** und **H**. Sub heißt „unter". Ab dem **C** kommt die „**Kontra-Oktav**". So wie der Kontrabass sehr tiefe Töne hat, sind die Kontra-Töne auf dem Klavier auch die ganz tiefen Töne. Beim nächsten **C** beginnt die „**große Oktav**", weil große Instrumente auch schöne, tiefe Töne spielen können. Nach der großen Oktav folgt, wie könnte es anders sein, die „**kleine Oktav**" und ab da wird's ganz einfach: Das mittlere **C** ist das „**eingestrichene C**" (**C'**), es kriegt 'nen kleinen Strich, dann folgt die „**zweigestrichene Oktav**", die „**dreigestrichene Oktav**" und nach der „**viergestrichenen Oktav**" ist dann das Klavier zu Ende ...*

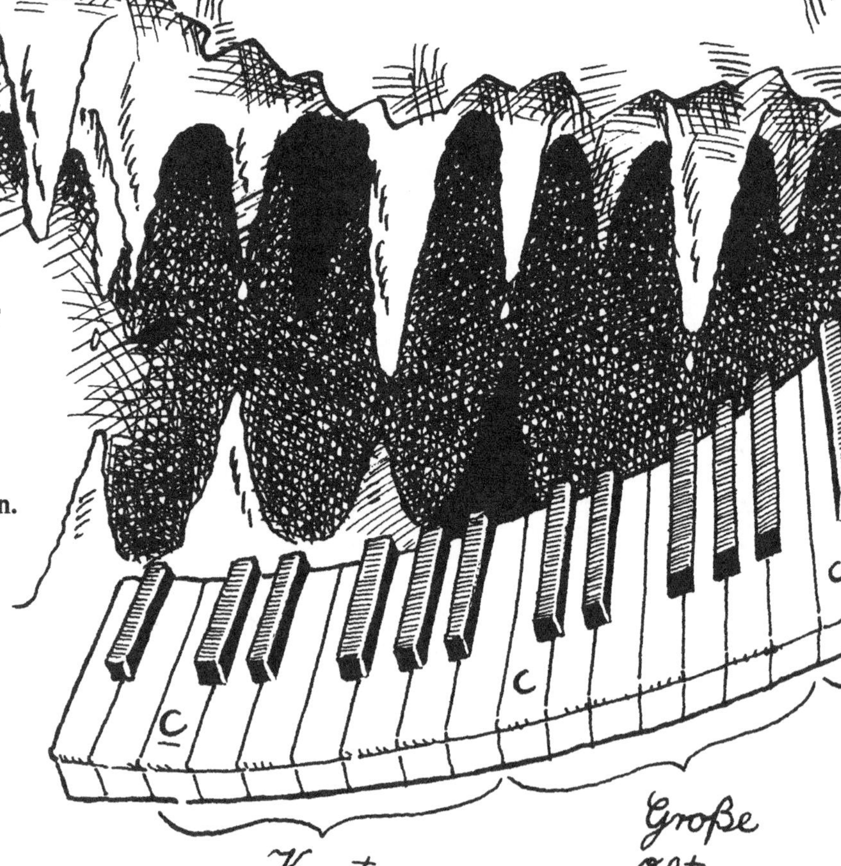

Abenteuerreise in eine Höhlenlandschaft mit Reiseführer

Großes F und großes A haben tiefe Brüder:
Kontra-F und Kontra-A wohnen gegenüber!
Großes C und großes G haben helle Schwestern:
Kleines C und kleines G sind auch nicht von gestern.

Kleines F ist nicht allein,
das eingestrichene F darf bei ihm sein!
Eingestrichene G ist nicht allein,
das zweigestrichene darf bei ihm sein!
Kontra-E ist nicht allein,
das dreigestrichene E darf bei ihm sein!
(Alle möglichen Töne benennen und spielen!)

Im tiefsten Höhlenreich da wohnen:
Subkontra-A und Subkontra-H.
Die Fahrt dorthin, die wird sich lohnen,
hier ruh dich aus!

Lilli legt sich ganz faul auf die allertiefsten Töne und bleibt dort liegen, während Resa Staccato-Töne tropfen lässt, und immer weiter nach oben geht. Spitze die Ohren und lausche den Höhlentönen!

Was tropft mir hier in mein Gesicht,
das ist das große C doch nicht.
Das kommt doch von viel weiter her!
Von ziemlich oben, tropf, tropf, tropf,
mir immer stärker auf den Kopf!
Ich werde klitschenass,
hei, was ein Riesenspaß!

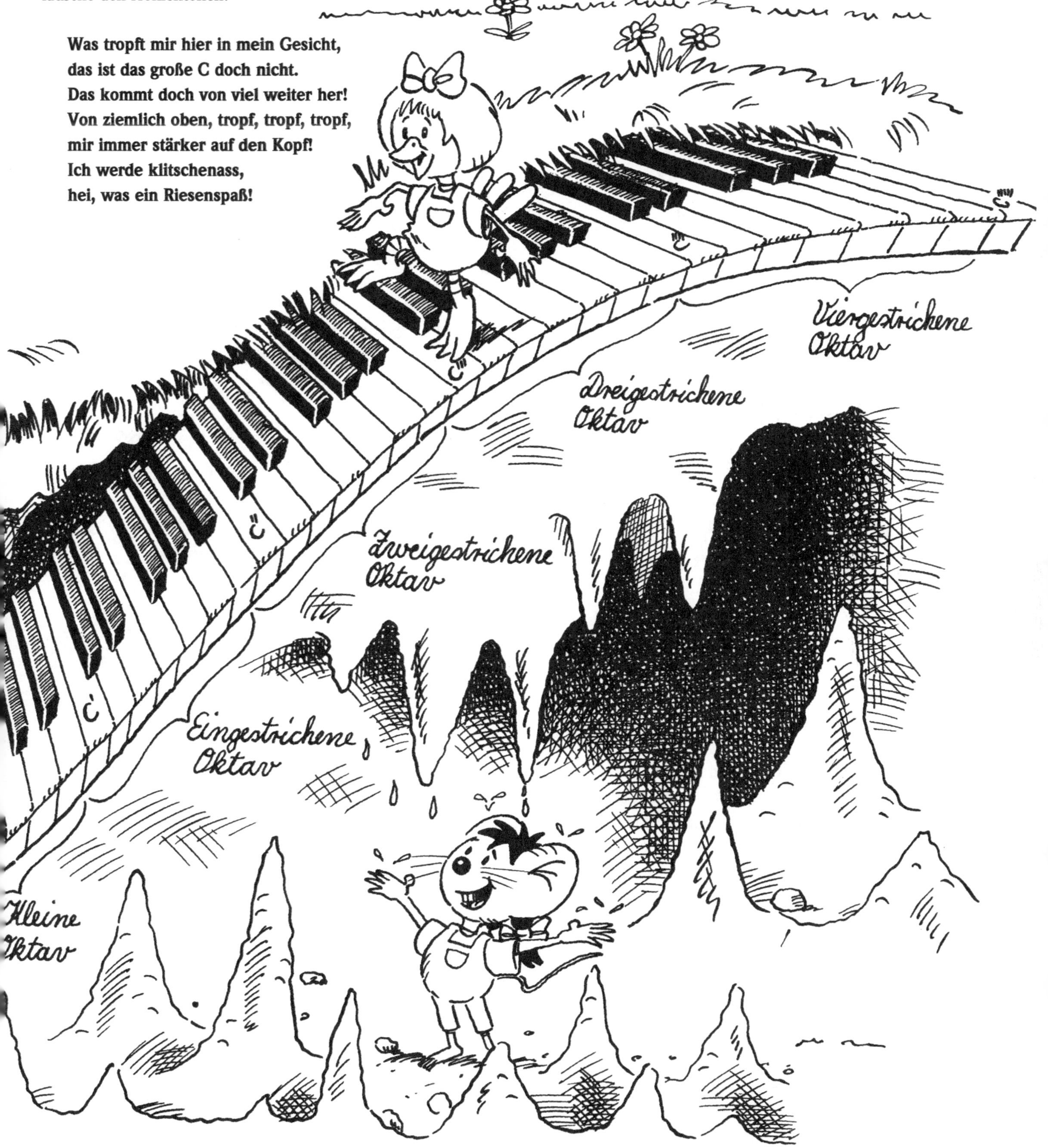

Die Hände wandern über den 5-Tonraum hinaus

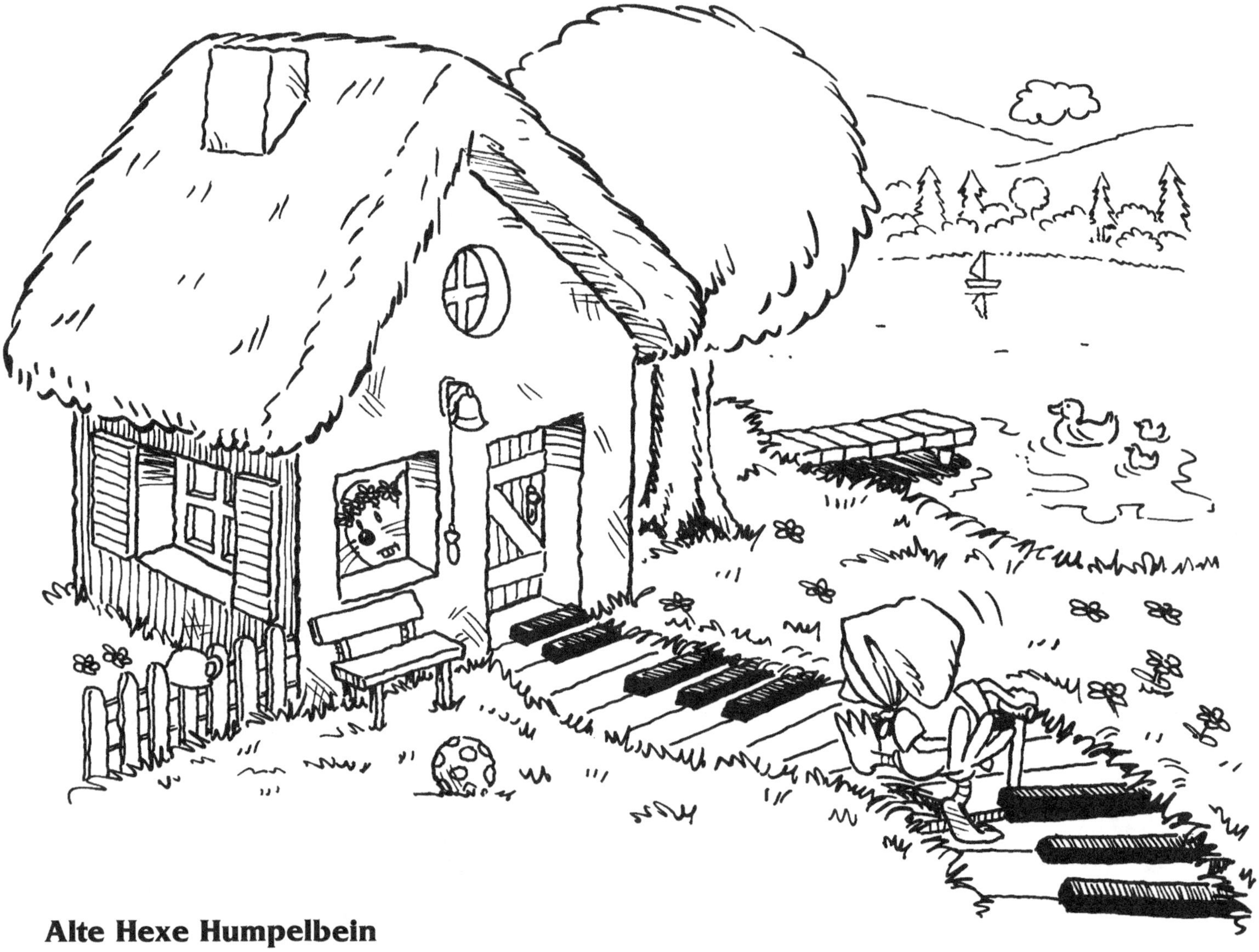

Alte Hexe Humpelbein

Zwar ist die Hexe schon alt und humpelt ein wenig, dafür kann sie aber einen schönen, weiten Weg zurücklegen.

Sie wandert vom **G''** hinab bis zum **C'** und das geht so:

Resa beginnt immer mit dem fünften Finger und spielt abwärts bis zum ersten. Dort übernimmt der dritte und schließlich der vierte Finger das **C'**. So landet der fünfte Finger auf dem **D''**.

Dabei kommen viele neue Noten vor. Das **G''** liegt genau über der fünften Linie:

Lilli spielt die gute Fee Susanne, die vom kleinen **G** hinab bis zum großen **C** wandert. Auch hier übernehmen verschiedene Finger dieselbe Taste!

Weil Lilli so tief hinabklettert, brauchen einige Töne schon eigene Hilfslinien, so wie **C'** ja auch eine eigene Hilfslinie hat.

So sehen die tiefsten Töne aus:

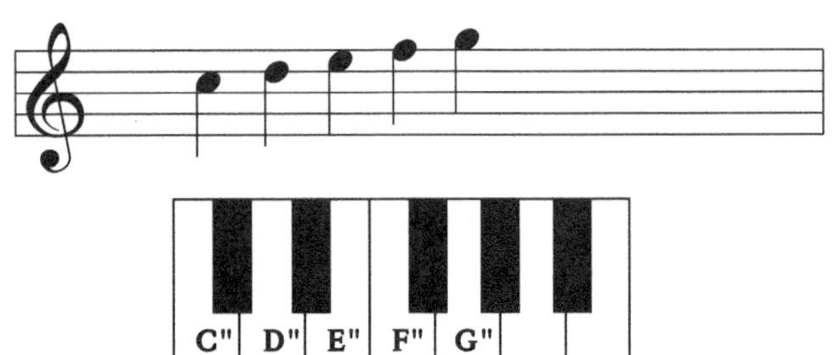

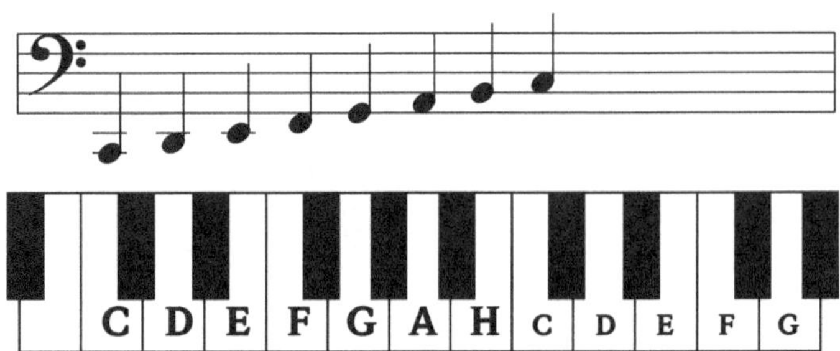

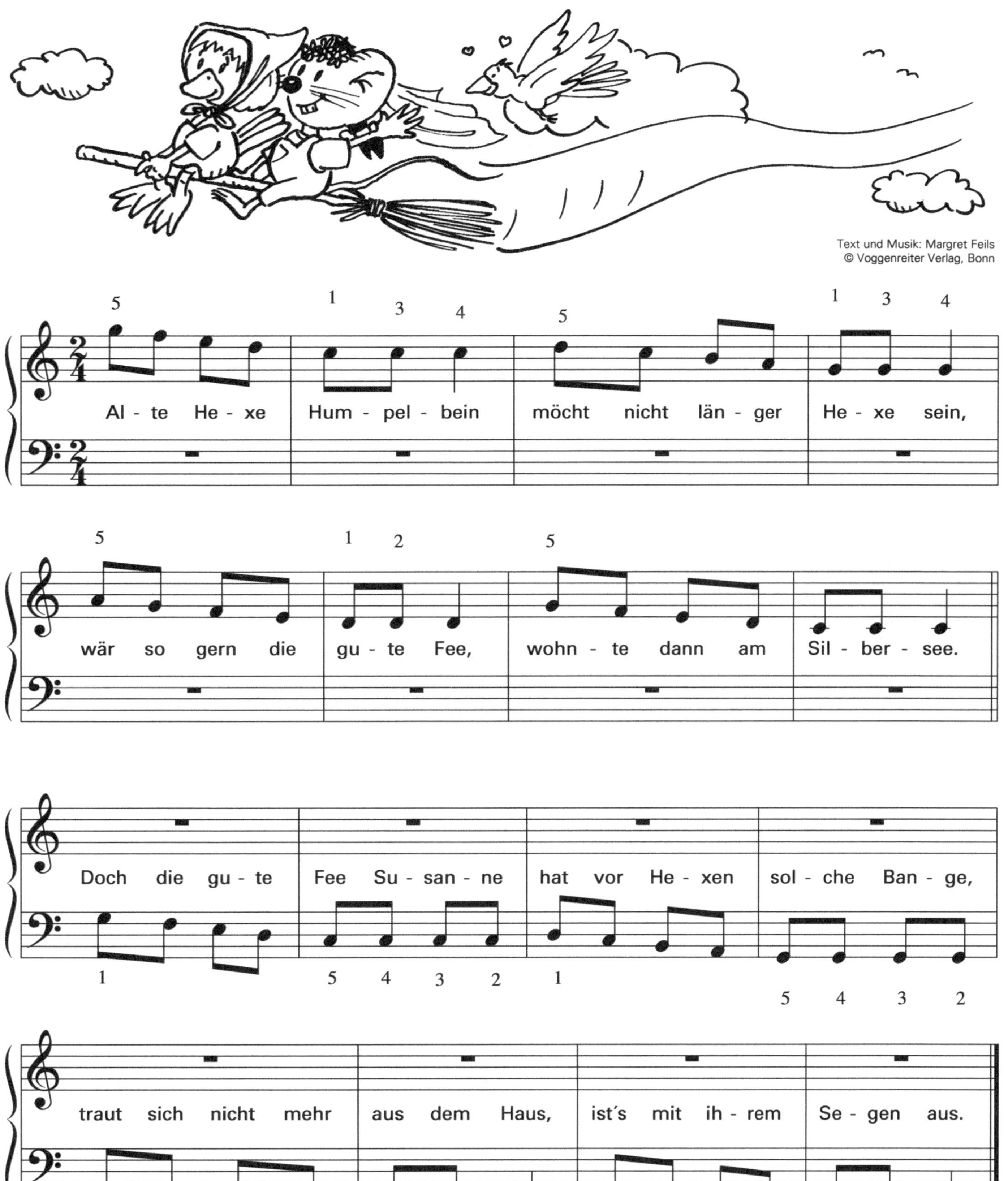

Die dritte Strophe versuchen beide Hände zusammen:

Ach die beiden, wär das schön,
könnten alles anders sehn.
Hexe hext so gut sie kann,
Fee verliert die Angst sodann.

Scheibenwischerspiel

Lilli fährt mit ihren Fingern über die Noten von der Hexe Humpelbein und der guten Fee Susanne hin und her. Bei STOP hält sie an, und Resa sagt blitzschnell den Notennamen und spielt die richtige Taste dazu! Dasselbe geht auch umgekehrt: Die eine spielt eine Taste und die andere zeigt auf die Note.

Die Auswendiglern-Noten

Damit Lilli und Resa immer blitzschnell die vielen neuen Noten lesen können, haben sie sich einen Trick ausgedacht: Resa lernt im **G**-Schlüssel jedes **G** und jedes **C** auswendig. Lilli lernt im **F**-Schlüssel jedes **F** und jedes **C** auswendig. Diese Noten malen sie bei der Hexe Humpelbein schön bunt!

TIPP: Diese beiden Seiten können kopiert und auf Pappe aufgeklebt werden!

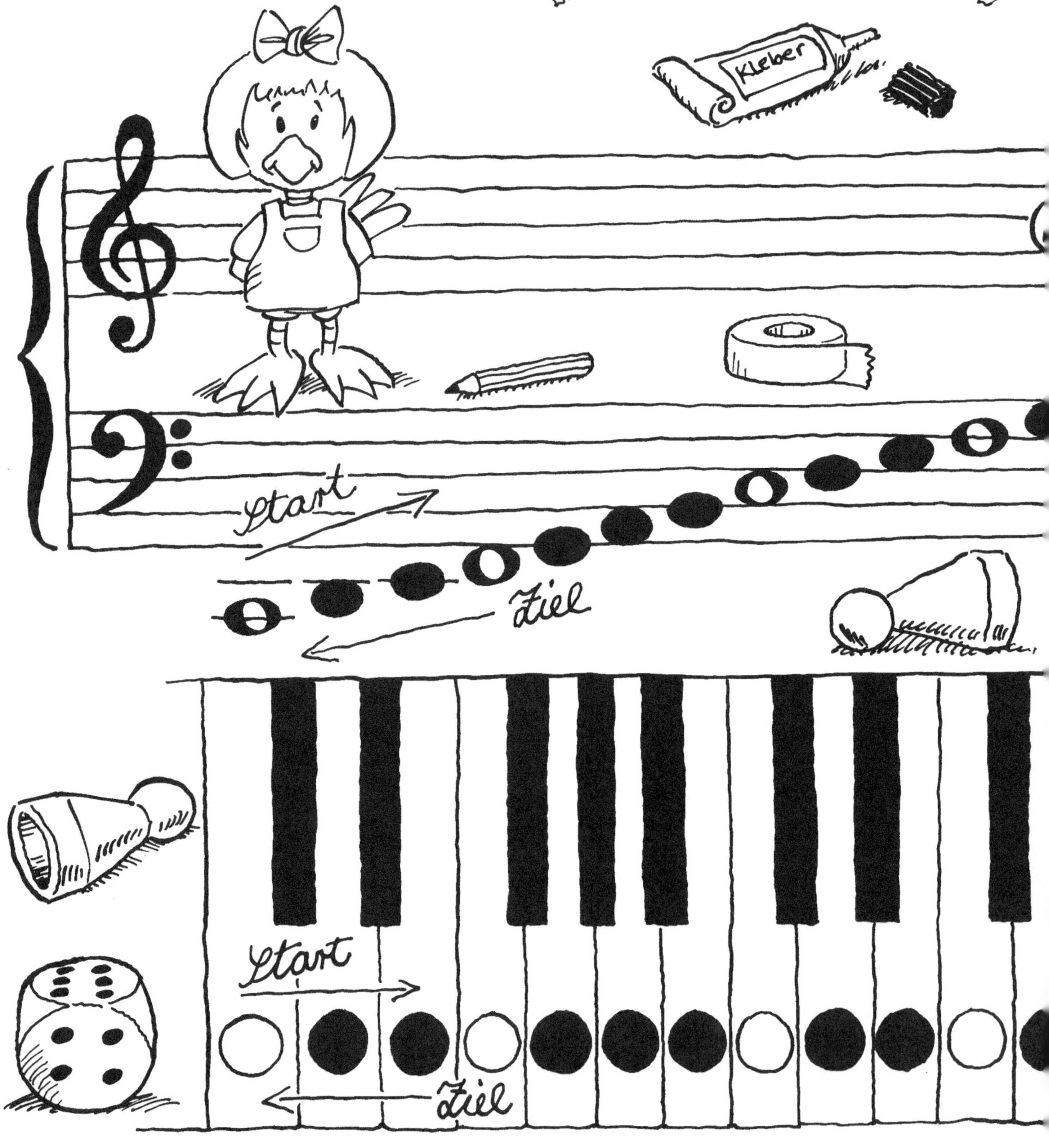

Kleber

Start

Ziel

Start

Ziel

Würfelspiel

Die beiden haben sich ein prima Spiel ausgedacht: Man benötigt dafür zwei Spielfiguren und einen Würfel. Gestartet wird beim großen **C**! Das Zwischenziel ist **G''**, von dort geht es wieder zurück zum großen **C**. Wer als erster ankommt, hat gewonnen.

Spielregel: Geh um soviele Töne weiter, wie der Würfel dir Augen zeigt. Benenne die Note, auf der du gelandet bist. Wer einen falschen Namen genannt hat, muss leider zurück zur nächstliegenden „Auswendiglern-Note". Wer auf einer „Auswendiglern-Note" landet, darf nochmal würfeln.

Das Ganze kann auch auf der Tastatur gespielt werden: Tastennamen benennen und die entsprechende Note zeigen.

Zusatzregel: Es kann auch mit „Rausschmeißen" gespielt werden: Wenn du auf einer Note/Taste landest, auf der schon jemand steht, setz ihn zurück zur nächsten „Auswendiglern-Note".

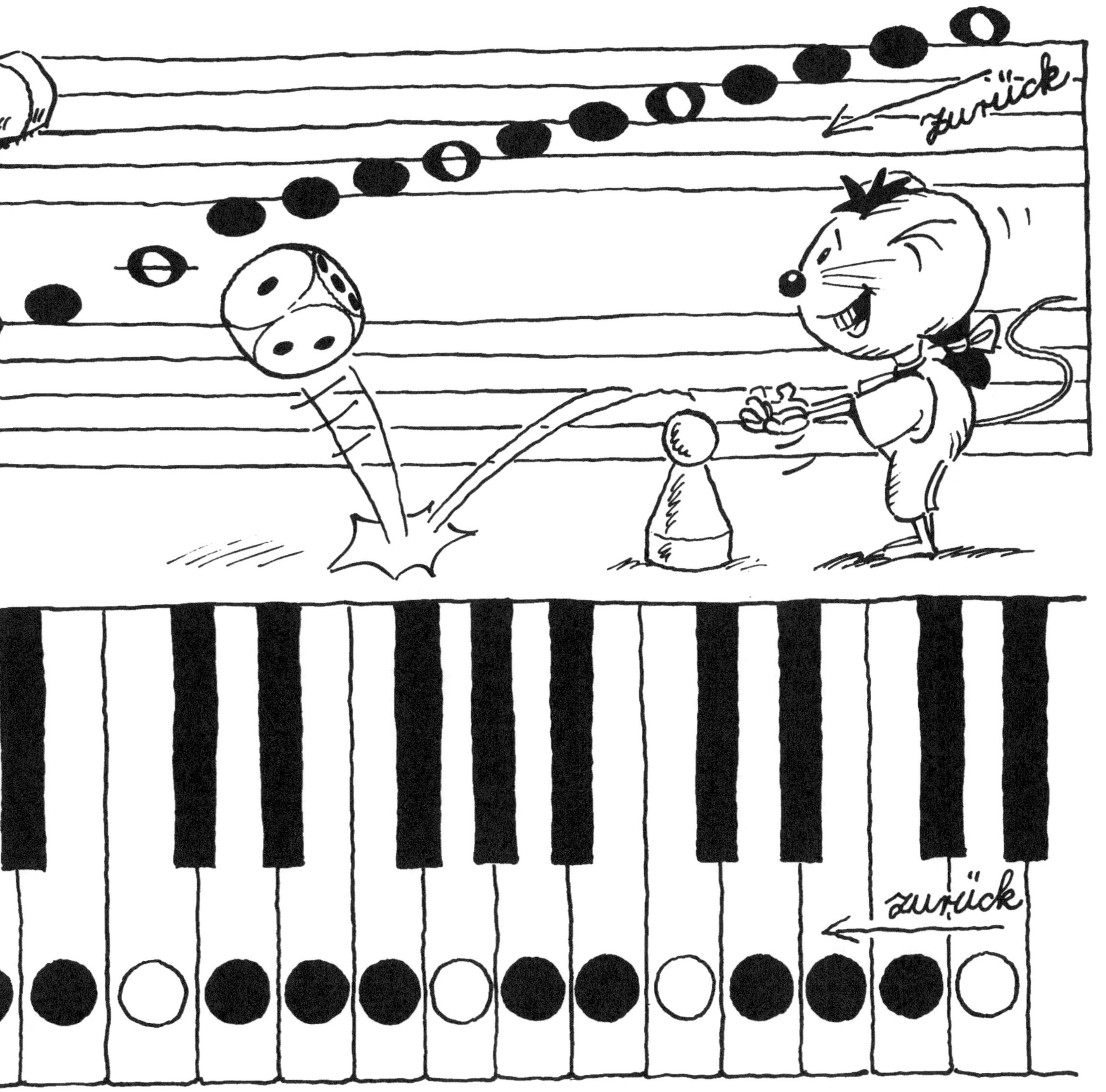

Hier ist Platz, um die Auswendiglern-Noten hineinzumalen.

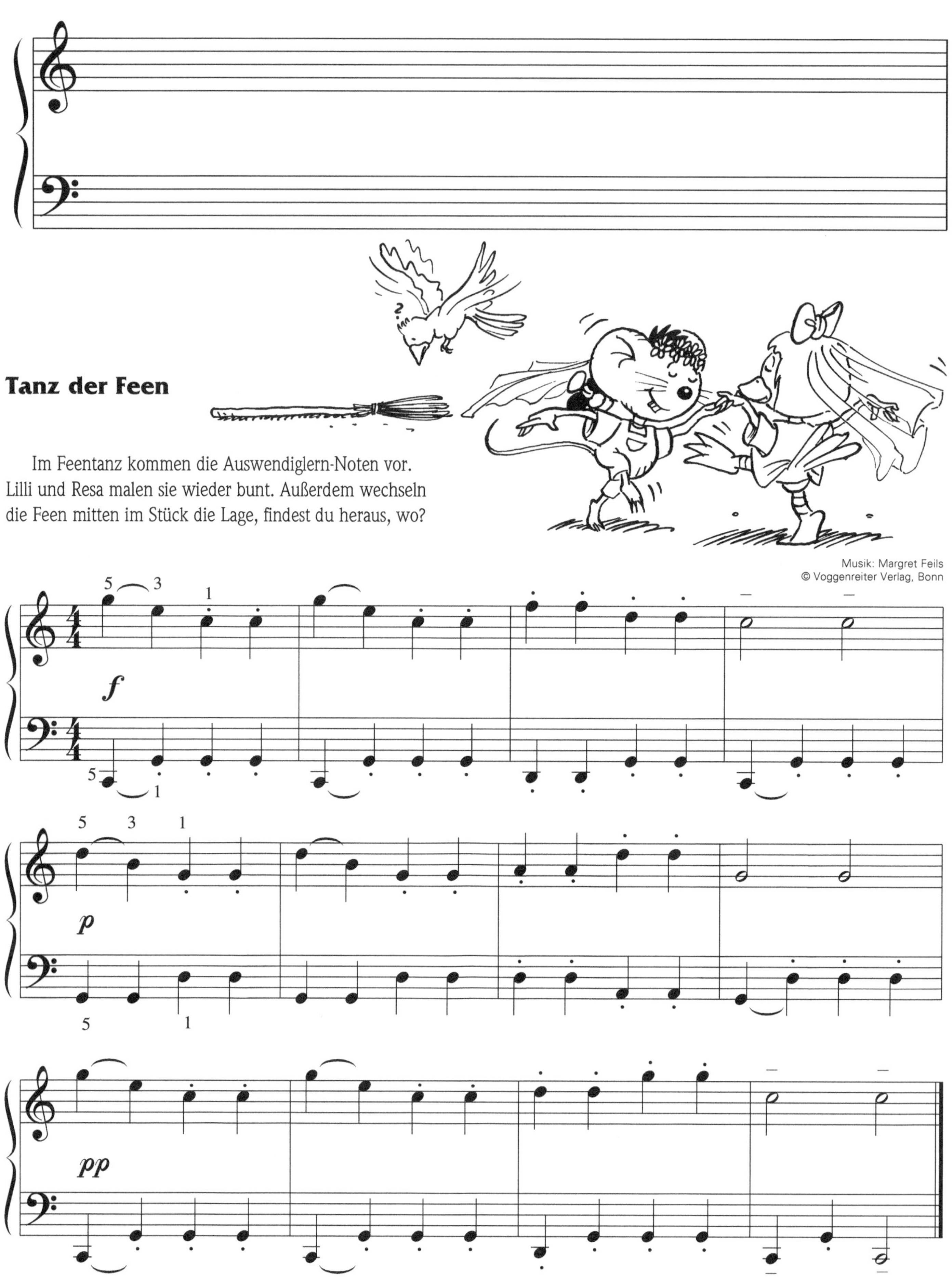

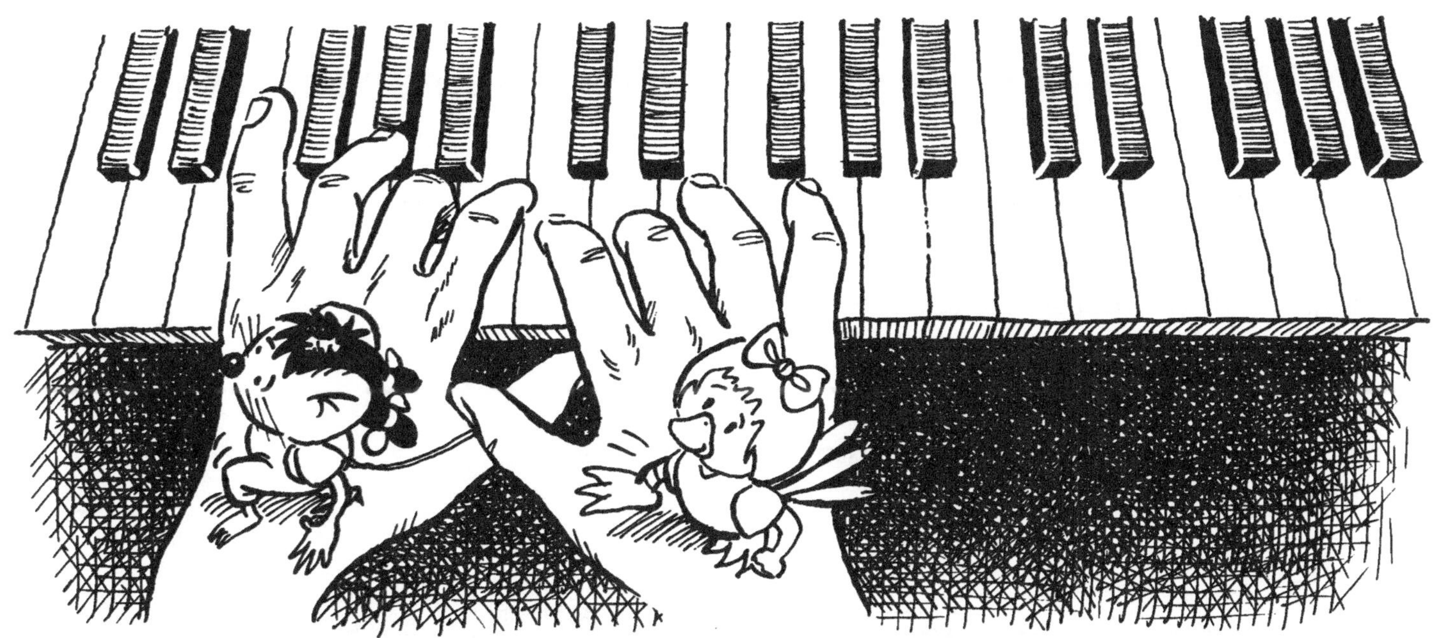

Nachlaufen der Hände

„Resa, hast du Lust, mit mir Nachlaufen zu spielen?"
„Selbstverständlich, nur wie soll das gehn?"
„Na, ganz einfach! Ich spiele einen Ton und du spielst denselben Ton nach. Ich laufe weiter und du spielst mir wieder nach!"

Weil Resa immer den gleichen Ton wie Lilli spielt, brauchen sie hier nur einmal fünf Notenlinien. Die Note mit dem Hals nach unten ist für Lilli, und die Note mit dem Hals nach oben ist für Resa.

Auch hier kommen wieder Töne mit Hilfslinien vor, denn im Violinschlüssel hat das **C'** schon eine eigene Linie. Will man das darunterliegende **H** im Violinschlüssel notieren, so setzt man es unter die Linie vom **C**. Das kleine **A** hat dann schon zwei Hilfslinien.

MUSIKERSPRACHE

*Noten, die über- oder unterhalb der fünf Notenlinien sitzen, bekommen eigene **Hilfslinien**. So können die Notenköpfe entweder zwischen zwei Hilfslinien sitzen oder die Hilfslinie geht durch die Notenköpfe durch.*
*„**Sempre staccato**" bedeutet, dass immer staccato gespielt werden soll.*

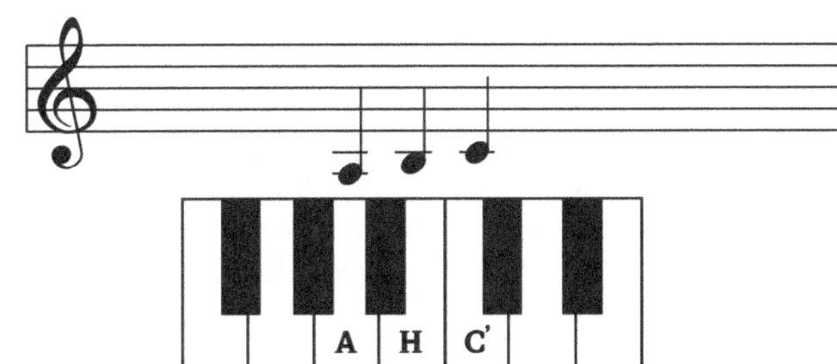

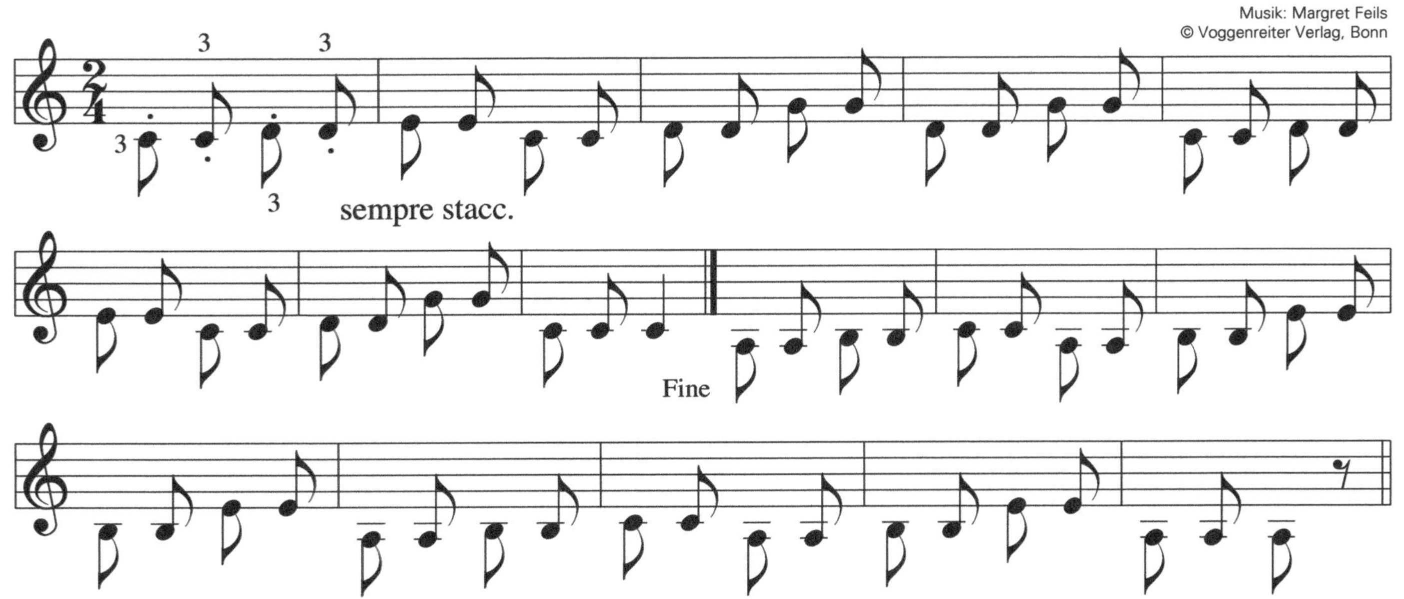

Lilli und Resa entdecken den Daumenuntersatz

Als Lilli und Resa noch kleiner waren, haben sie schon einmal die **C-Dur**-Tonleiter gespielt. Damals aber musste der 5. Finger fleißig turnen. Das ist jetzt anders, denn die beiden haben entdeckt, dass der Daumen ein prima Transportmittel sein kann:

Man kann den 3. Finger als Brücke betrachten und den Daumen unter der Brücke durchführen. So gelangt man schnell in eine neue Lage. Das wird **Daumenuntersatz** genannt.

Umgekehrt geht das auch sehr gut. Der Daumen bleibt liegen und der 3. Finger schlägt eine Brücke über ihn.

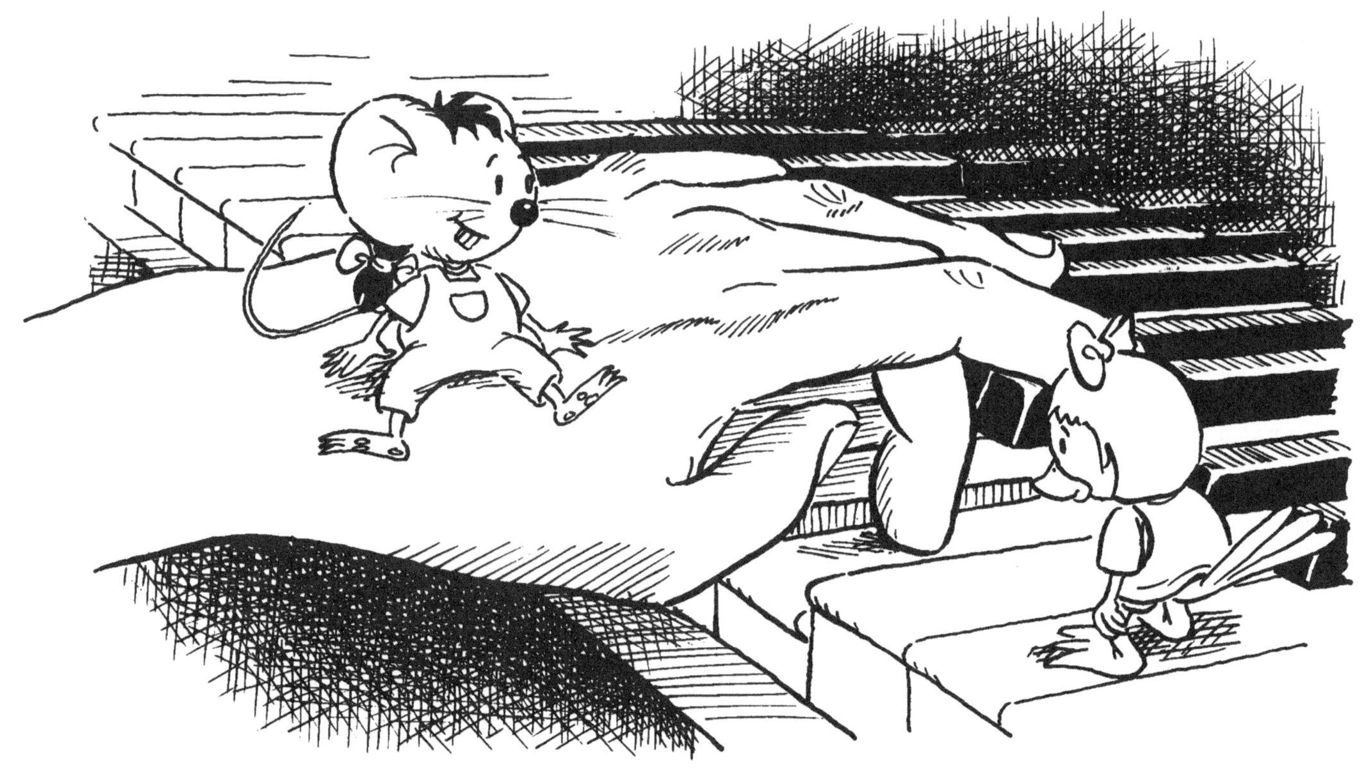

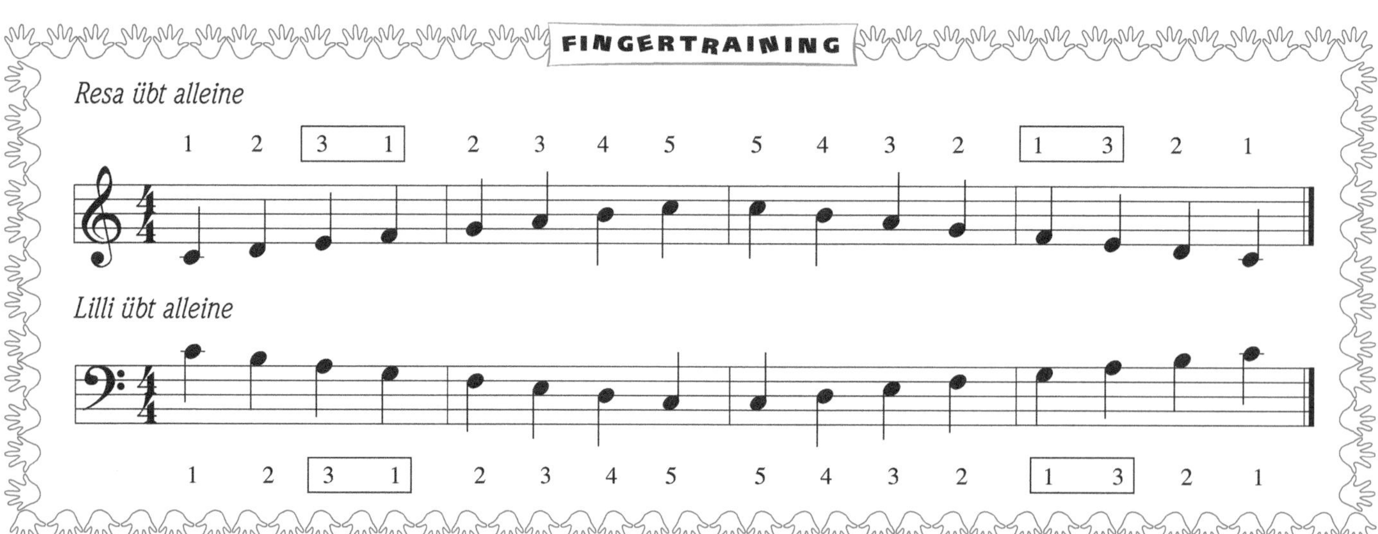

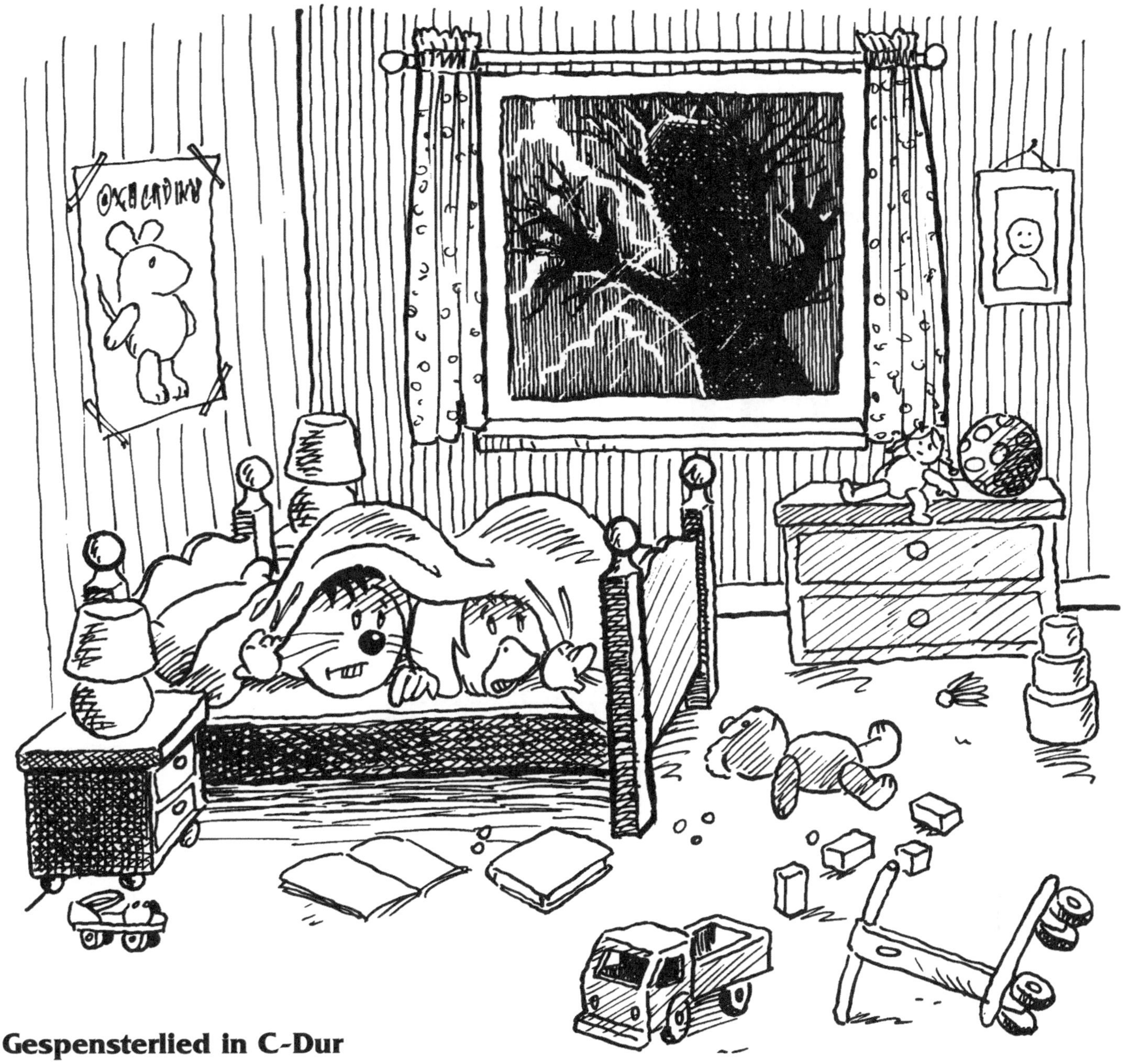

Gespensterlied in C-Dur

Bei dem „Gespensterlied" wird der Daumenuntersatz geübt. Es besteht aus der **C-Dur**-Tonleiter und wird von jeder Hand ganz allein gespielt.

Text und Musik: Margret Feils/Marieke B. (9 Jahre)

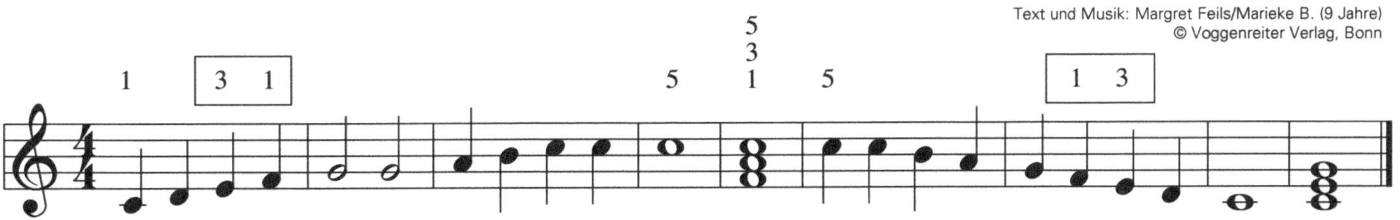

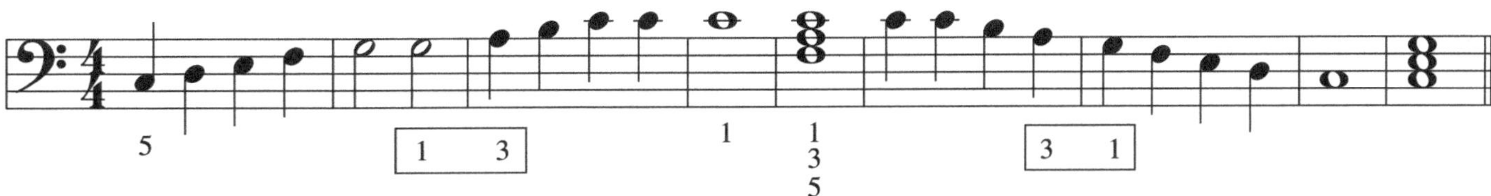

Lilli und Resa lernen die G-Dur-Tonleiter kennen

„Sag mal, Resa, wenn es eine **C-Dur**-Tonleiter gibt, vielleicht gibt es dann ja auch noch andere Tonleitern!“

„Ganz bestimmt, Lilli. Ich glaube, da muss man einfach prüfen, wo Halbtonschritte und wo Ganztonschritte sind.“

„Wie meinst du das, wo Halb- und Ganztonschritte sind?“

„Na schau doch mal selber: Zwischen dem **E** und **F** und dem **H** und **C** – da sind doch immer nur Halbtonschritte, weil da keine schwarzen Tasten dazwischen sind.“

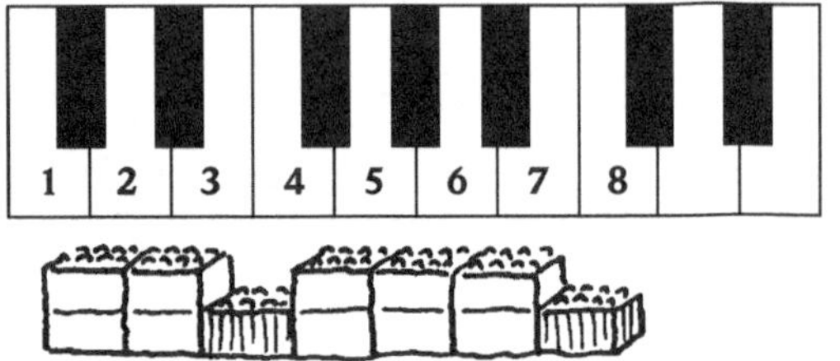

„Tatsächlich, Resa, bist echt schlau. Dann wollen wir mal eine **G-Dur**-Tonleiter basteln!“

„Wir brauchen dazu folgende Bausteine:

Zwei Ganze, einen Halben, drei Ganze, einen Halben – dann ist Schluss.“

MUSIKERSPRACHE

*Eine **Dur-Tonleiter** ist eine Leiter aus Tönen, die in einer ganz festen Ordnung aufgebaut sind. Zwei Ganztonschritten muss immer ein Halbtonschritt folgen; dann müssen drei Ganztonschritte und ein letzter Halbtonschritt erscheinen.*

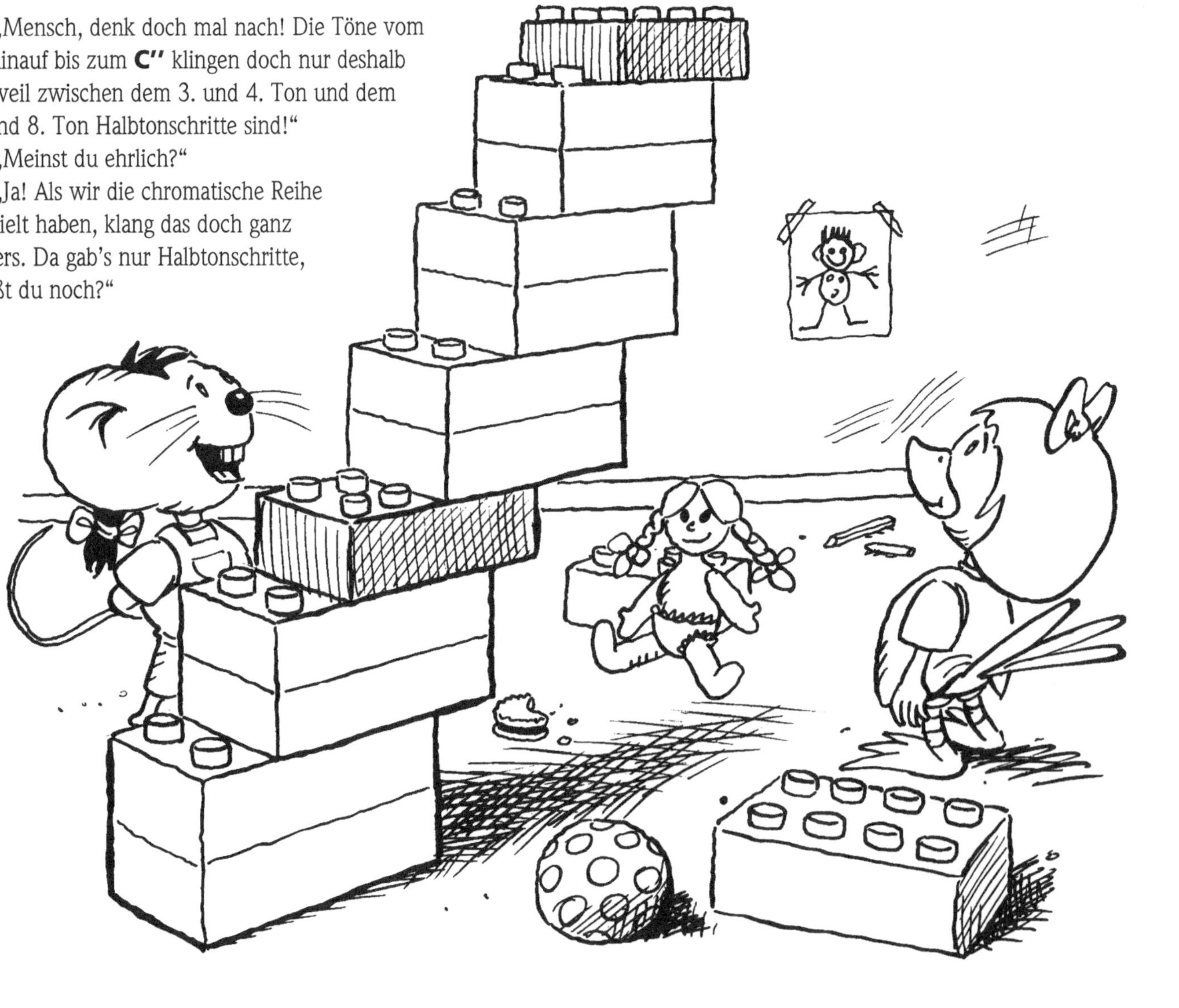

„Stimmt, aber was hat das mit der **C-Dur**-Tonleiter zu tun?“

„Mensch, denk doch mal nach! Die Töne vom **C'** hinauf bis zum **C''** klingen doch nur deshalb so, weil zwischen dem 3. und 4. Ton und dem 7. und 8. Ton Halbtonschritte sind!“

„Meinst du ehrlich?“

„Ja! Als wir die chromatische Reihe gespielt haben, klang das doch ganz anders. Da gab's nur Halbtonschritte, weißt du noch?“

Resa hat die Reihe von **G'** bis **G''** aufgeschrieben und überprüft die Bausteine.

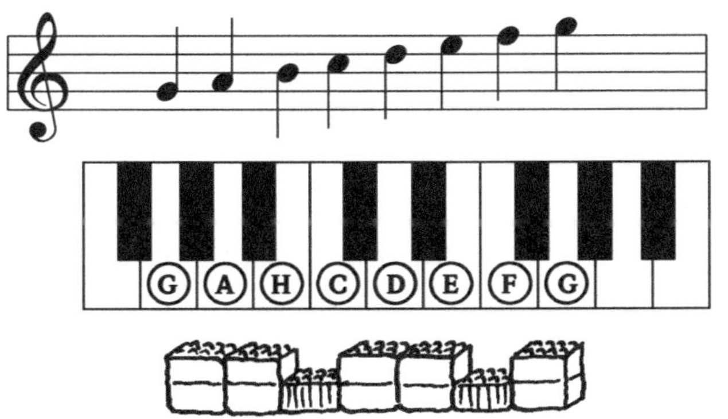

Sie findet heraus, dass das **F** nicht richtig sein kann, denn an dieser Stelle muss ein Ganztonschritt her. Also erhöht sie das **F** zu **Fis** und schon stimmt's.

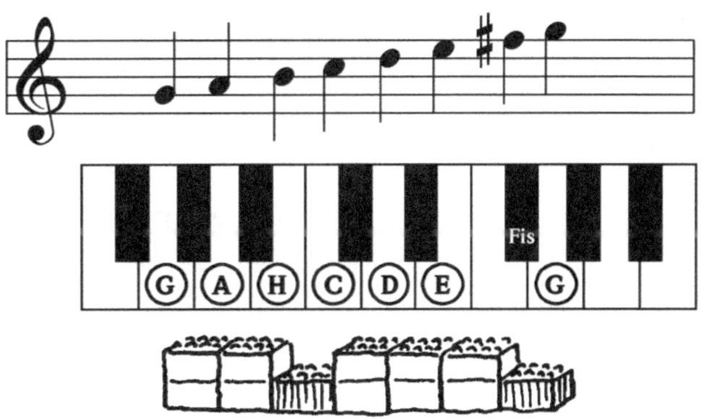

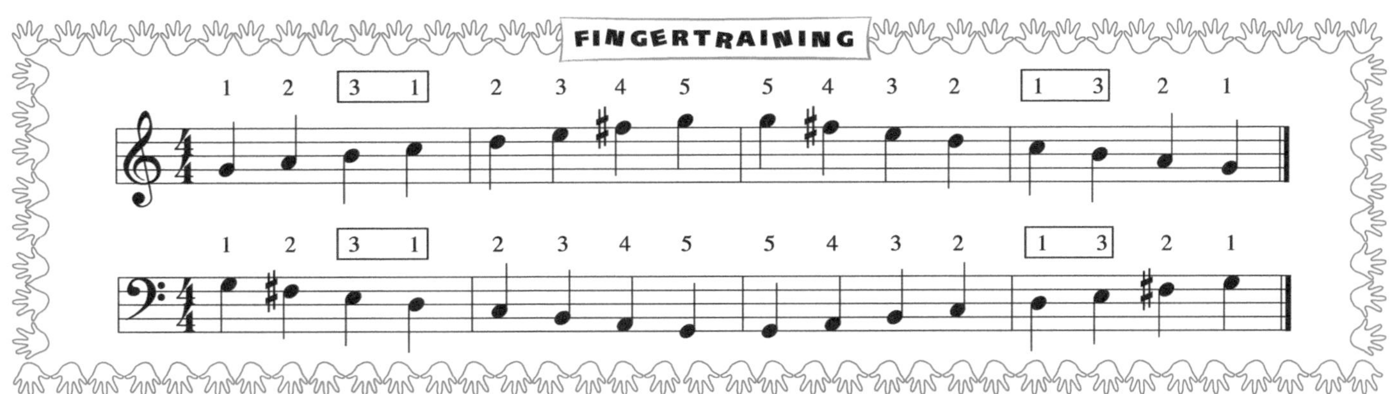

Gespensterlied in G-Dur

Hier schreibt Resa das „Gespensterlied" in **G-Dur** auf. Weil Lilli zu faul ist, das Ganze auch noch mal aufzuschreiben, setzt sie einfach ihre Fingerzahlen unter Resas Noten und spielt alles eine Oktave tiefer.

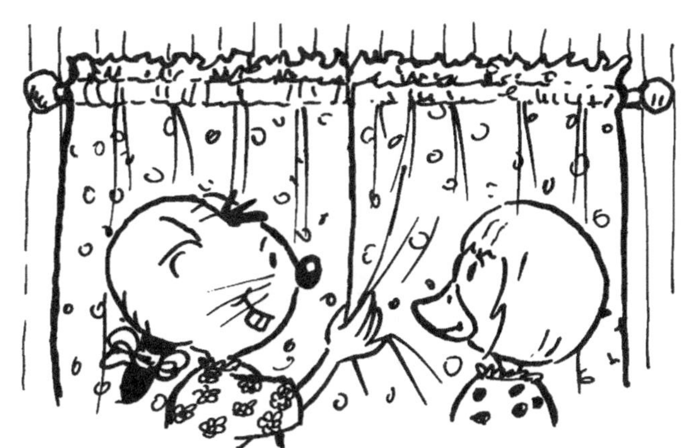

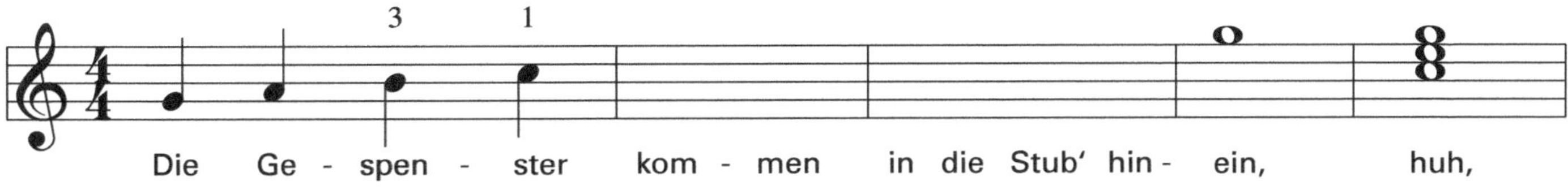

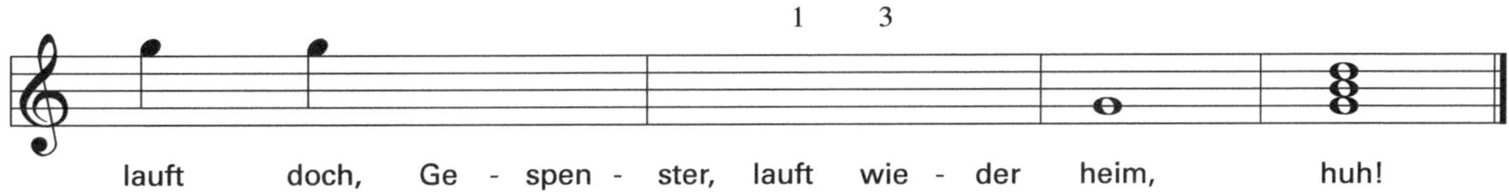

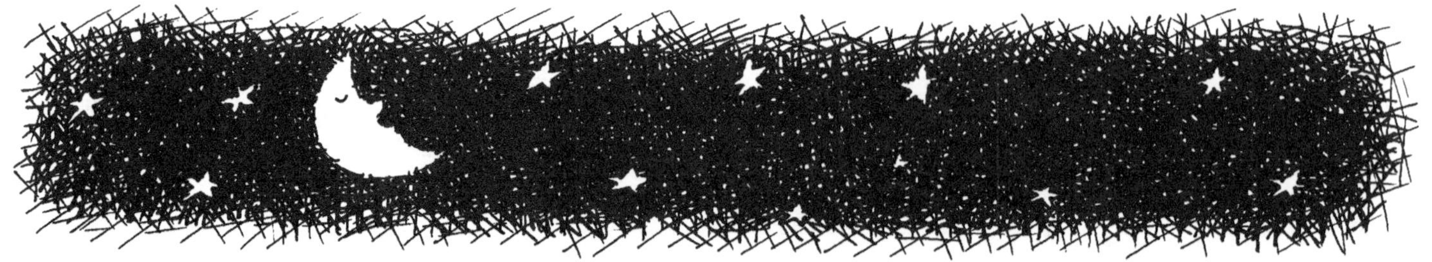

Wiegenlied

Das Wiegenlied spielt mit den Tönen der **G-Dur**-Tonleiter. Die Linke spielt einfach Quinten, die über zwei Takte hin andauern. (Weißt du noch, wie der Bogen heißt, der die Töne über einen Taktstrich hinweg anhalten kann?)

Die Rechte ist jedoch viel fleißiger. Sie verlässt manchmal die 5-Finger-Lage, indem sie woanders hinspringt, oder sie setzt den Daumenuntersatz ein. Manchmal wird auch nur eine Taste übersprungen. Deshalb sieht sich Resa das erstmal alleine an und achtet ganz genau auf den Fingersatz.

Zum Abschluss des Stückes kommt eine Leiter vor, die du sicherlich wiedererkennst.

In ruhigem Gleichmaß

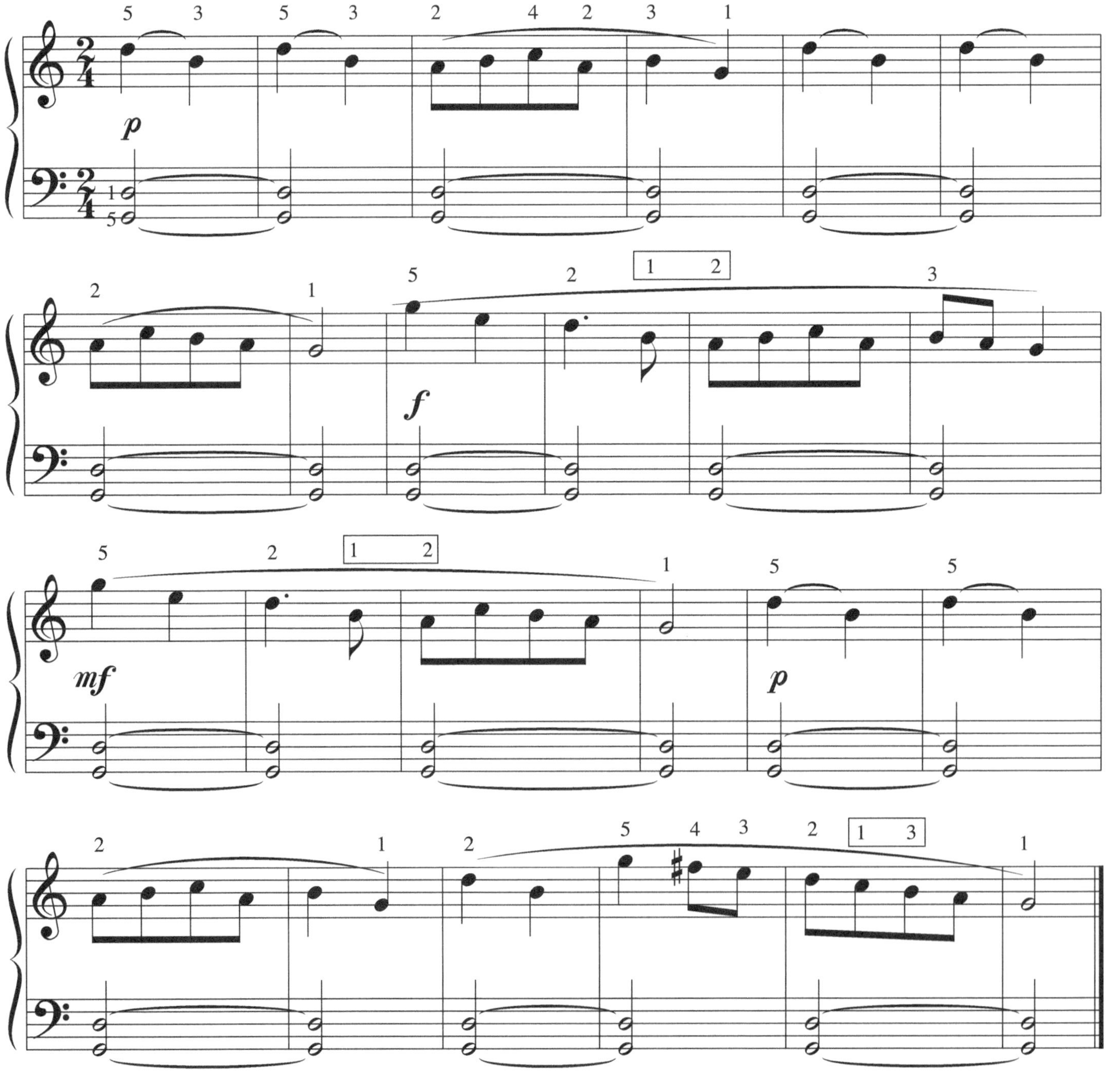

Lilli und Resa lernen die F-Dur-Tonleiter kennen

Lilli hat die Reihe vom **F'** bis zum **F''** aufgeschrieben und gespielt. Und schon merkt sie, dass da was nicht stimmt. Das **H** klingt gar nicht gut, warum?

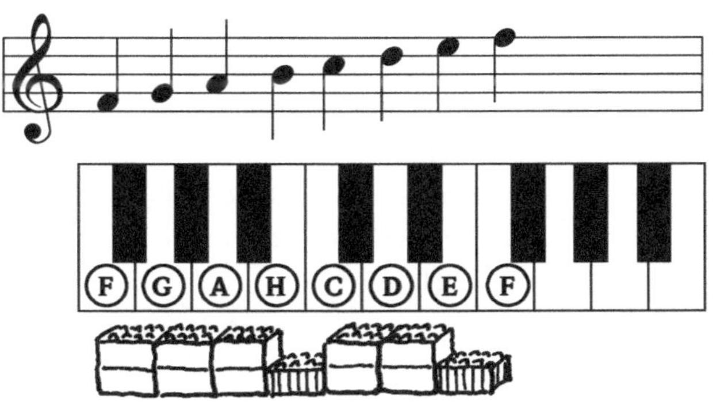

Hier kommt der Halbtonschritt zu spät, denn zwischen dem 3. und 4. Ton muss ein Halbtonschritt liegen. Deshalb erniedrigt sie nun das **H** zu **B**. Jetzt stimmen die Bausteine, und es klingt wunderbar.

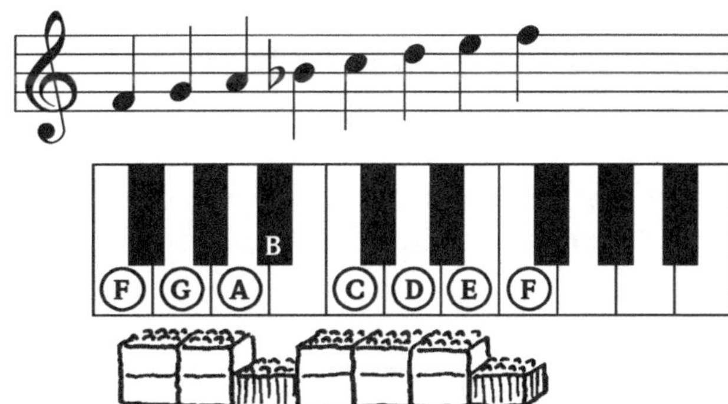

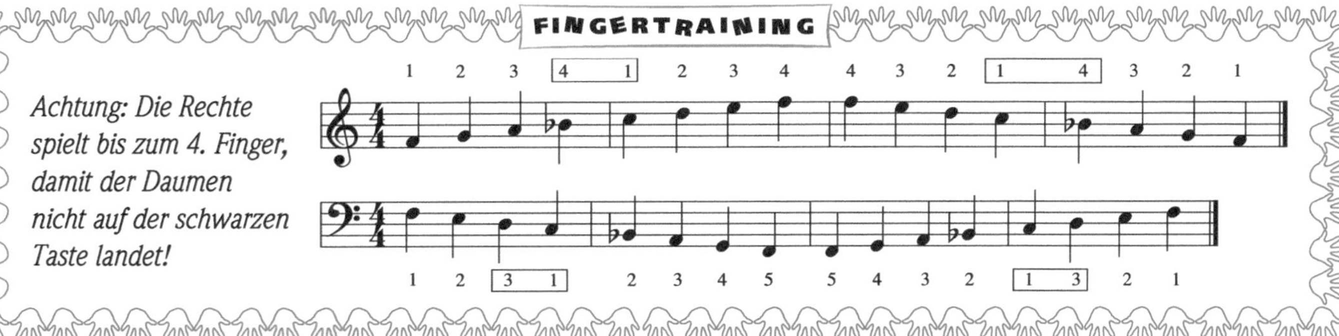

Gespensterlied in F-Dur

Kannst du das Gespensterlied in **F-Dur** weiter aufschreiben?

Damit der Daumen nicht auf der schwarzen Taste landet, spielt der 4. Finger das **B** und der Daumen bekommt das **C**.

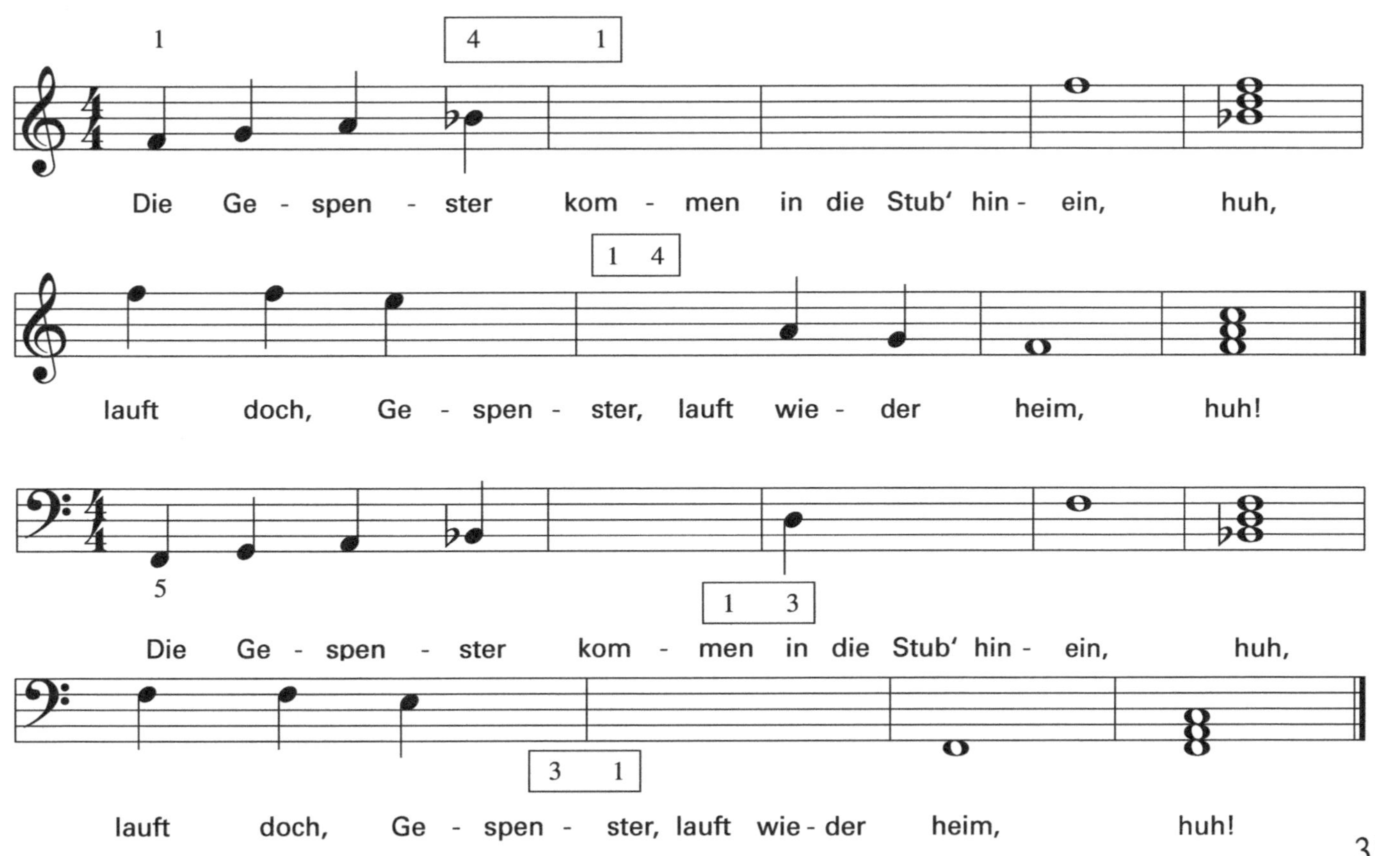

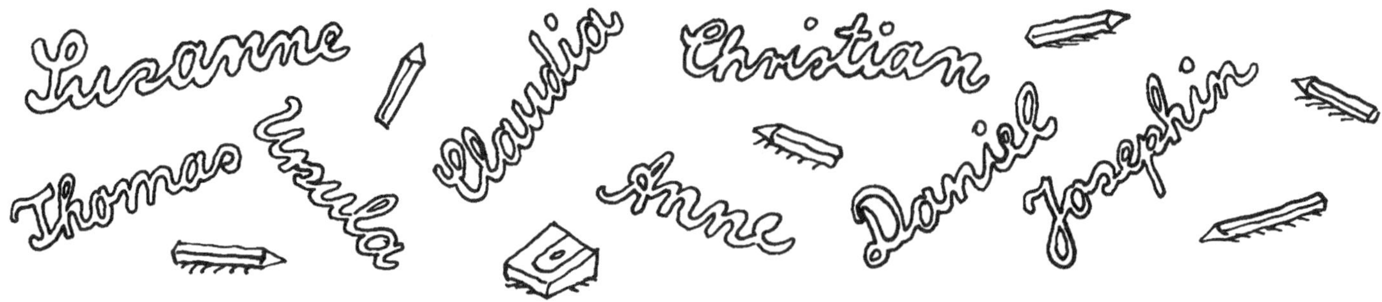

Schöne Namen suchen wir

Jetzt kennen sich die beiden mit den Tonleitern ja schon ziemlich gut aus. Hier spielen sie nun ein Stück mit den Tönen der **F-Dur**-Tonleiter, beide Hände spielen auch in der **F**-Lage.

Manchmal spielen beide dieselben Töne zusammen, oder sie begleiten sich abwechselnd. Ab Takt 10 spielt jede Hand zwei Töne gleichzeitig, weil die Daumen immer mitmachen. Das klingt schon sehr schön.

NAMENRONDO,
Text u. Musik: Wilhelm Keller,
aus: LUDI MUSICI Bd.1 - Spiellieder

5

Schö - ne Na - men su - chen wir, Na - men die gut klin - gen.

1

Wer die schön - sten Na - men weiß, soll sie sel - ber sin - gen:

Ur - su - la, Clau - di - a, Jo - se - phin, Su - san - ne,

Chri - sti - an, Da - ni - el, Tho - mas und die An - ne.

Tonleiter und Tonart

„Mensch, Resa, mit der Tonleiter, das ist so was ähnliches wie mit einer Familie!"

„Wieso das denn? Manchmal kann ich dir wirklich nicht folgen!"

„Pass auf! Bei der **F-Dur**-Familie wohnt das „Be". Es steht vorne in den Noten wie ein kleines Klingelschild. Da weiß man immer, bei wem man ist. Und außerdem braucht man nicht mehr vor jedes **H** ein „Be" zu setzen, sondern das gilt, wenn es ganz vorne steht, für die ganze Reihe!"

„Klasse, Lilli, dann wohnt bei der Familie **G-Dur** das **Fis**, gell?"

Die Familie, das ist die Tonart. Die heißt nicht etwa so, weil die Töne besonders „artig" sind, sondern weil man an ihr erkennen kann, in welcher Art sie gebaut ist.

MUSIKERSPRACHE

*Die **Tonleiter** legt die Tonart fest, in der ein Stück gespielt wird. Man erkennt die Tonart an den **Vorzeichen** zu Beginn einer jeden Reihe. Sie gelten dann für die ganze Reihe. Die Tonart mit einem Kreuzchen (**Fis**) heißt **G-Dur**, die Tonart mit einem „Be" (**B**) heißt **F-Dur**.*

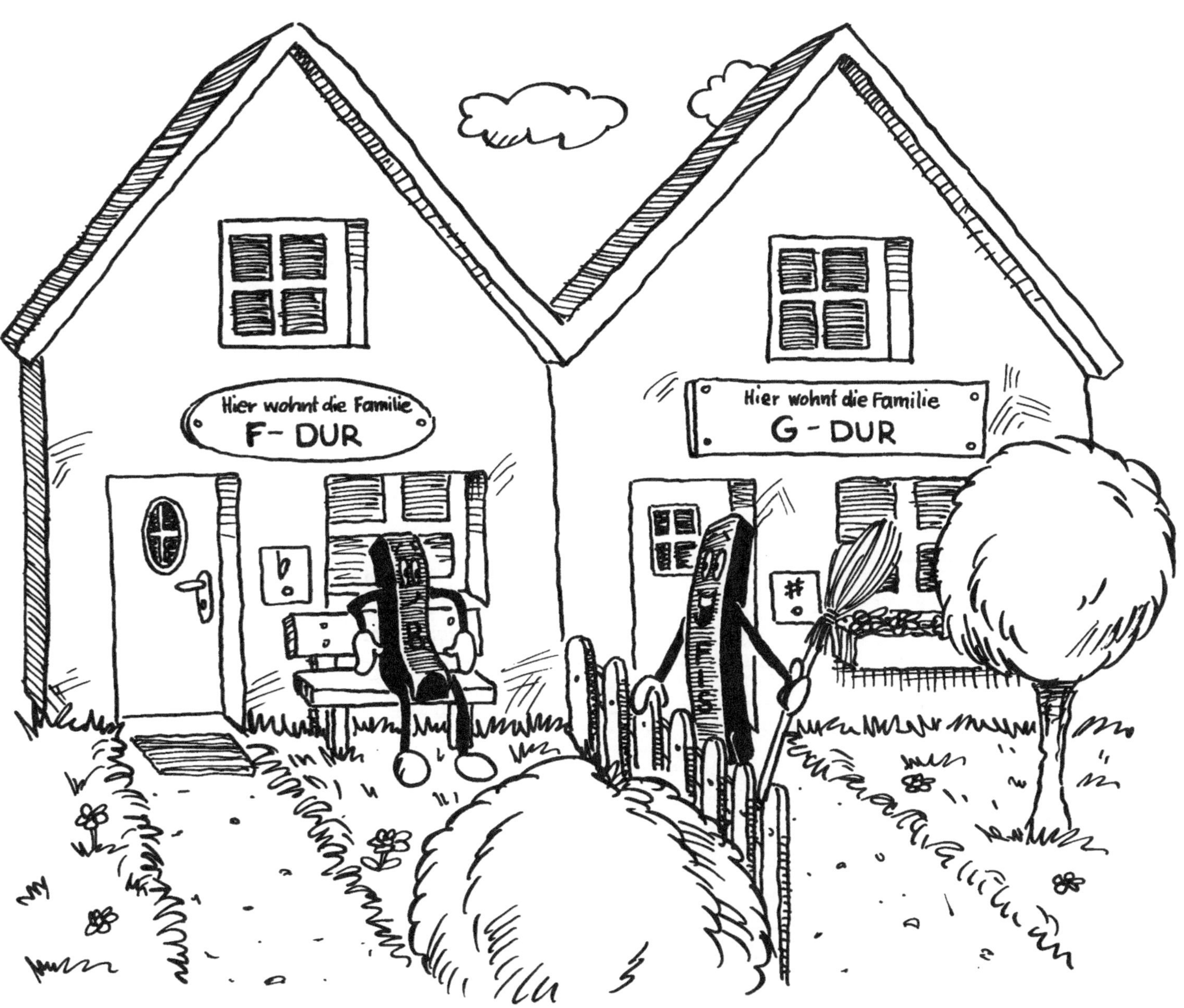

Ein Krokodil wandert durch drei Tonarten

Lilli und Resa haben ein Lied vom Krokodil erfunden. Das Krokodil ist zu neugierig, um in einer Tonart zu bleiben!

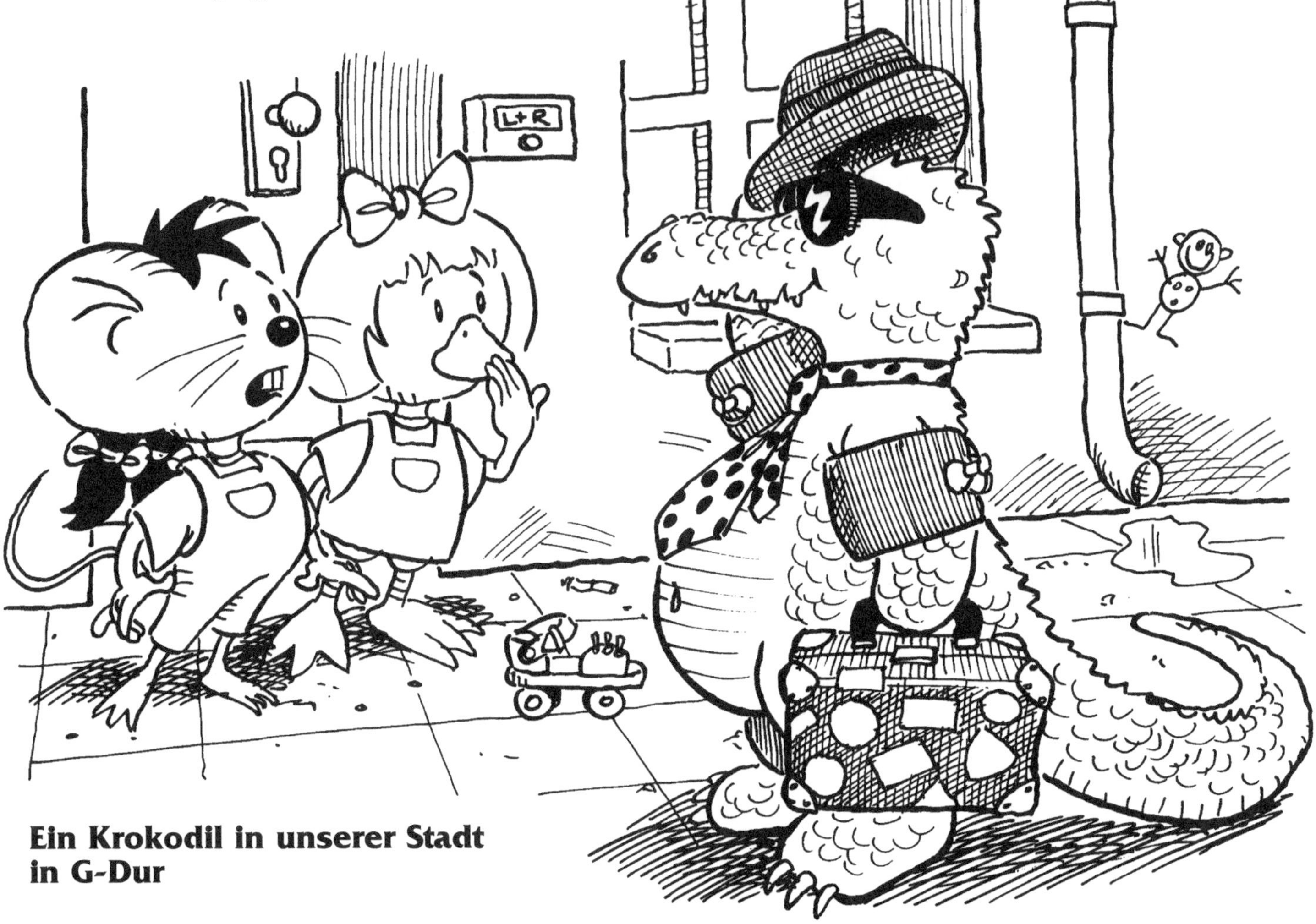

Ein Krokodil in unserer Stadt in G-Dur

Lilli spielt die erste Strophe in **G-Dur**.

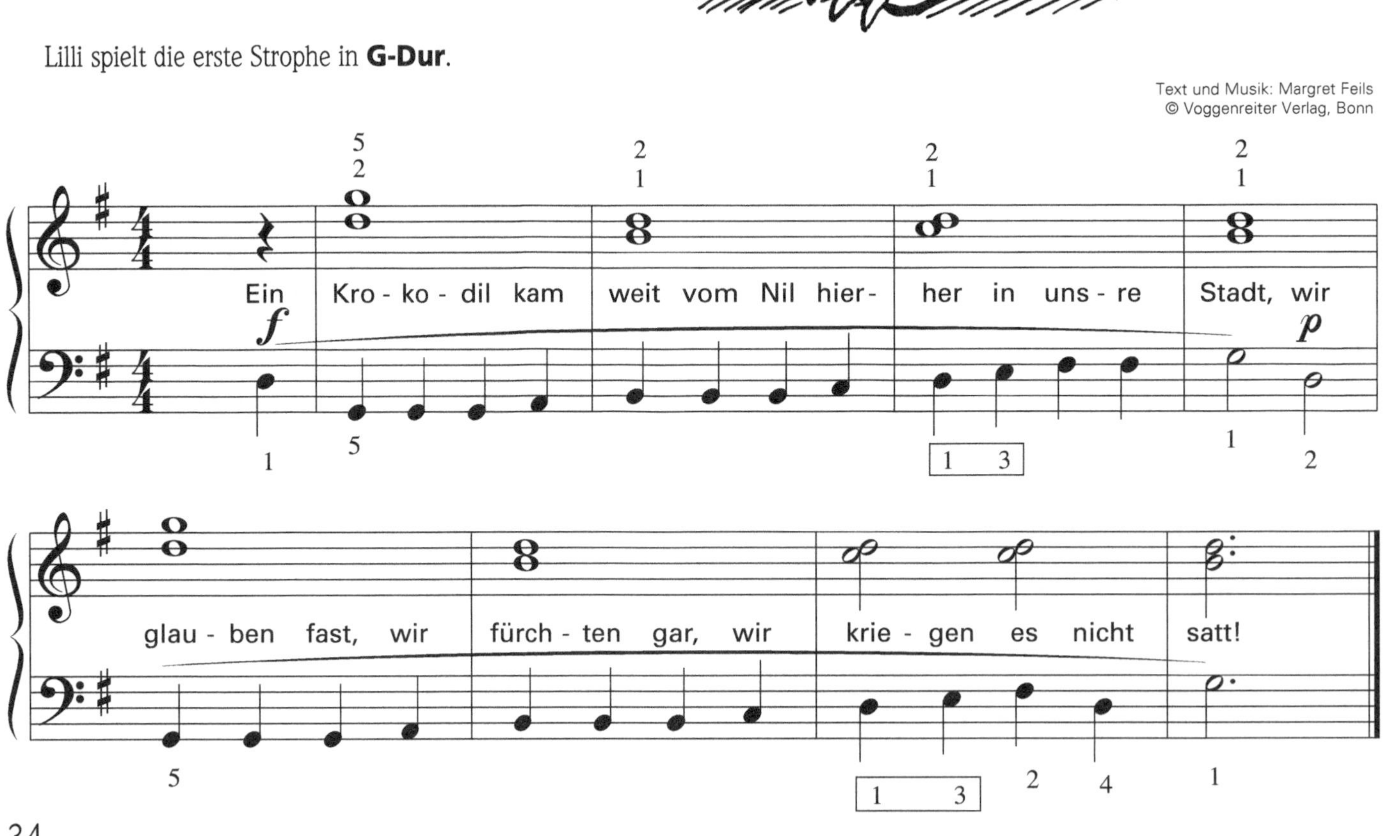

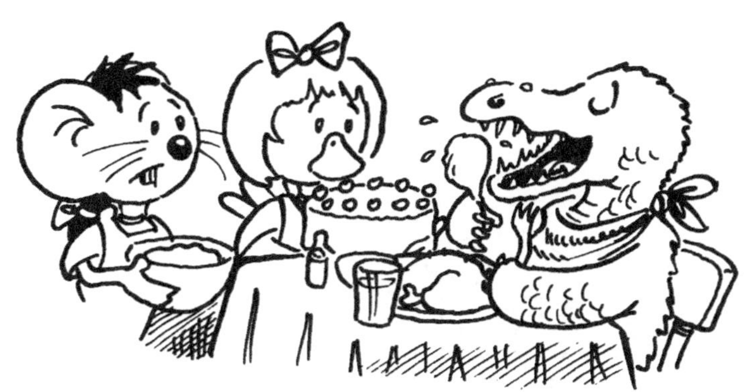

Das Krokodil in F-Dur

Resa spielt die zweite Strophe des „Krokodil-Liedes“ in **F-Dur**, es muss aber noch fertig geschrieben werden:

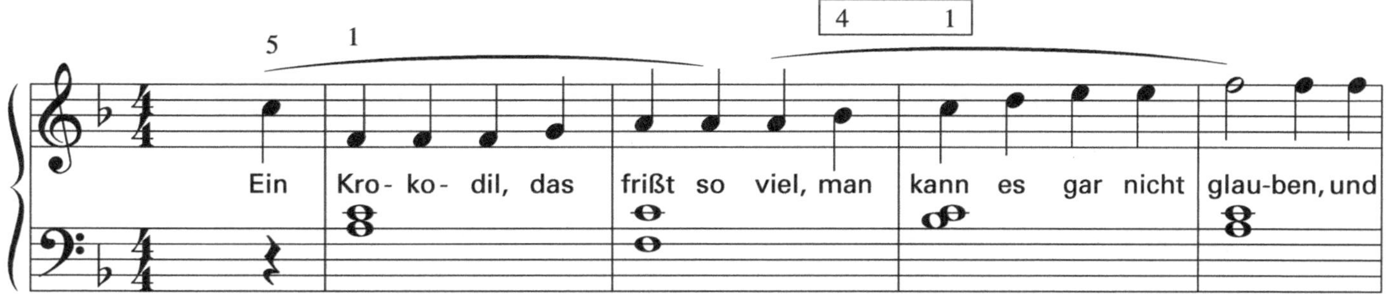

wenn es nichts zu fres- sen kriegt, dann fängt es an zu schnau- ben!

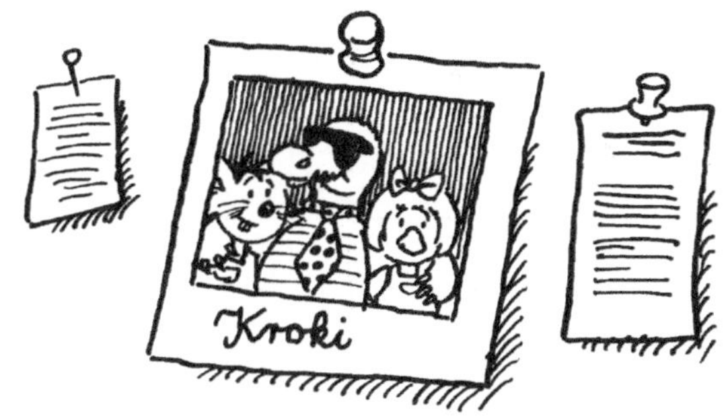

Das Krokodil in C-Dur

Die dritte Strophe soll in **C-Dur** stehen, kannst du zu Lillis Begleittönen eine eigene Melodie erfinden?

5

Ein Kro- ko- dil in uns- rer Stadt, das hat's noch nie ge- ge- ben, wir

wün-schen uns, ach wär das schön: Es soll noch lang hier le- ben!

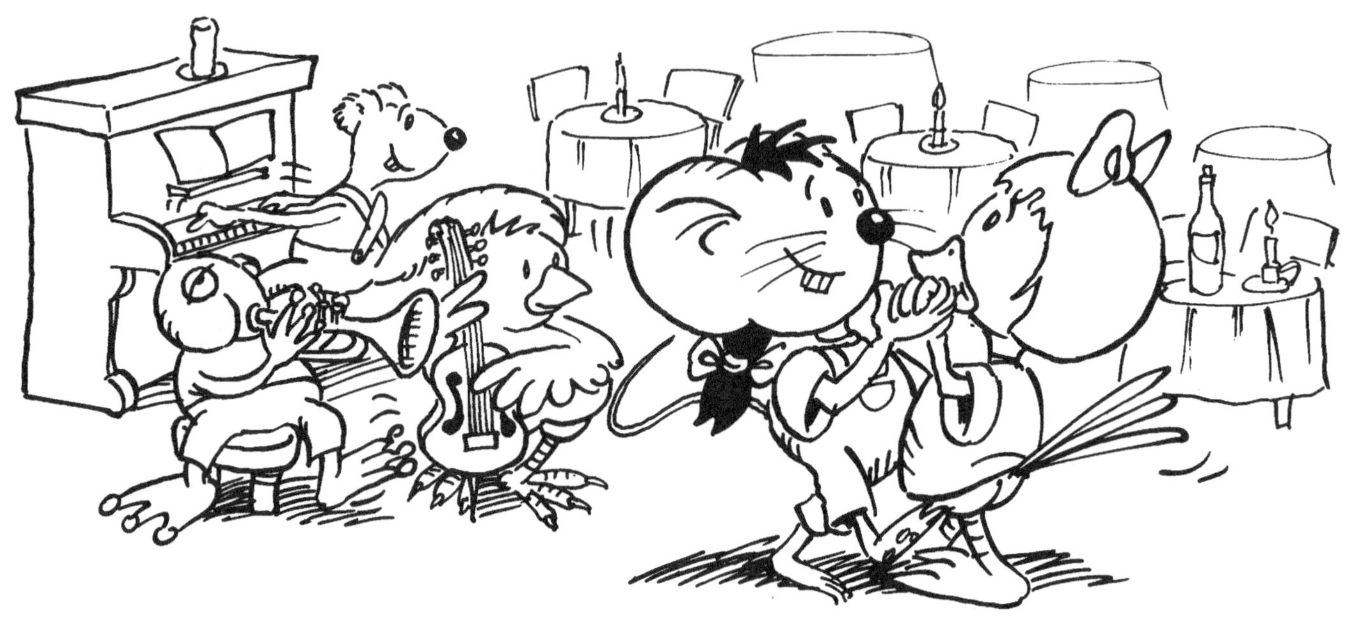

Tanzstück

Hier wird im 2/4-Takt getanzt. Der 1. Teil steht in **G-Dur**, Resa spielt in der **G**-Lage und Lilli in der **D**-Lage. Dann wird's spannend. Im 2. Teil steht das Auflösungszeichen vor jedem **F**, es wird also kein **Fis**, sondern **F** gespielt.

Außerdem spielen beide Hände in neuen Lagen, weißt du, welche es sind? Weißt du noch, was die Klammern |1. | |2. | und *„Da Capo al Fine"* bedeuten?

Melodie: Carl Orff aus SCHULWERK / ED 3561

3 1. 2.
p
5
Fine

3
f
1
5
D.C. al Fine

Die Tempobezeichnungen stellen sich vor

Und noch was ist den beiden Schlauköpfen eingefallen: „Resa, weißt du was, Musik ist doch wirklich nicht immer gleich schnell oder langsam. Es gibt fröhliche Musik, traurige, rasend schnelle und ganz langsame …! Da gibt es bestimmt Möglichkeiten, das vorneweg anzugeben, oder?“

„Logisch, Lilli, da gibt es ganz viele italienische Wörter, die schreiben wir am besten alle hinten im Buch auf der Seite 90 auf. Dort kann man immer nachsehen, wenn man nicht weiß, was sie bedeuten.“

MUSIKERSPRACHE

Es gibt langsame und schnelle Musik. Damit man weiß, wie schnell oder langsam man ein Stück spielen soll, haben die Musiker verschiedene Möglichkeiten entwickelt: Am häufigsten schreiben sie die Tempobezeichnung über das Stück. Weil Italienisch die Musikersprache ist, werden oft italienische Worte gebraucht. ***Andante*** *zum Beispiel heißt „gehend, in ruhiger Bewegung“.* ***Allegro*** *hingegen heißt „lebhaft“ und* ***Presto*** *heißt „sehr schnell“. Häufig findet man aber auch in deutscher Sprache Bemerkungen zum Charakter bzw. Tempo des Stückes, wie zum Beispiel „traurig“, „bewegt“, „fröhlich“ … Und dann gibt es noch die* ***Metronomangaben.*** *Ein* ***Metronom*** *ist ein Gerät, das von Herrn Melzel erfunden wurde. Man kann mit ihm genau einstellen, wie oft der Grundschlag pro Minute angeschlagen wird:* ***MM ♩=120*** *heißt also, dass bei diesem Zeitmaß 120 Schläge in eine Minute passen.*

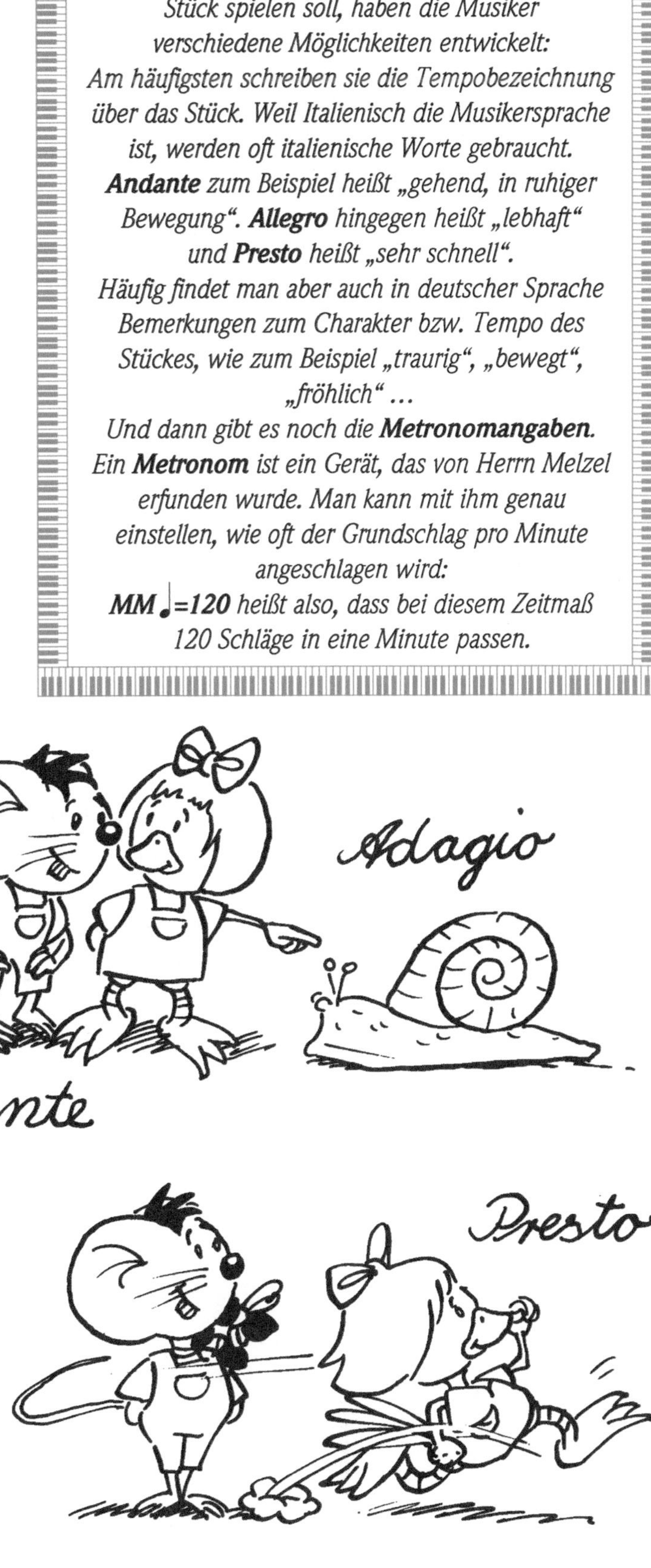

Gänse fliegen vor der Stadt

Lilli und Resa werden immer mutiger und verlassen jetzt immer häufiger ihre Lagen:

Lilli wechselt mitten im Gänseflug die Lage und fliegt von der **F**-Lage hinauf zur **C**-Lage.

Resa wechselt auf ein und derselben Taste heimlich einen Finger aus und kommt so ein Stückchen weiter nach oben. Pianisten nennen das den „stummen Fingerwechsel“.

Dann wiederum zieht sie die Hand ein wenig zusammen, um weiter nach unten zu gelangen. Das wird erst mal einzeln geübt.

Die erste Note des Taktes soll hier immer besonders betont und kräftig angeschlagen werden, dies wird durch das Zeichen > angezeigt.

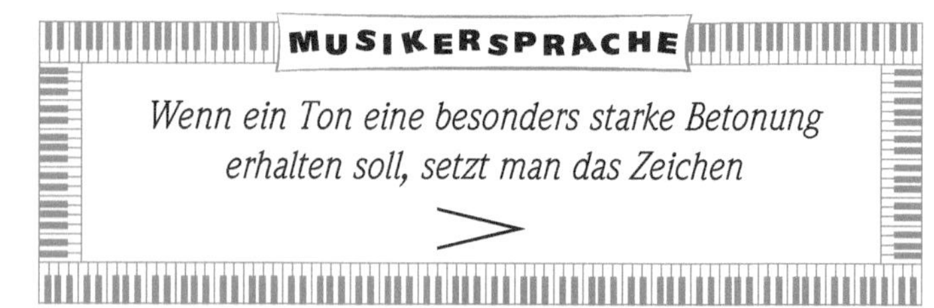

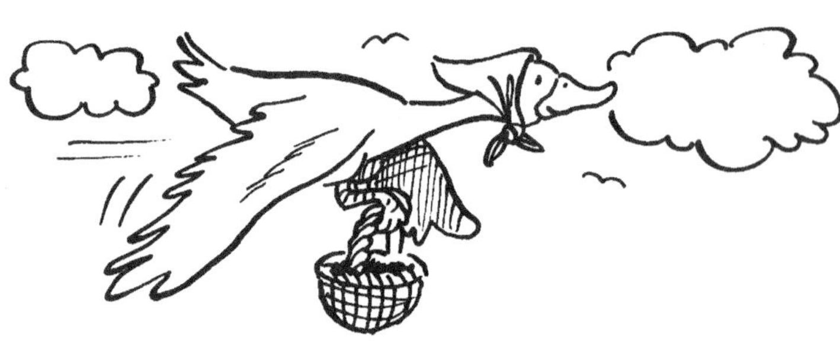

FINGERTRAINING

Lilli und Resa klettern nun nach oben, indem sie immer auf derselben Taste den Finger wechseln. Das kann man auch mit anderen Fingern ausprobieren!

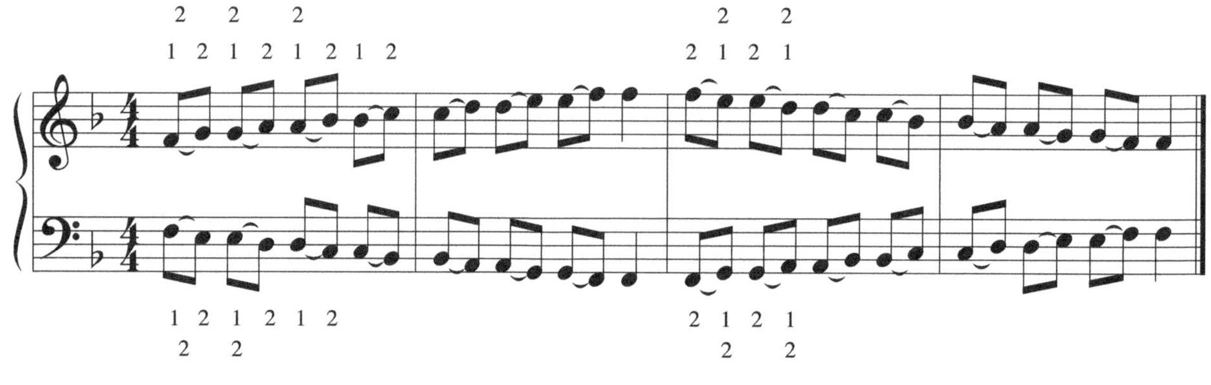

Ukrainisches Volkslied

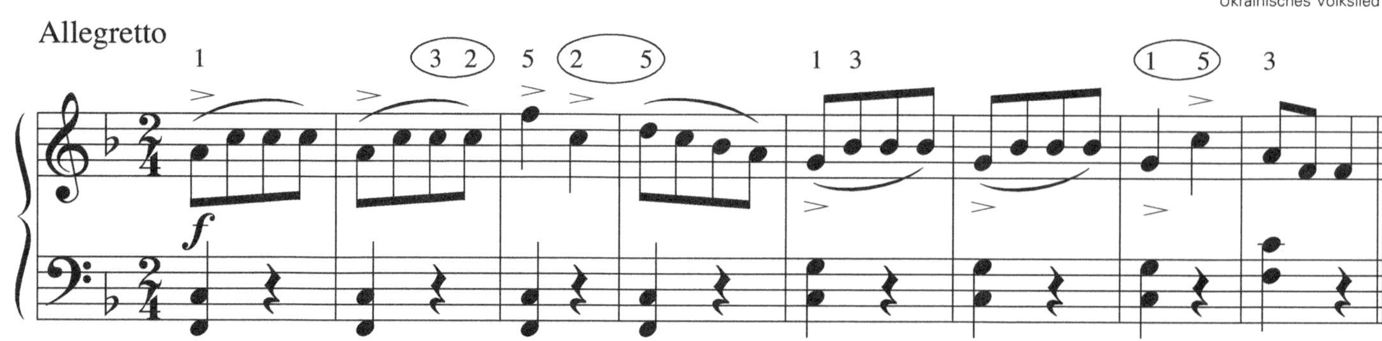

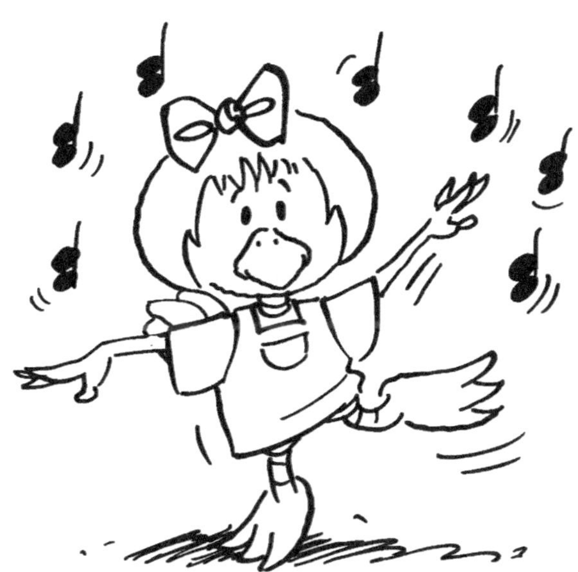

MUSIKERSPRACHE

Eine Figur aus Tönen, die sich immer wiederholt, heißt ***Ostinato****.*

FINGERTRAINING

Lilli ist auf den Tasten eingeschlafen.
Jetzt tippt Resa ihr auf die Fingerspitzen und versucht dabei, Staccato-Töne zu erzeugen.
Als Lilli wach wird, probiert sie das auch mit Resa.

Terz-Tanz

Resa tanzt mit Terzen und besteht darauf, die Viertelnoten immer im Staccato zu spielen.

„Gut und schön“, hat Lilli gesagt, „dann spiele ich Legato dazu, immer nur Sekunden, mal hören, wie das klingt!“

Vielleicht fällt Resa auch etwas Neues zu Lillis Begleitung ein?

Zügig aber nicht zu schnell

Musik: Margret Feils

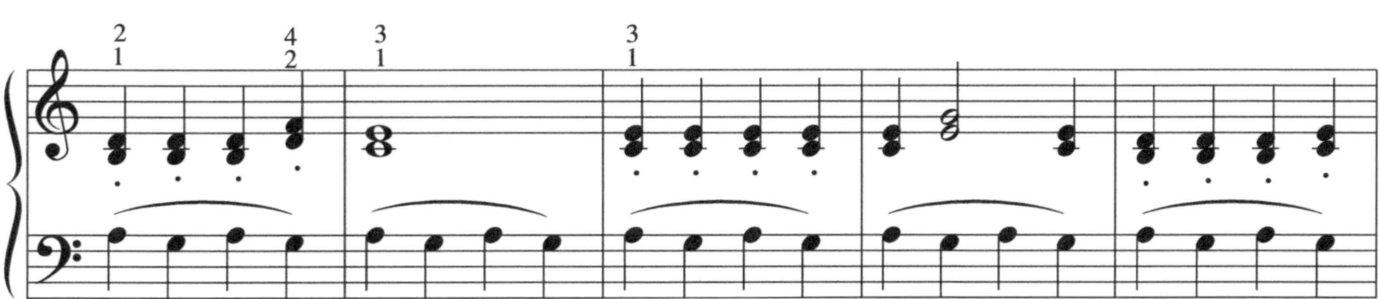

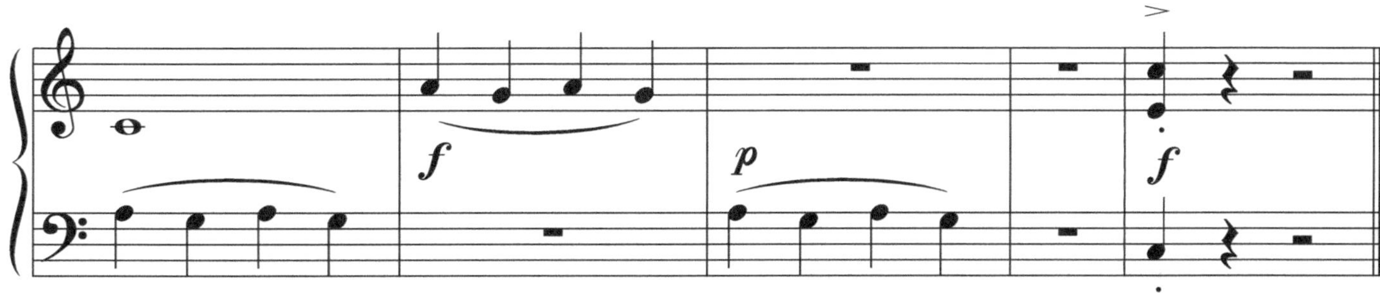

Lilli und Resa spielen ihre erste Sonate

Nun ist es soweit, Lilli und Resa können jetzt schon schöne Klavierstücke spielen, die von ganz berühmten Komponisten geschrieben wurden.

Kleine Sonate

Eine Sonate ist ein Instrumentalstück, das meistens aus drei Teilen besteht; die Musiker sagen dazu, sie besteht aus drei „Sätzen“.

Diese kleine Sonate ist noch nicht so umfangreich. Sie steht in **C-Dur** und beide Hände spielen in der **C**-Lage.

FINGERTRAINING

Lilli ist in ihrer **C**-*Lage eingeschlafen. Die Finger liegen ganz gemütlich auf den Tasten, da schleicht sich Resa heran und tippt Lilli vorsichtig auf eine Fingerspitze, so dass ein Ton erklingt, der aber so leise ist, dass die anderen Finger nicht wach werden. Das macht Resa mit allen Fingern von Lilli. Weil Lilli das so schön und angenehm fand, spielt sie dieses Spiel jetzt mit Resa.*

C. H. Wilton

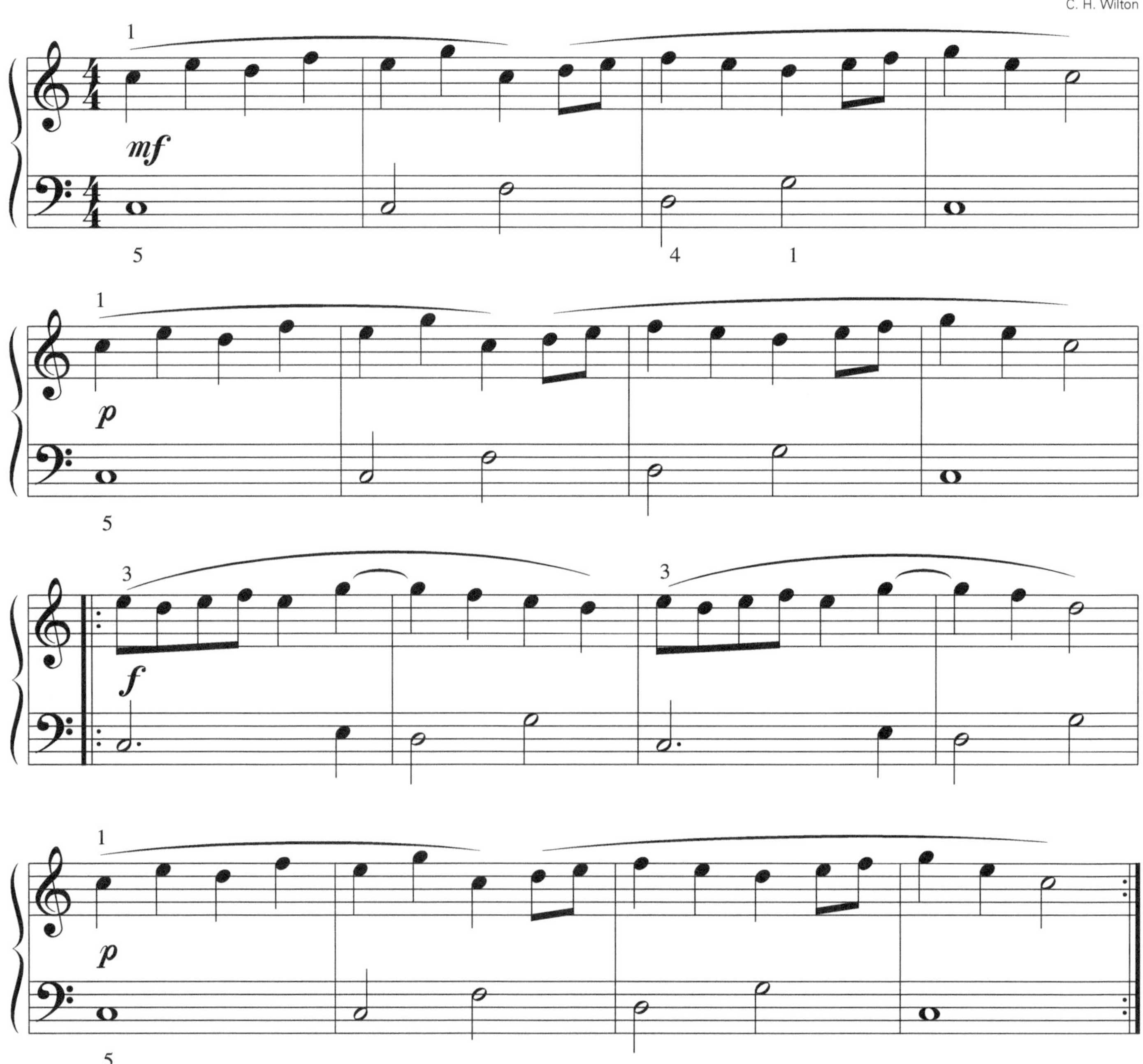

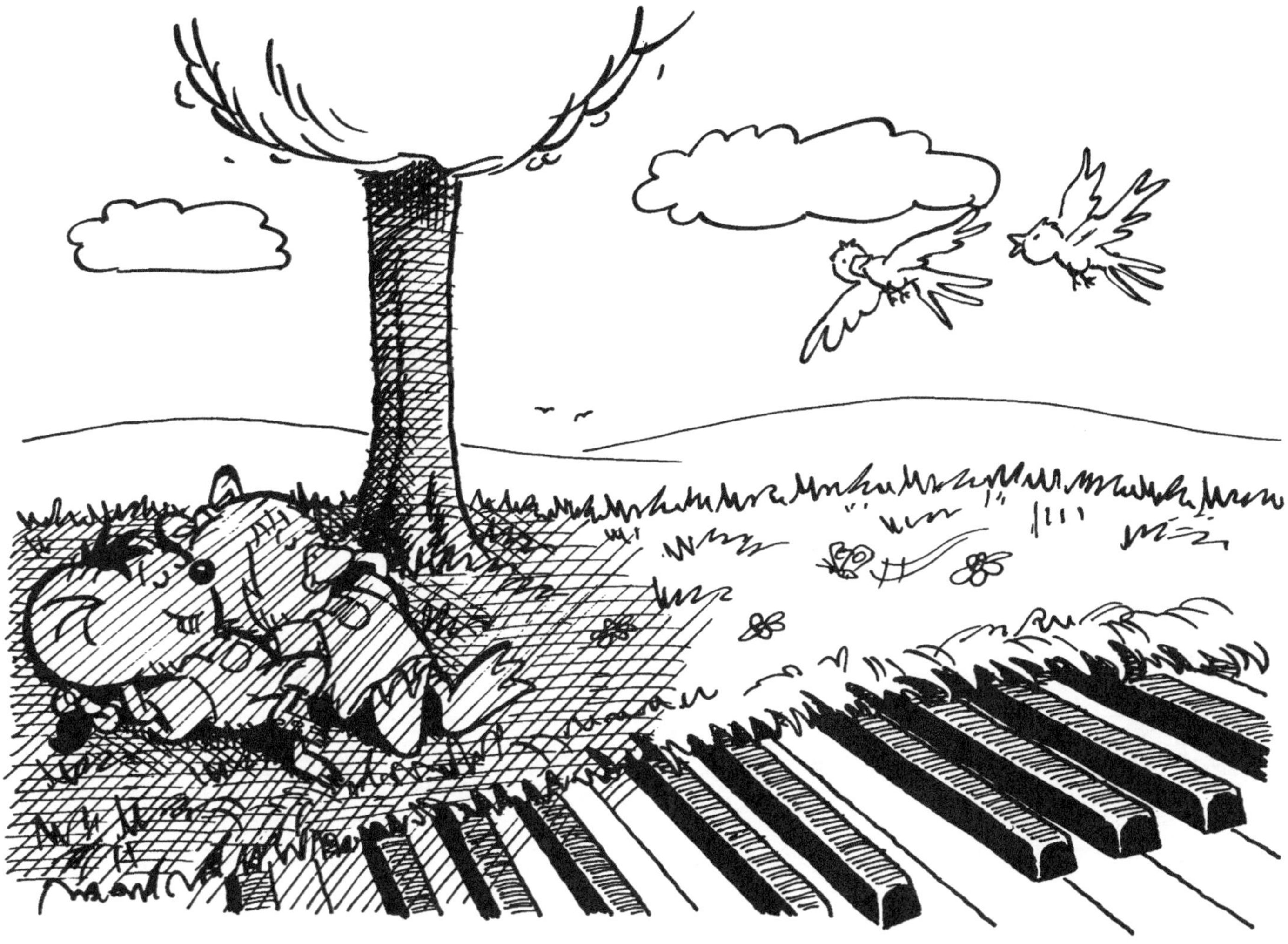

Leises Lied

Resa hat Lust, ein ganz leises und langsames Lied zu spielen. Sie ist hinauf in die **C''**-Lage gewandert und da bleibt sie auch.

Lilli hört sich das zuerst mal an und überlegt, was Resa wohl so denkt, wenn sie diese Melodie spielt …

Dann übt Lilli ihre Stimme, um schließlich Resa zu begleiten. In welcher Lage spielt Lilli?

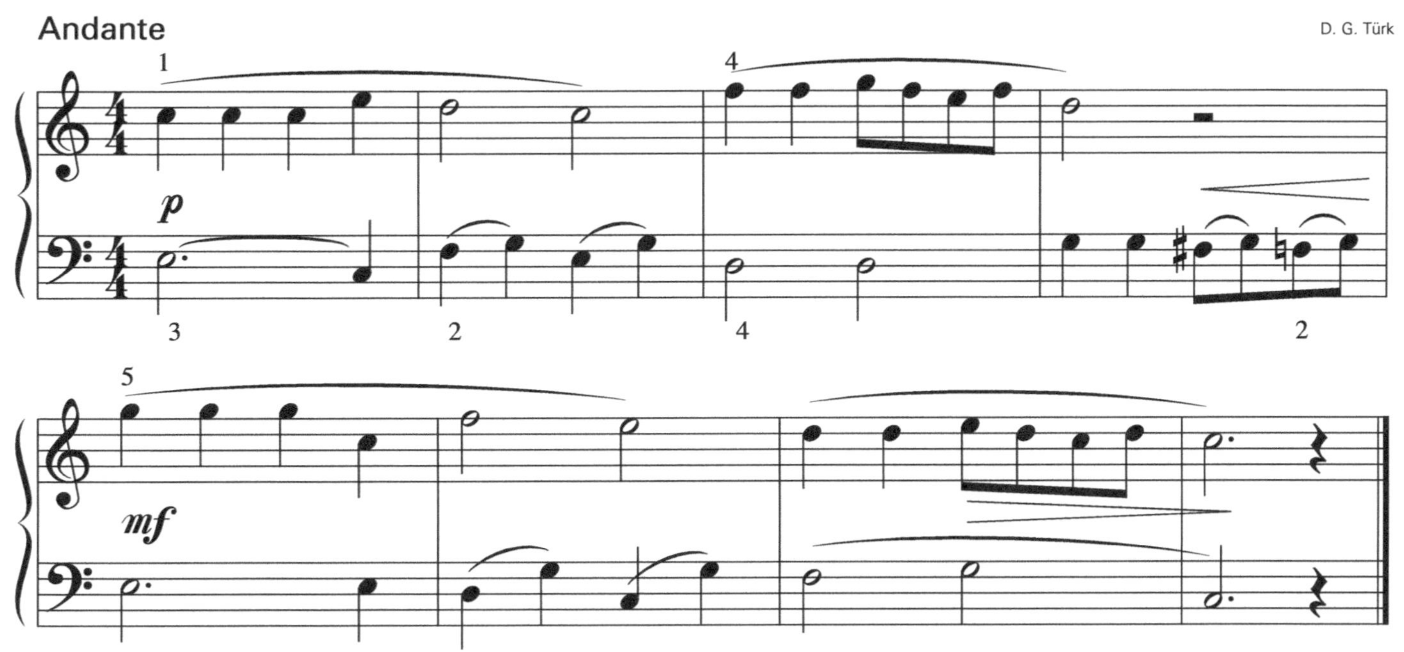

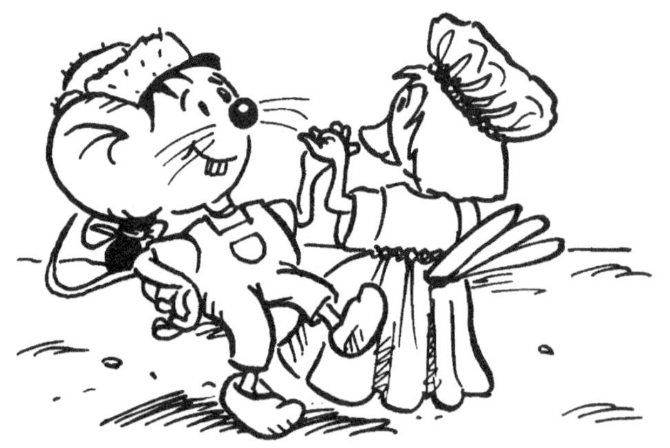

Alter deutscher Tanz

In welcher Lage wird hier getanzt?
Resa achtet ganz genau auf ihre Phrasierungsbögen, damit der Tanz schön klingt.

FINGERTRAINING

Jetzt ist Resa in der **C**-*Lage eingeschlafen,*
und Lilli schleicht zu ihr:
Ohne ihre Finger zu wecken, tippt Lilli nun auf die Tasten, auf denen Resas Finger liegen.
Resas Finger gehen wie von selbst mit hinunter, ist das nicht ein angenehmes Gefühl?
Dann schläft Lilli in der **C**-*Lage ein, und Resa spielt dasselbe Spiel mit ihr.*

Moderato

M. Praetorius

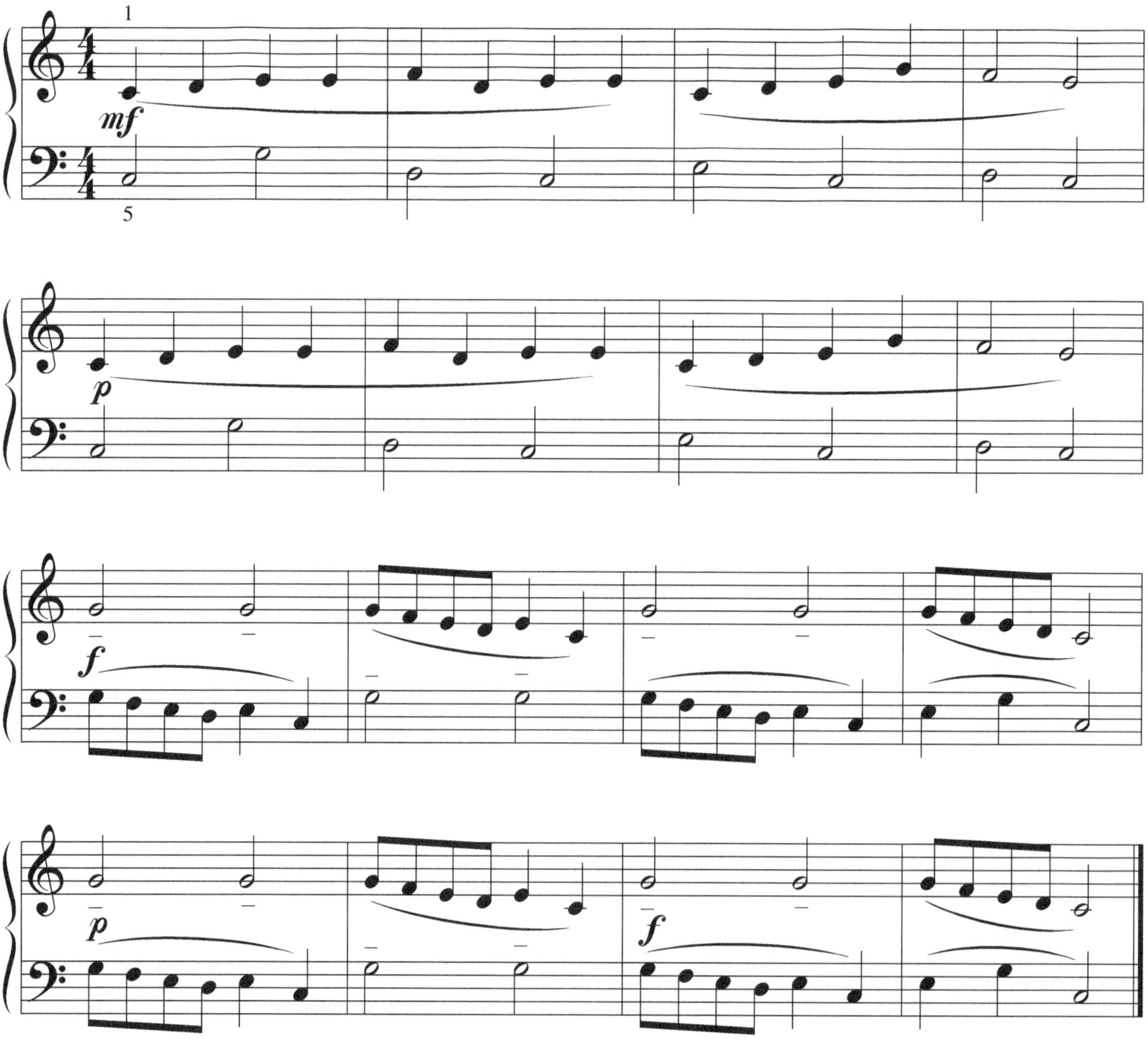

1

mf

5

p

f

p

f

Lilli hat eine gute Idee:

„Wenn wir zuerst die kleine Sonate spielen, direkt danach das leise Lied und anschließend den Tanz, das klingt bestimmt gut. Das ist wie eine Sonate aus drei Sätzen."

Weil die Idee wirklich gut ist, probieren die beiden das jetzt einmal aus!

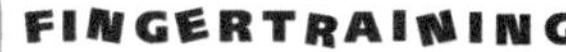

Jetzt sind Lillis Finger wieder eingeschlafen, aber Resa lässt Lilli ganz in Ruhe. Nur ein Finger von Lilli versucht ganz langsam und sacht, ohne die anderen zu wecken, einen schönen, leisen Ton zu spielen. Das versucht sie mit jedem Finger jeweils viermal. Selbstverständlich probiert Resa das auch.

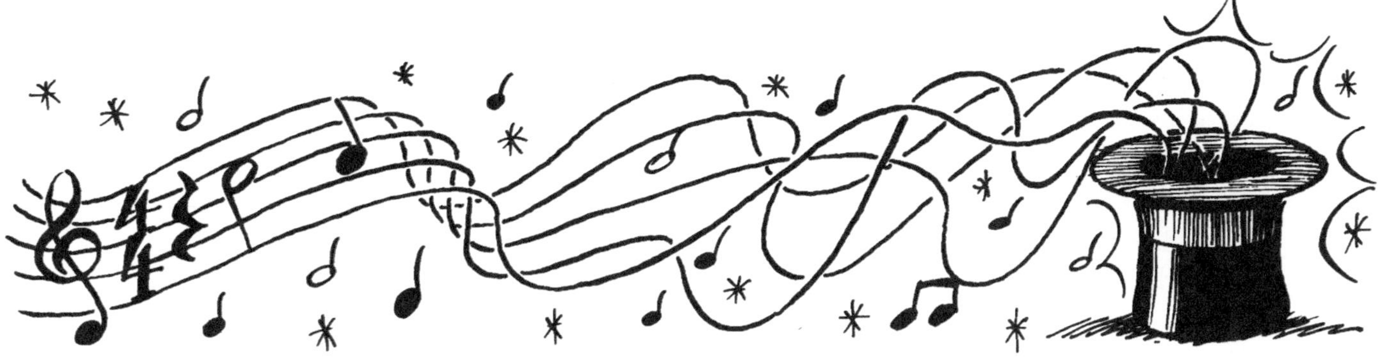

Zauberlied

Die letzten Stücke waren alle ohne Vorzeichen, deshalb folgt nun noch einmal ein Lied, in dem mit Vorzeichen gezaubert wird.

Lilli spielt nur halbe Noten, aber Resa muss schon sehr gut aufpassen, wann sie dran ist. Sie spielt auch mit Synkopen. Weißt du noch, was das ist?

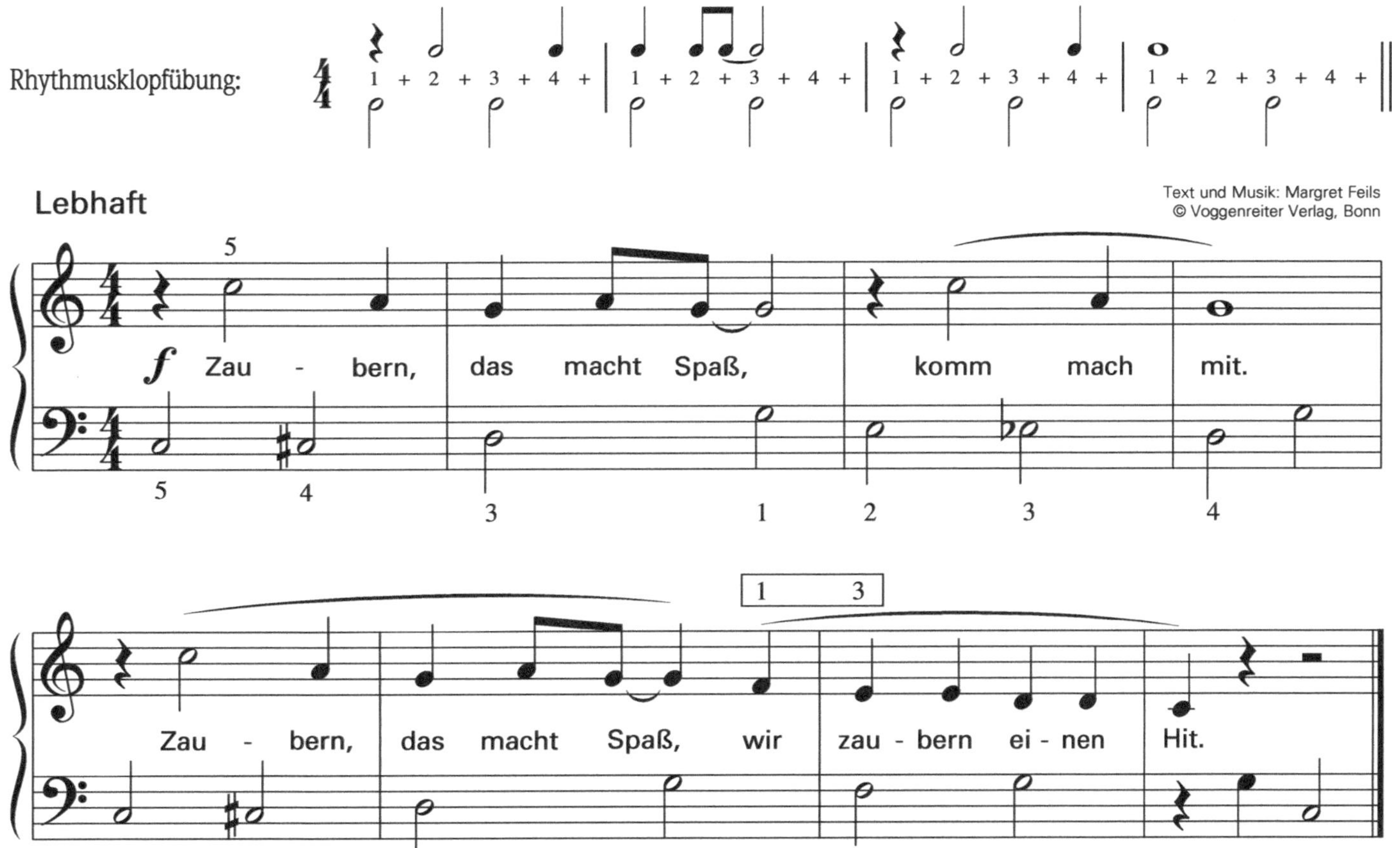

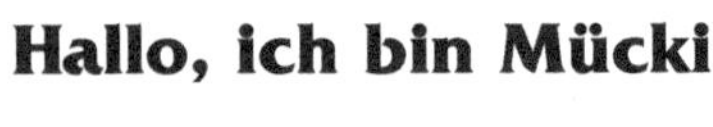

Hallo, ich bin Mücki

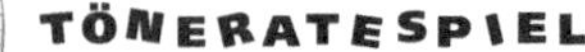

TÖNERATESPIEL

Ohren auf, Augen zu, was hörst du?
Spielt Lilli Terzen oder Sekunden?

„Es ist wirklich wahr, Resa, wenn man einen Freund hat, ist man nicht allein!"

Damit das Lied wirklich so freundlich klingt, wie der Text ist, lässt Lilli sich so einiges einfallen: Sie spielt viele Terzen und manchmal auch Sekunden. Dabei erinnert sie sich: Wenn zwei Töne durch einen Legatobogen verbunden werden, erklingt der zweite so kurz wie ein Staccato-Ton.

Resa wandert schon ganz schön umher, sie benutzt den Daumenuntersatz, überspringt schon mal eine Taste und der stumme Fingerwechsel kommt auch vor.

Zum Schluss spielen beide Hände die **C-Dur**-Tonleiter gemeinsam: Resa abwärts, Lilli aufwärts. Die erste Runde Staccato, die zweite Legato.

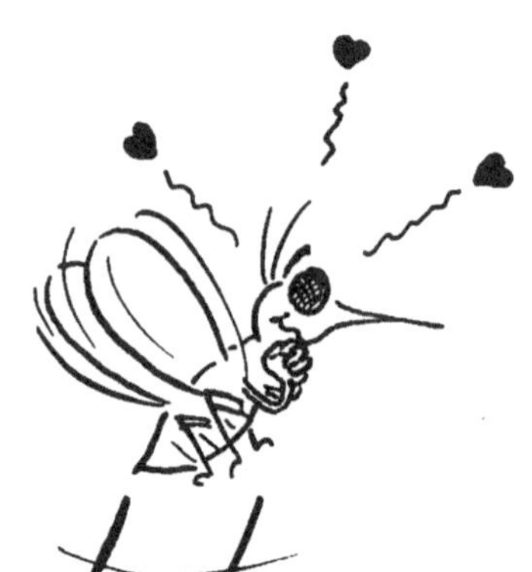

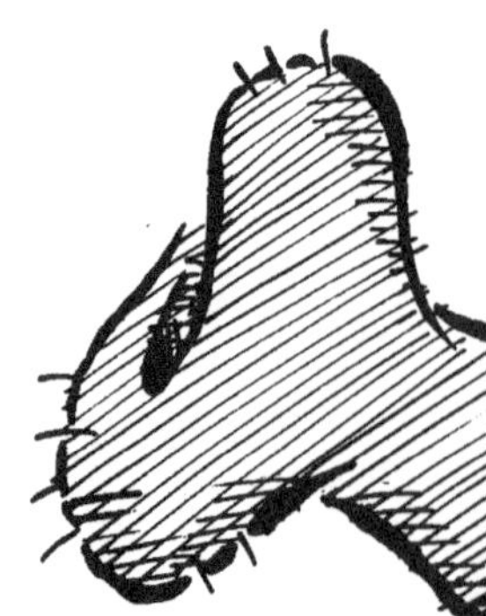

Text und Musik: Georg Feils

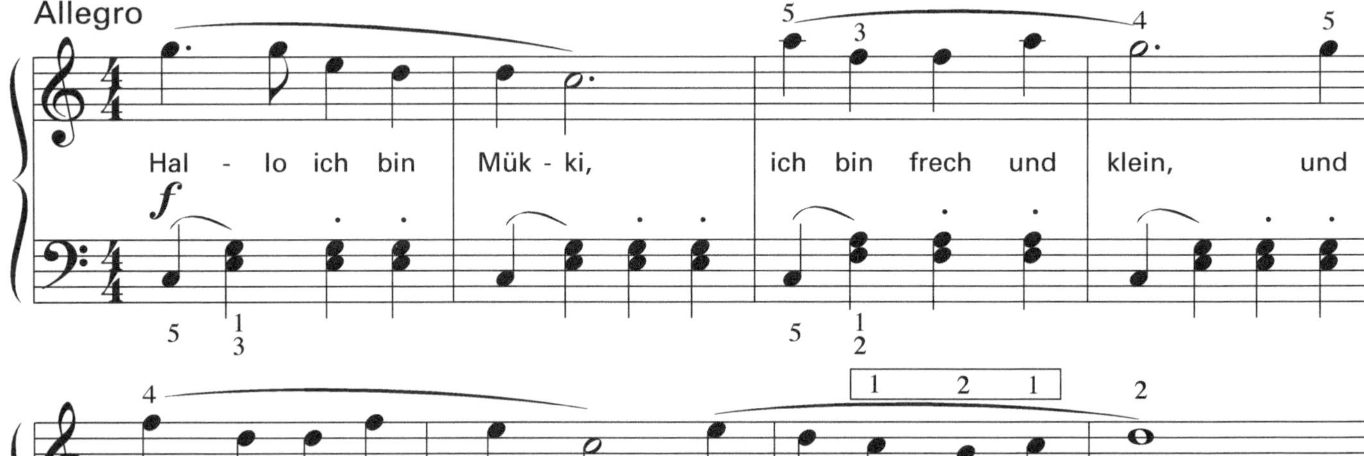

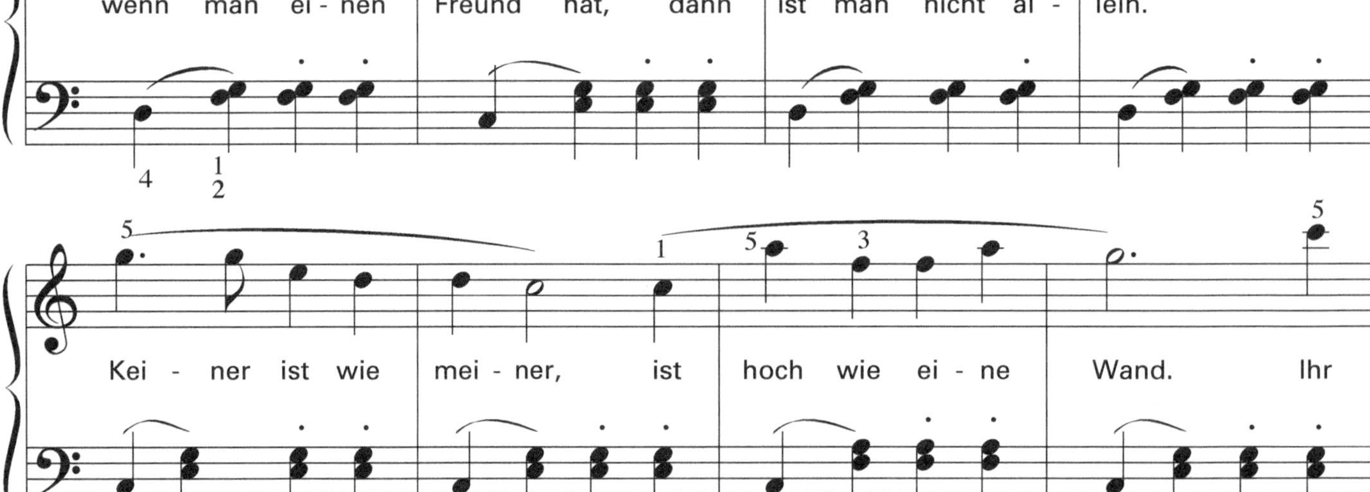

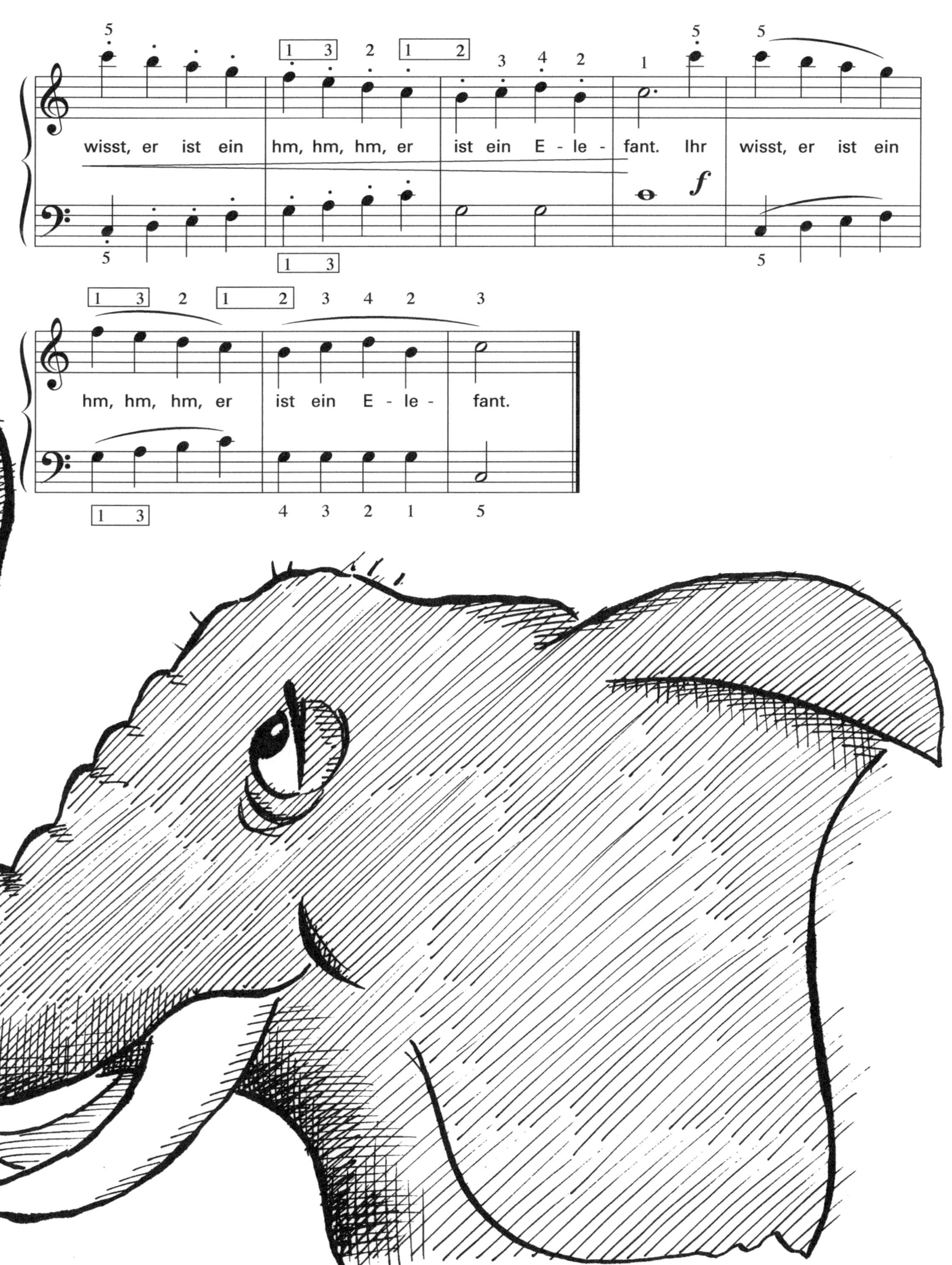
wisst, er ist ein hm, hm, hm, er ist ein E - le - fant. Ihr wisst, er ist ein
hm, hm, hm, er ist ein E - le - fant.

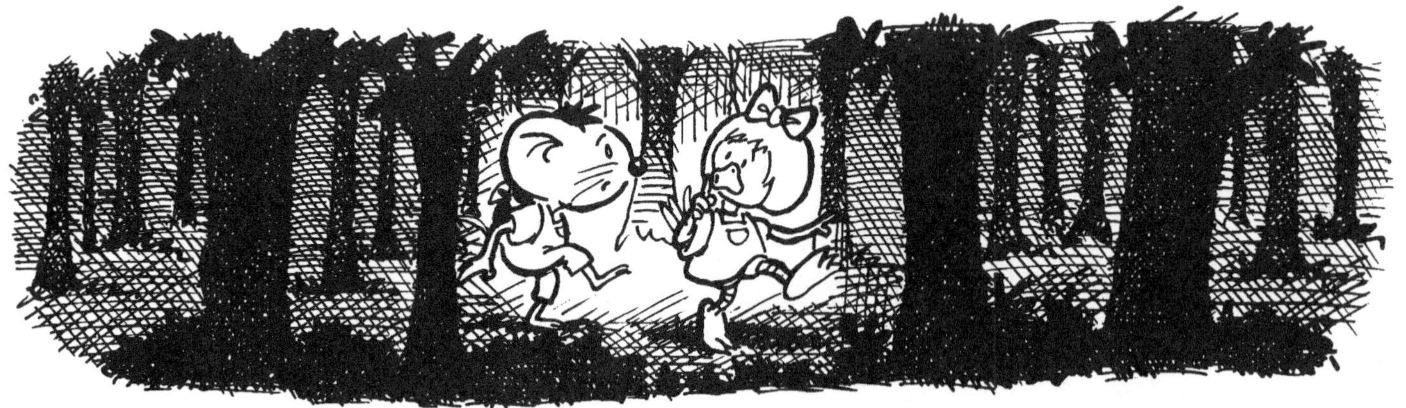

FINGERTRAINING

*Diesmal sind Lillis Finger so fest und tief in der **F**-Lage eingeschlafen, dass sie die Tasten alle nach unten halten, doch es ist kein einziger Ton zu hören!*
Dann wird der 1. Finger wach, schaut in die Luft, legt sich an die Taste und spielt einen Ton.
Dann schläft er wieder ein.
Das macht der 2. Finger ihm nach, dann der 3., der 4. und der 5. Jetzt ist Resa dran.

Im Walde

In welcher Tonart steht dieses Lied? Bleibt Lilli in derselben Lage?

Resa jedenfalls klettert mal wieder ganz schön auf- und abwärts. Deshalb übt sie zunächst einmal alleine und beachtet ganz genau den Fingersatz.

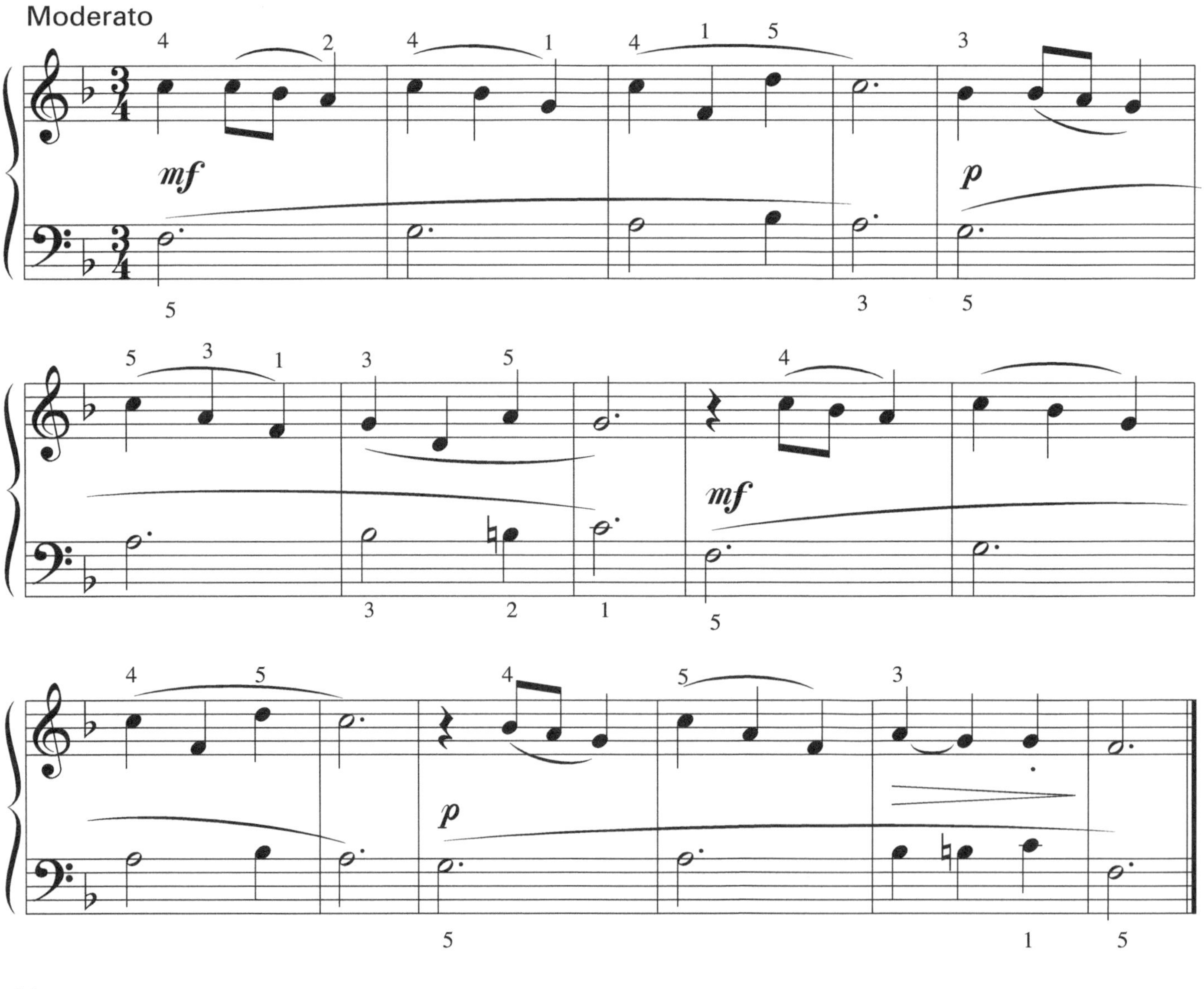

Moderato

Das Zuordnungsspiel

Hier ist einiges durcheinandergeraten. Kannst du die Sätze wieder richtig zusammenfügen?

Wenn du die entsprechenden Buchstaben einsetzt, ergibt sich ein Lösungssatz.

- ☐ Das Zeichen |1. |2. („Schluss 1“, „Schluss 2“) …
- ☐ Das „Kreuzchen“ ♯ …
- ☐ Das „Be-chen“ ♭ …
- ☐ Das Auflösungszeichen ♮ …
- ☐ Eine chromatische Reihe …
- ☐ Die **G-Dur**-Tonleiter …
- ☐ Der Daumenuntersatz …
- ☐ Die **F-Dur**-Tonleiter …
- ☐ Die Dur-Tonleiter …
- ☐ Das Zeichen > …
- ☐ Ein Ostinato …
- ☐ Die Tempobezeichnungen …

- **M** … macht die Vorzeichen unwirksam.
- **L** … ist ein wichtiges „Transportmittel“.
- **L** … ist die Tonart mit einem ♭. Jedes **H** wird zu **B** erniedrigt.
- **P** … zeigt an, dass bei einer Wiederholung ein oder mehrere Takte übersprungen werden sollen.
- **R** … erhöht um eine kleine Sekund.
- **A** … ist die Tonart mit einem ♯. Jedes **F** wird zu **Fis** erhöht.
- **I** … erniedrigt um eine kleine Sekund.
- **K** … legen fest, wie schnell oder langsam ein Stück gespielt werden soll.
- **A** … ist eine Tonreihe, die nur aus Halbtonschritten besteht.
- **E** … besteht immer aus zwei Ganztonschritten, einem Halbtonschritt, drei Ganztonschritten, einem Halbtonschritt.
- **O** … ist eine Figur aus Tönen, die sich immer wiederholt.
- **S** … bedeutet, dass der Ton besonders betont werden soll.

Die Dreiklänge stellen sich vor

„Resa, ist dir schon mal aufgefallen, wie schön das klingt, wenn man drei Töne zusammenspielt und dabei immer eine Taste überspringt?"

„Du meinst, wenn wir nur Terzen spielen?"

„Ja, genau das meine ich! Und weil dieser Klang aus drei Tönen besteht, heißt er ganz einfach Dreiklang."

„Moment mal, Lilli, welchen Dreiklang meinst du denn?"

„Ich gehe zum **C** und spiele von dort aus einen Dreiklang, einverstanden?"

„Gut, das mache ich auch. Ich spiele den **C**-Dreiklang!"

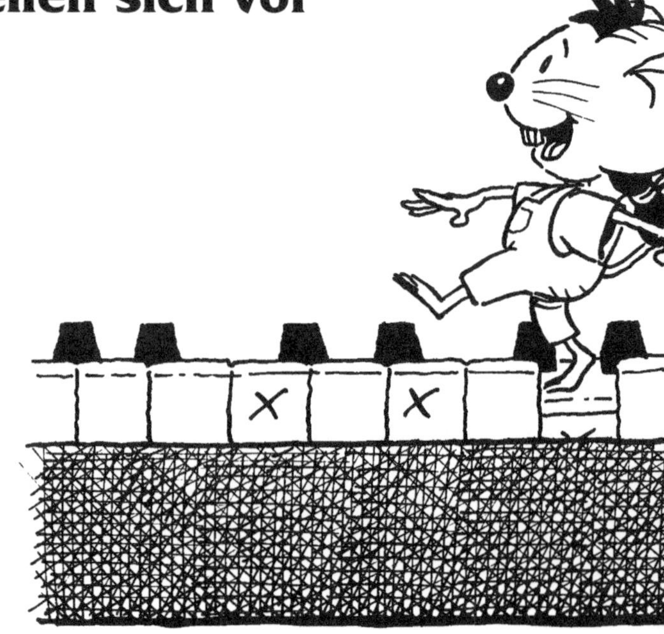

Glockengeläut

Das Lied der Glocken besteht nur aus den Tönen des **C**-Dreiklangs. Für die kleinen hellen Glocken ist Resa in die **C''**-Lage gewandert, die etwas tieferen Glocken erklingen in der **C'**-Lage.

Lilli spielt die große dunkle Glocke in der **C**-Lage. Das Glockenlied klingt besonders schön, wenn man das rechte Pedal dazu einsetzt.

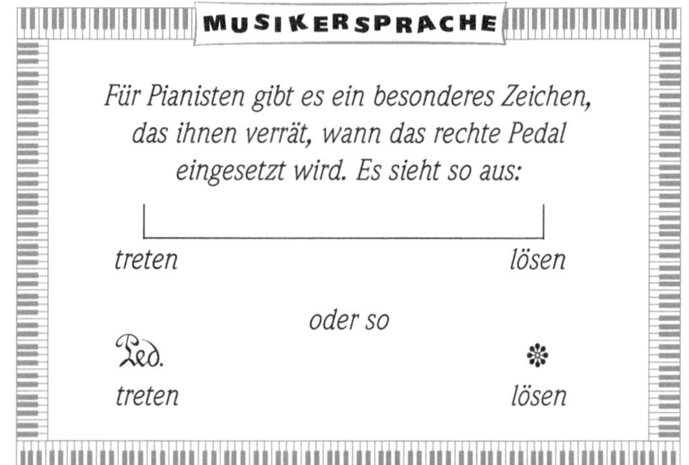

Text und Musik: Margret Feils

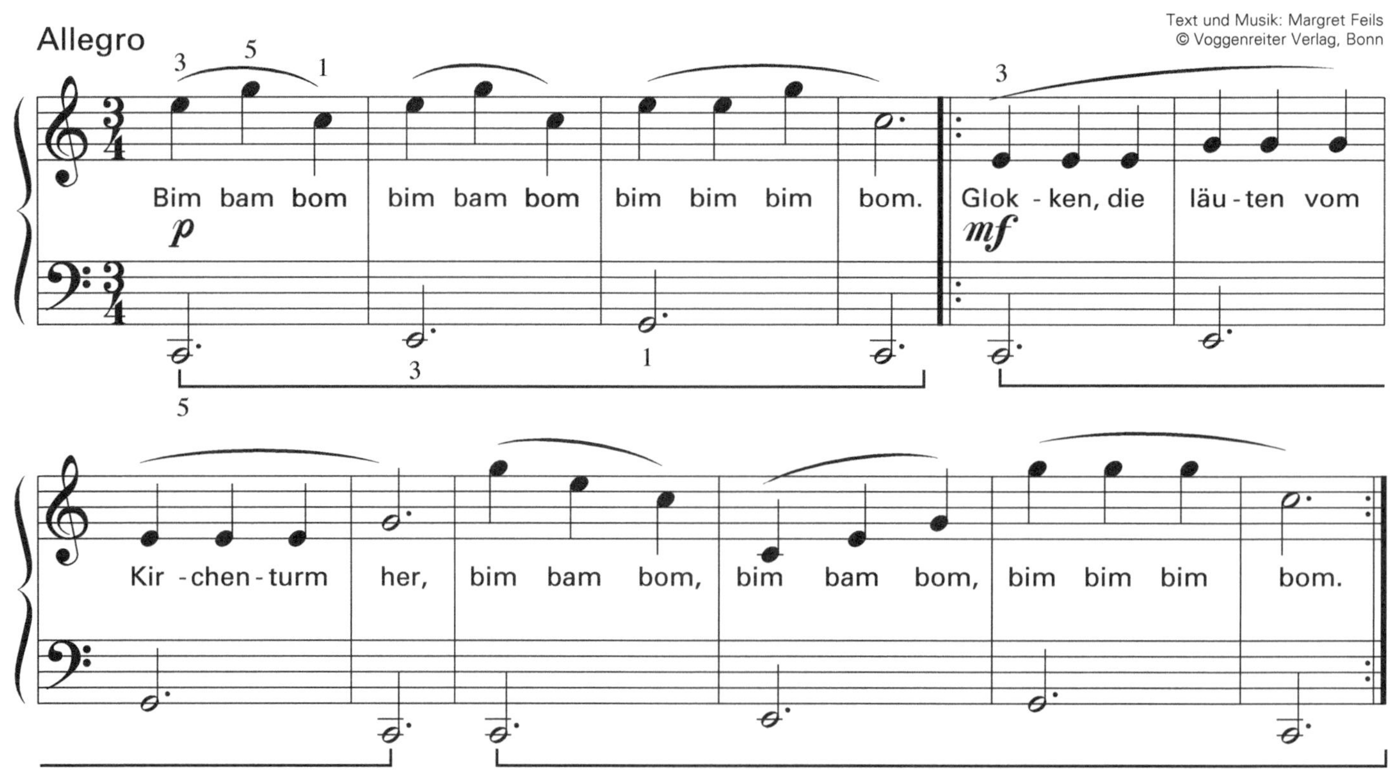

TÖNERATESPIEL

Ohren auf, Augen zu, was hörst du?
Große oder kleine Terz?

FINGERTRAINING

*Die Hände lösen sich ab, sie spielen die Dreiklangtöne **C-E-G** durch alle Oktaven. Zuerst von unten nach oben (**C-E-G**) dann von oben nach unten (**G-E-C**) ganz gleichmäßig und feierlich. Sie werden zuerst lauter und dann immer leiser.*

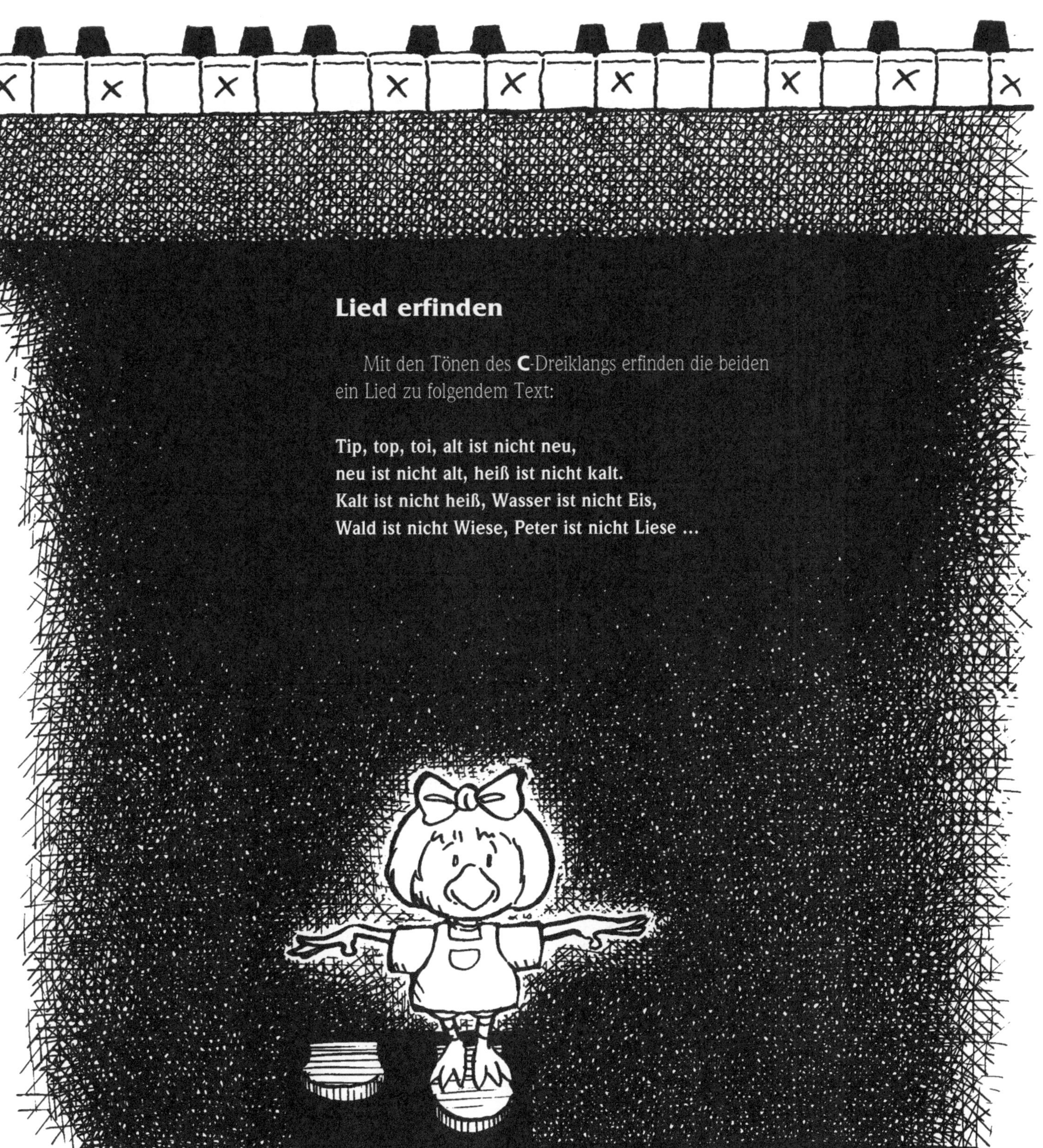

Lied erfinden

Mit den Tönen des **C**-Dreiklangs erfinden die beiden ein Lied zu folgendem Text:

Tip, top, toi, alt ist nicht neu,
neu ist nicht alt, heiß ist nicht kalt.
Kalt ist nicht heiß, Wasser ist nicht Eis,
Wald ist nicht Wiese, Peter ist nicht Liese ...

Hoch soll er leben

Das Geburtstagslied besteht fast nur aus Dreiklangtönen. Es sieht zunächst ein bisschen kompliziert aus, ist es aber überhaupt nicht, wenn man weiß, dass hier der **G**-Dreiklang zunächst aufwärts, dann abwärts gespielt wird.

Die Hände wechseln sich ab: Zeigt der Notenhals nach unten, ist Lilli (L. H.) dran. Wenn die Notenhälse nach oben zeigen, weiß Resa, dass sie jetzt Lilli ablösen soll (R. H.).

Dabei kommen sehr hohe Töne mit Hilfslinien vor. So sehen sie aus:

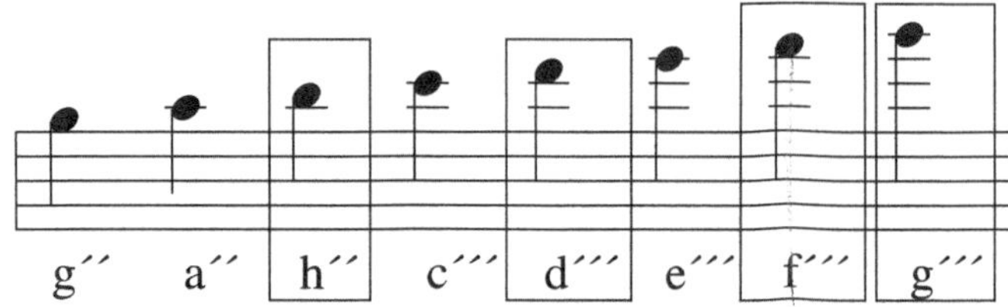

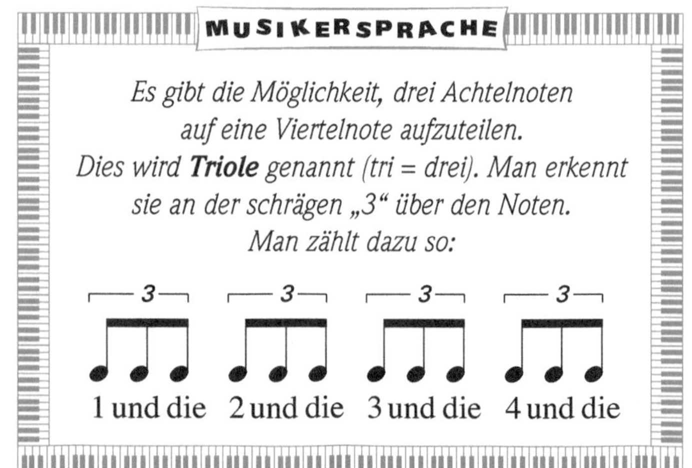

Schnell und munter

Traditional

R. H.

L. H.

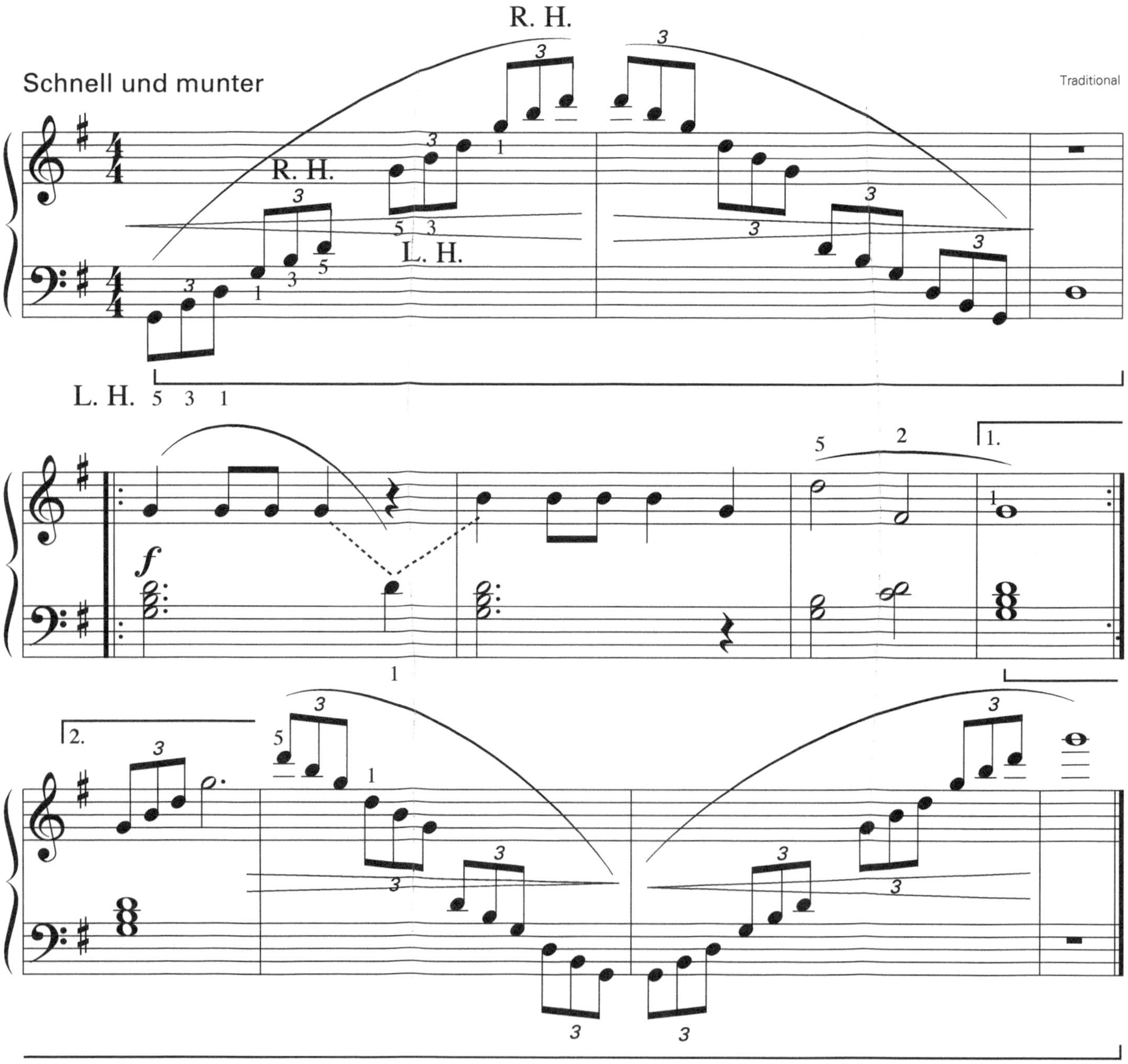

Lilli und Resa sortieren die Dreiklänge

„Also, der **C**-Dreiklang hatte als untersten Baustein eine große Terz, und darüber haben wir eine kleine Terz gestapelt. Das heißt dann Dur-Dreiklang."

„Dann muss der andere Dreiklang auch einen Namen haben! Wenn zuerst die kleine Terz aufgebaut wird und darauf die große Terz, dann ist das der Moll-Dreiklang, ganz einfach!"

Das Lied „Hopp, hopp, hopp, Pferdchen lauf Galopp …" fängt zum Beispiel mit dem Dur-Dreiklang an!

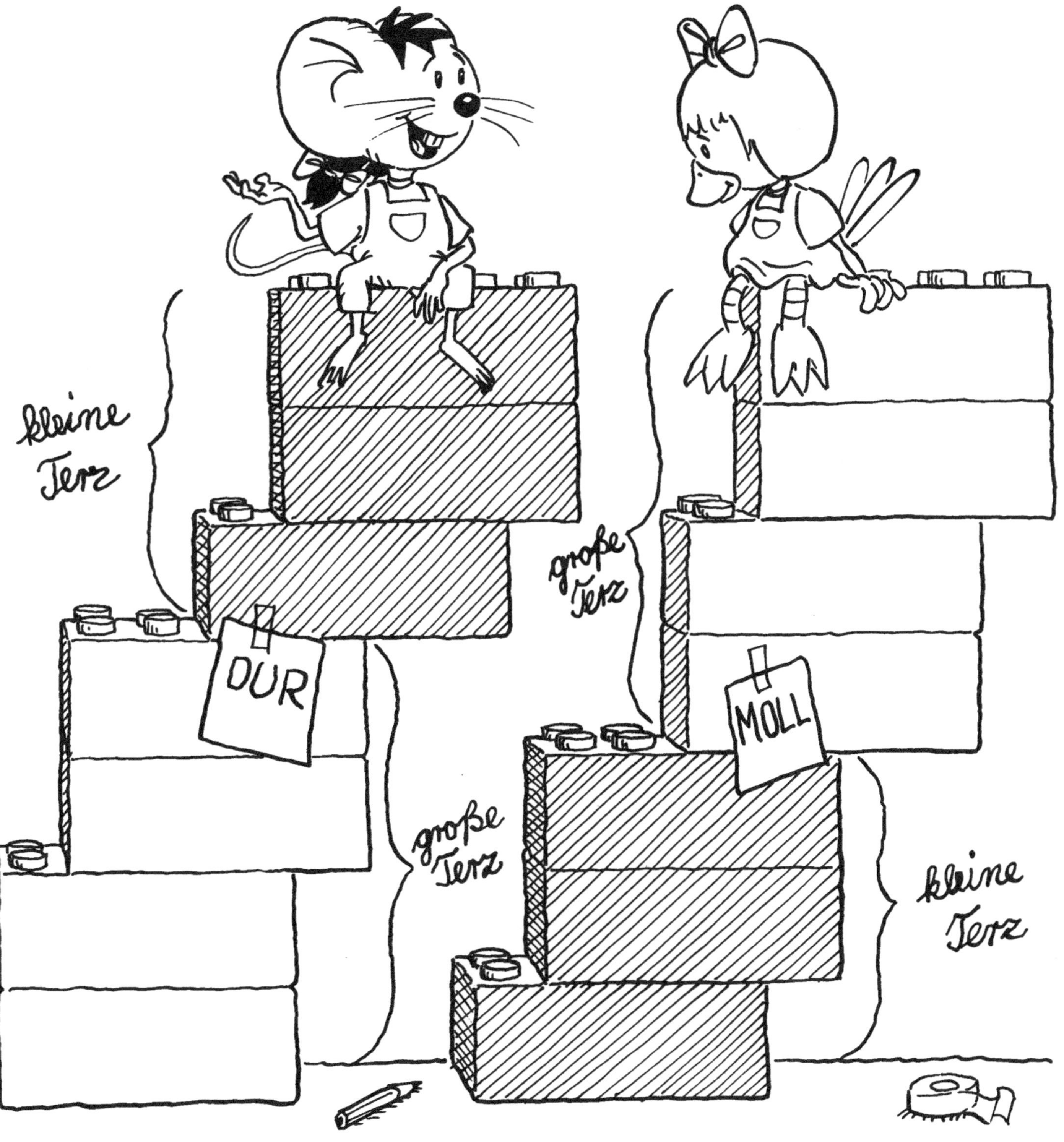

Drachenflug

Natürlich ist Resa und Lilli sofort aufgefallen, dass man eigentlich auf jedem Ton einen Dreiklang bilden kann, nicht nur auf dem **C**. Das machen sie nun im Drachenflug.

Der Drache schwebt durch die Lüfte. Erst steigt er hoch, sinkt wieder ein bisschen hinab, steigt höher hinauf und immer bildet er einen Dreiklang.

Resa malt in dem „Drachenflug-Lied“ die Dur-Dreiklänge in ihrer Lieblingsfarbe an. Lilli nimmt für die Moll-Dreiklänge eine andere Farbe.

MUSIKERSPRACHE

Es gibt verschiedene Sorten von Dreiklängen. Die wichtigsten sind die ***Dur-*** *und die* ***Moll-Dreiklänge.*** *Ein Dur-Dreiklang wird aus einer großen und – darauf aufbauend – einer kleinen Terz gebildet. Beim Moll-Dreiklang ist das genau umgekehrt: Zuerst kommt die kleine Terz und darauf wird die große Terz geschichtet.*

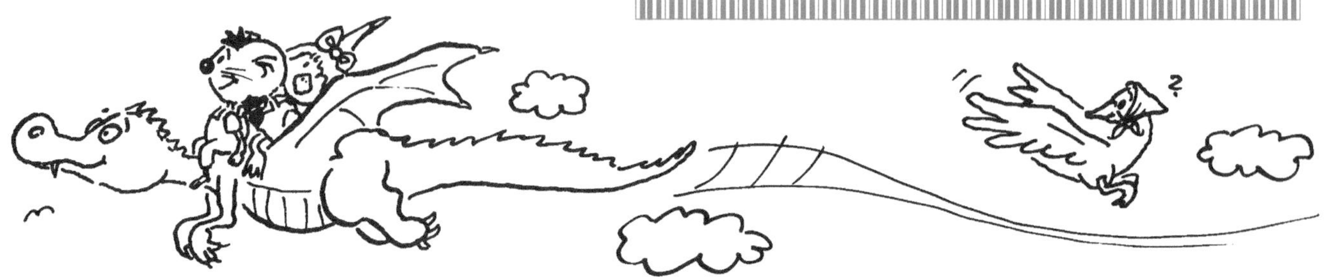

Musik: Margret Feils

Moderato

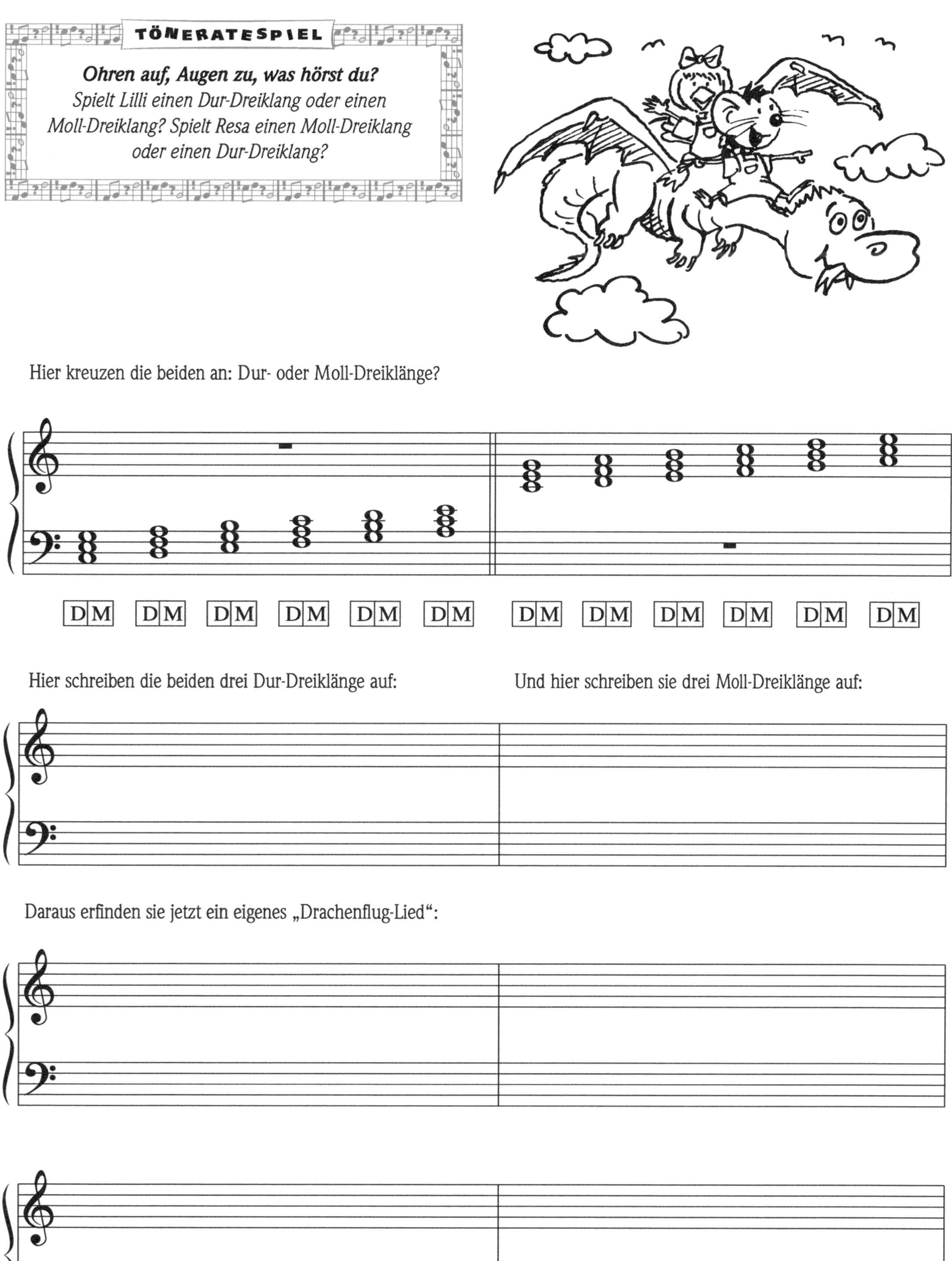

TÖNERATESPIEL

Ohren auf, Augen zu, was hörst du?
Spielt Lilli einen Dur-Dreiklang oder einen Moll-Dreiklang? Spielt Resa einen Moll-Dreiklang oder einen Dur-Dreiklang?

Hier kreuzen die beiden an: Dur- oder Moll-Dreiklänge?

DM DM DM DM DM DM DM DM DM DM DM DM

Hier schreiben die beiden drei Dur-Dreiklänge auf:

Und hier schreiben sie drei Moll-Dreiklänge auf:

Daraus erfinden sie jetzt ein eigenes „Drachenflug-Lied“:

Lilli und Resa entdecken die Hauptdreiklänge

Jetzt ist den beiden klar, dass man mit den Tönen einer Dur-Tonleiter Dreiklänge bilden kann. Resa ist dabei etwas ganz besonderes aufgefallen:

„Du Lilli, ich hab mal nachgezählt, wo die Dur-Dreiklänge vorkommen; das ist immer an denselben Stellen: Auf dem ersten Ton (I), auf dem vierten Ton (IV) und dem fünften Ton (V) der Tonleiter."

„Stimmt, Resa, das ist immer so bei einer Dur-Tonleiter, ich hab das in **F-Dur** auch mal probiert."
Und in **G-Dur** stimmt es auch.

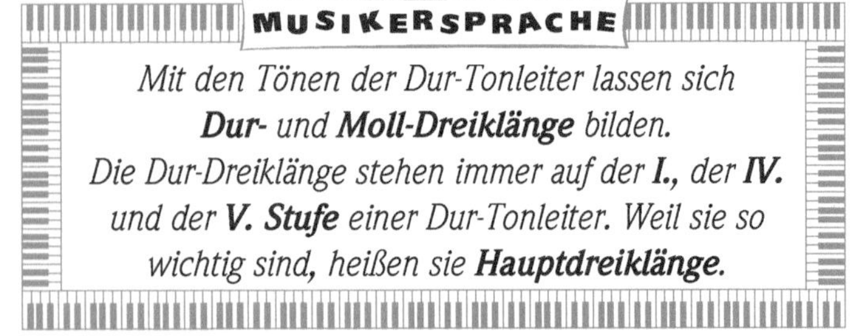
MUSIKERSPRACHE

*Mit den Tönen der Dur-Tonleiter lassen sich **Dur-** und **Moll-Dreiklänge** bilden. Die Dur-Dreiklänge stehen immer auf der **I.**, der **IV.** und der **V. Stufe** einer Dur-Tonleiter. Weil sie so wichtig sind, heißen sie **Hauptdreiklänge**.*

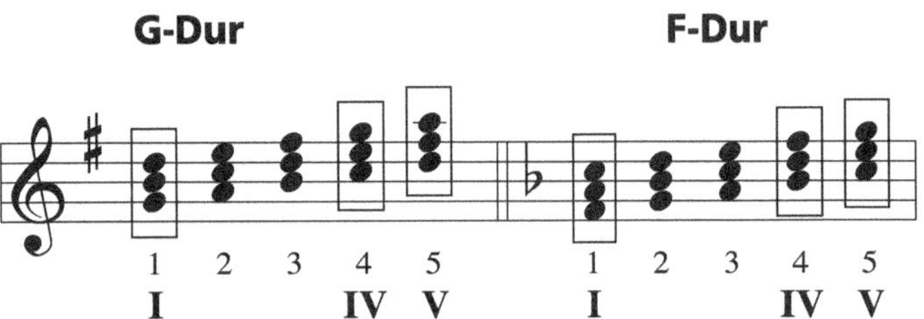

Rock 'n' Roll der Töne

Auch der „Rock 'n' Roll der Töne" wird nur mit diesen drei Dreiklängen begleitet: Wenn Lilli und Resa den Rock 'n' Roll gut spielen können, versuchen sie ihn mal in **G-Dur** zu übertragen.

Text und Musik: Margret Feils

Schnell und temperamentvoll

Don - ner - blitz, ei - der - daus, was kom - men hier für Tö - ne raus?

Tö - ne flie - gen in der Luft, nicht zu sehn und oh - ne Duft.

Tö - ne drin - gen in mein Ohr und in mich selbst hin - ein.

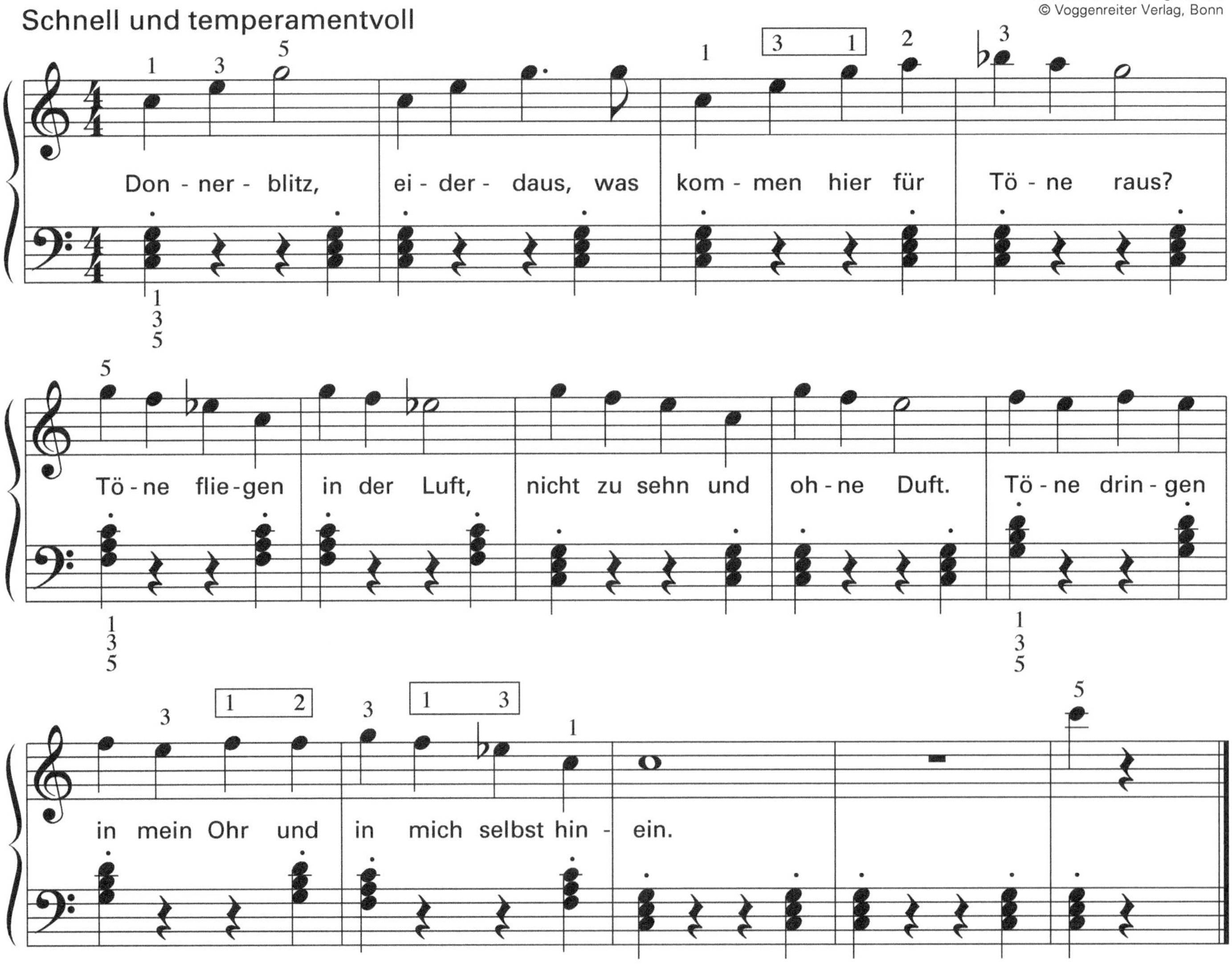

Die Namen der Hauptdreiklänge

„Du, Resa, wenn die Hauptdreiklänge so wichtig sind, hat bestimmt jeder von ihnen auch einen eigenen Namen, oder?“

„Stimmt, das ist so wie in einem Haus. Jedes Zimmer hat einen bestimmten Namen und ist für ganz bestimmte Zwecke gedacht. Die Küche ist das wichtigste Zimmer, sonst würden wir ja verhungern.“

MUSIKERSPRACHE

Die drei Hauptdreiklänge werden ihrer Funktion nach benannt. Das Tonzentrum wird von der ***I. Stufe*** *gebildet, sie heißt* ***Tonika.***
Die Ausdehnung des Tonzentrums wird von der ***IV. Stufe*** *übernommen, diese heißt* ***Sub-Dominante.*** *Sub heißt „unter“ und Dominante kommt von „herrschen“. Die IV. Stufe herrscht also untergeordnet. Die* ***V. Stufe*** *hingegen beherrscht das Geschehen, sie heißt* ***Dominante.***

Die **I. Stufe** ist wie die Küche, hier gehen alle immer wieder hin. Sie wird ***Tonika*** genannt.

Und die **IV. Stufe** ist wie das Esszimmer, da kann man gemütlich essen, was in der Küche gekocht wird. Sie wird ***Sub-Dominante*** genannt.

Die **V. Stufe** schließlich ist das Kinderzimmer. Ohne spielen und ohne Schlaf würden wir alle ganz krank, und wenn wir ausgeschlafen haben, sind wir hungrig. Dann geht's schnell in die Küche... Diese Stufe wird ***Dominante*** genannt. Das kommt von dem Wort „beherrschen“. Die Dominante führt immer wieder zur Tonika zurück.

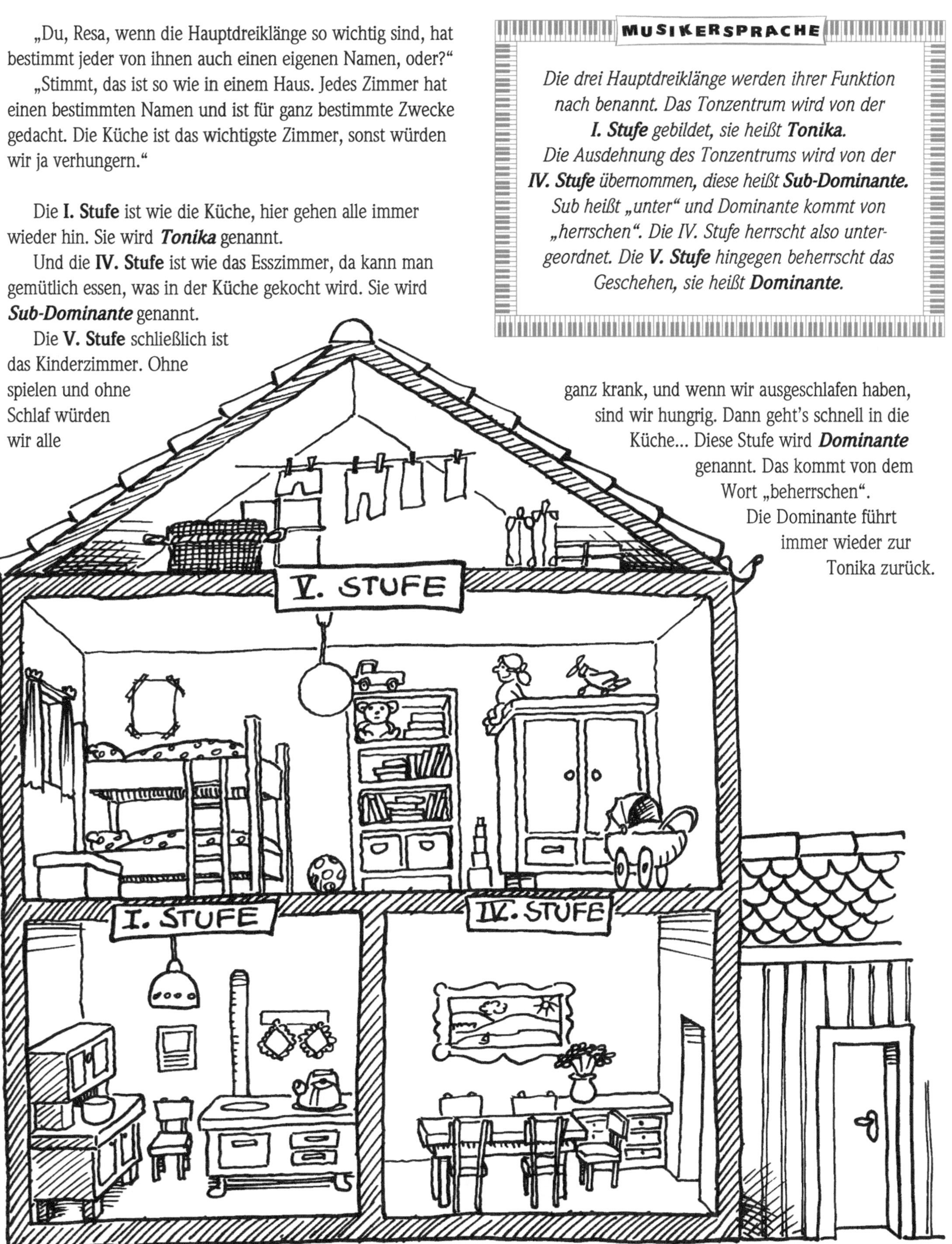

He's got the whole world in his hand

Mit den drei Hauptdreiklängen der **F-Dur**-Tonleiter kann Lilli schon das Lied „He's got the whole world in his hand" begleiten. Sie malt die *Tonika* blau, die *Sub-Dominante* gelb und die *Dominante* rot.

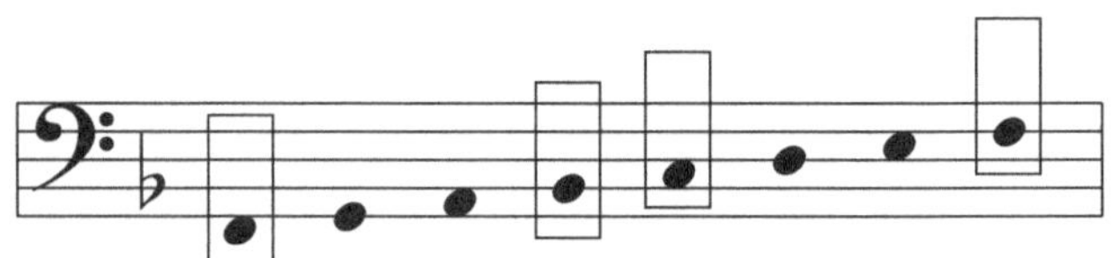

Hier ist Platz, um die drei Hauptdreiklänge von **F-Dur** aufzuschreiben:

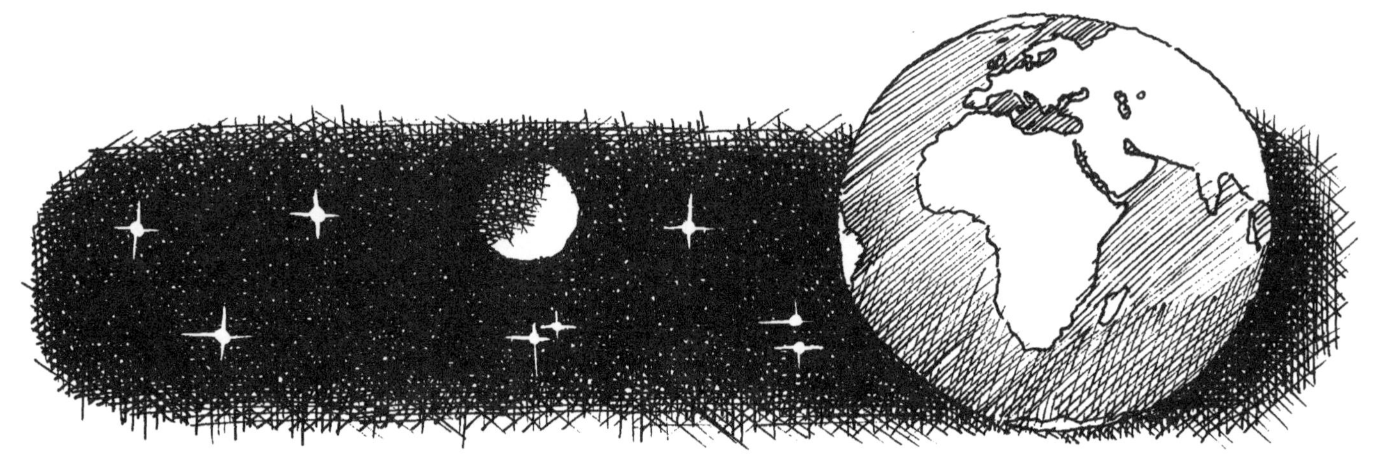

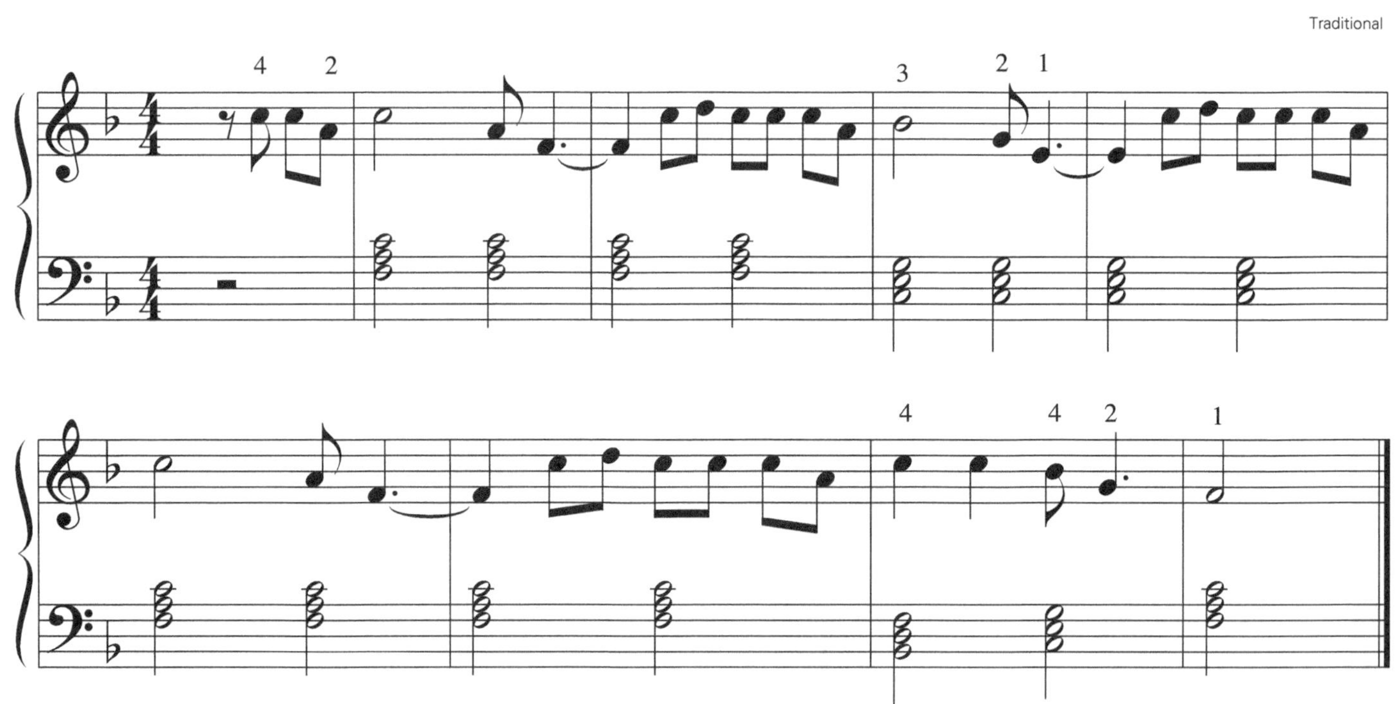

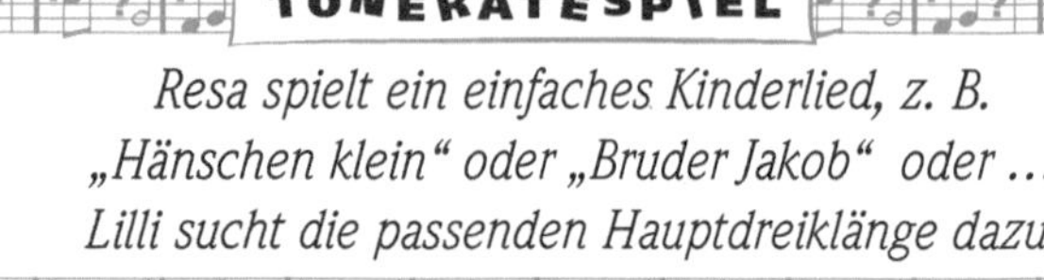

Rock 'n' Roll Nr. 2

Jetzt spielen die beiden noch einen Rock 'n' Roll. Diesmal in **G-Dur**. Hier kannst du die Hauptdreiklänge von **G-Dur** aufschreiben.

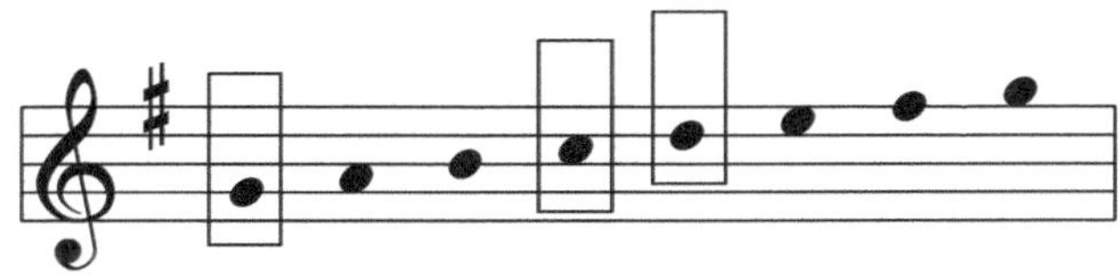

Vielleicht malst du sie in dem Stück auch bunt an, so wie bei „He's got the whole world in his hand".

Resa übernimmt die Dreiklänge, sie „funkt" Lilli sozusagen immer dazwischen. Lilli wandert über die Dreiklangtöne hinaus; das klappt ganz prima mit dem Daumenuntersatz.

Damit sich die Linke nicht vertut, kannst du ja helfen und den Fingersatz überall hinschreiben.

Ganz zum Schluss rutscht die Rechte schnell über die weißen Tasten vom **G'** bis hinauf zum **G''**, was an der geschlängelten Linie zu sehen ist. Das geht am besten, indem man den Handrücken über die Tasten hält und mit den Fingernägeln über die Tasten gleitet.

MUSIKERSPRACHE

Wenn eine ganze Tonreihe sehr schnell hintereinander gespielt werden soll, so dass die Töne ineinander verwischen, setzen die Musiker eine geschlängelte Linie in die Noten. Sie sagen dazu ***Glissando.***

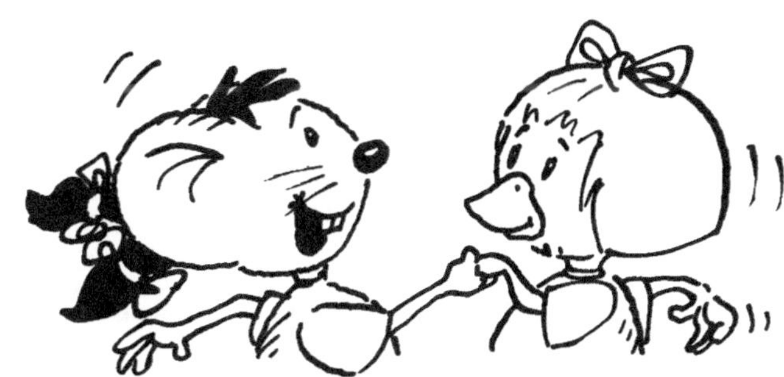

FINGERTRAINING

Lilli spielt den ***G-Dur****-Dreiklang mit allen 3 Tönen gleichzeitig, Resa macht es ihr nach. Dann sind die anderen Dreiklänge dran.*

Schnell

Musik: Margret Feils

f

5 3 1 3 2 3 1 3 5

5 3 1 3 2 3 1 3

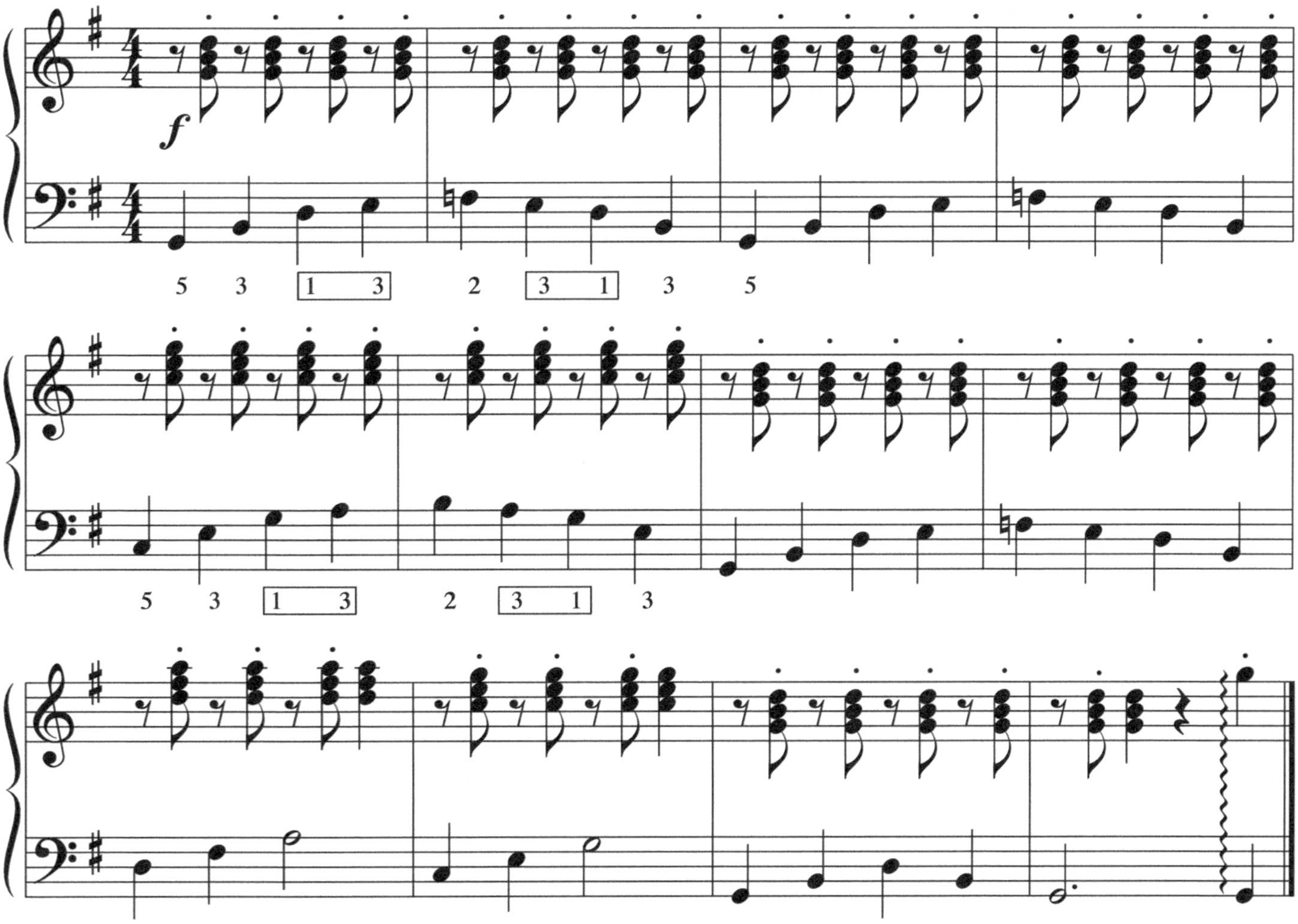

Die Nebendreiklänge werden entdeckt

„Du, Lilli, wenn es Hauptdreiklänge gibt, dann muss es doch auch Nebendreiklänge geben!“

„Das ist eine gute Idee, die Moll-Dreiklänge, die sich mit den Tönen der Dur-Tonleiter bilden lassen, sollen **Nebendreiklänge** heißen.“

Auch die Nebendreiklänge kommen immer an denselben Stellen vor:

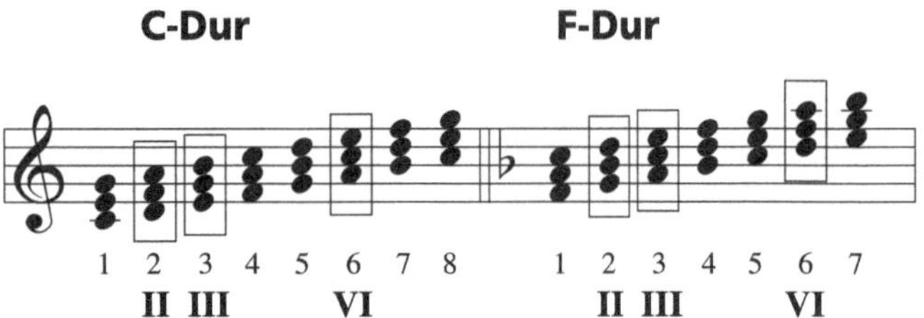

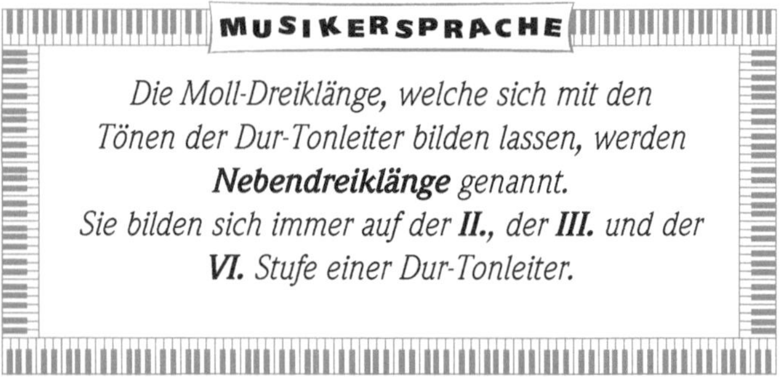

MUSIKERSPRACHE

Die Moll-Dreiklänge, welche sich mit den Tönen der Dur-Tonleiter bilden lassen, werden ***Nebendreiklänge*** *genannt.*
Sie bilden sich immer auf der ***II.****, der* ***III.*** *und der* ***VI.*** *Stufe einer Dur-Tonleiter.*

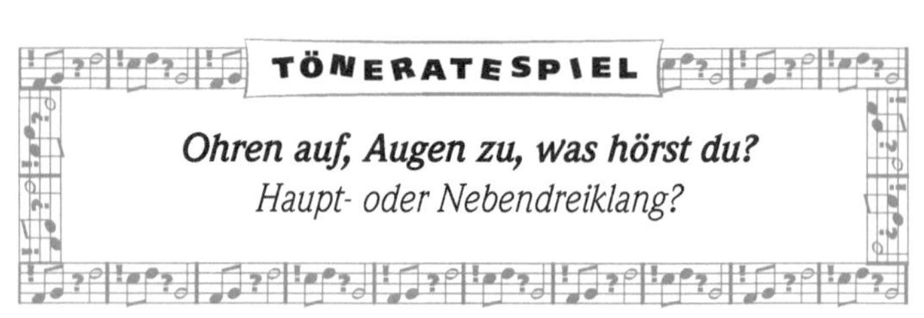

TÖNERATESPIEL

Ohren auf, Augen zu, was hörst du?
Haupt- oder Nebendreiklang?

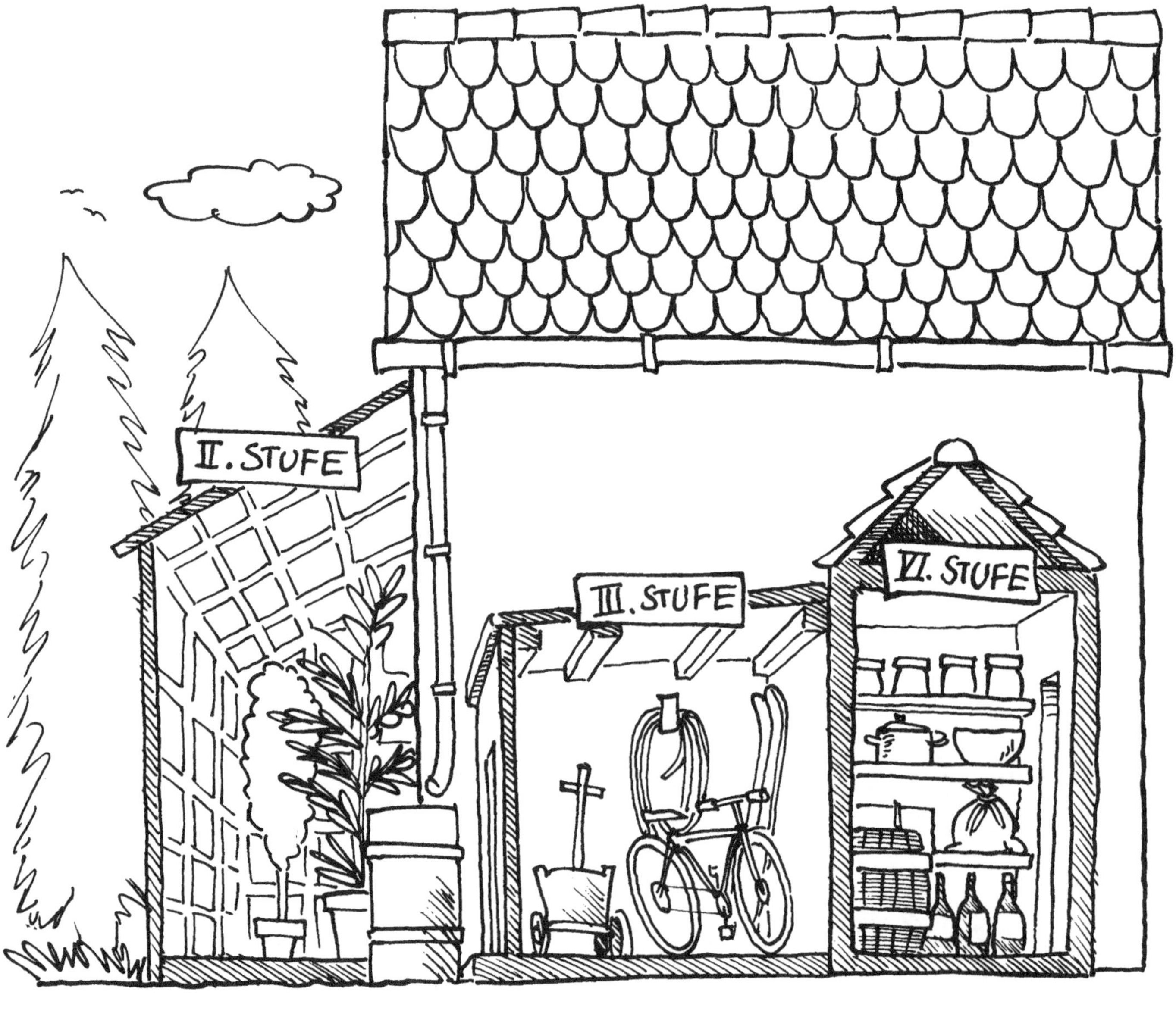

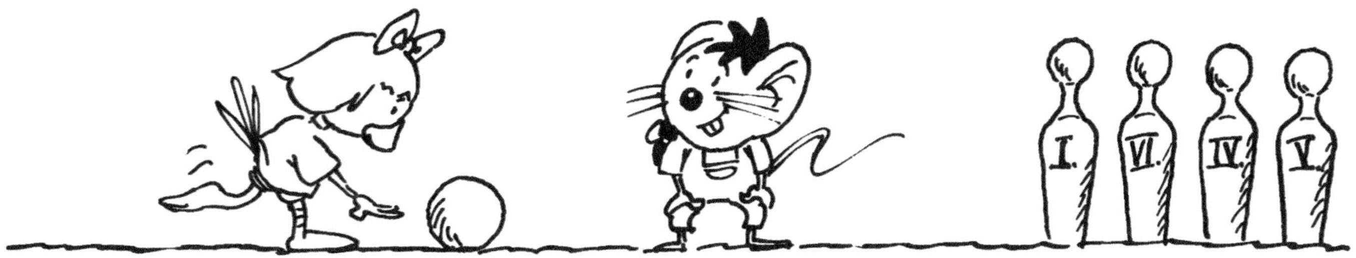

1645

Bei dem Stück „1645" kommen nicht tausendsechshundertfünfundvierzig Töne vor, sondern es heißt so, weil die Dreiklänge vom 1., vom 6., vom 4. und vom 5. Ton nacheinander erscheinen. Es sind also wieder die Hauptdreiklänge, und ein Nebendreiklang ist dazugekommen.

Du kannst ja die Hauptdreiklänge wieder in ihren Farben ausmalen, und der Nebendreiklang bekommt eine neue Farbe.

Vielleicht fällt dir auch etwas Neues zu der „1645"-Reihenfolge ein?

♩ = MM 176

Musik: Margret Feils

mp

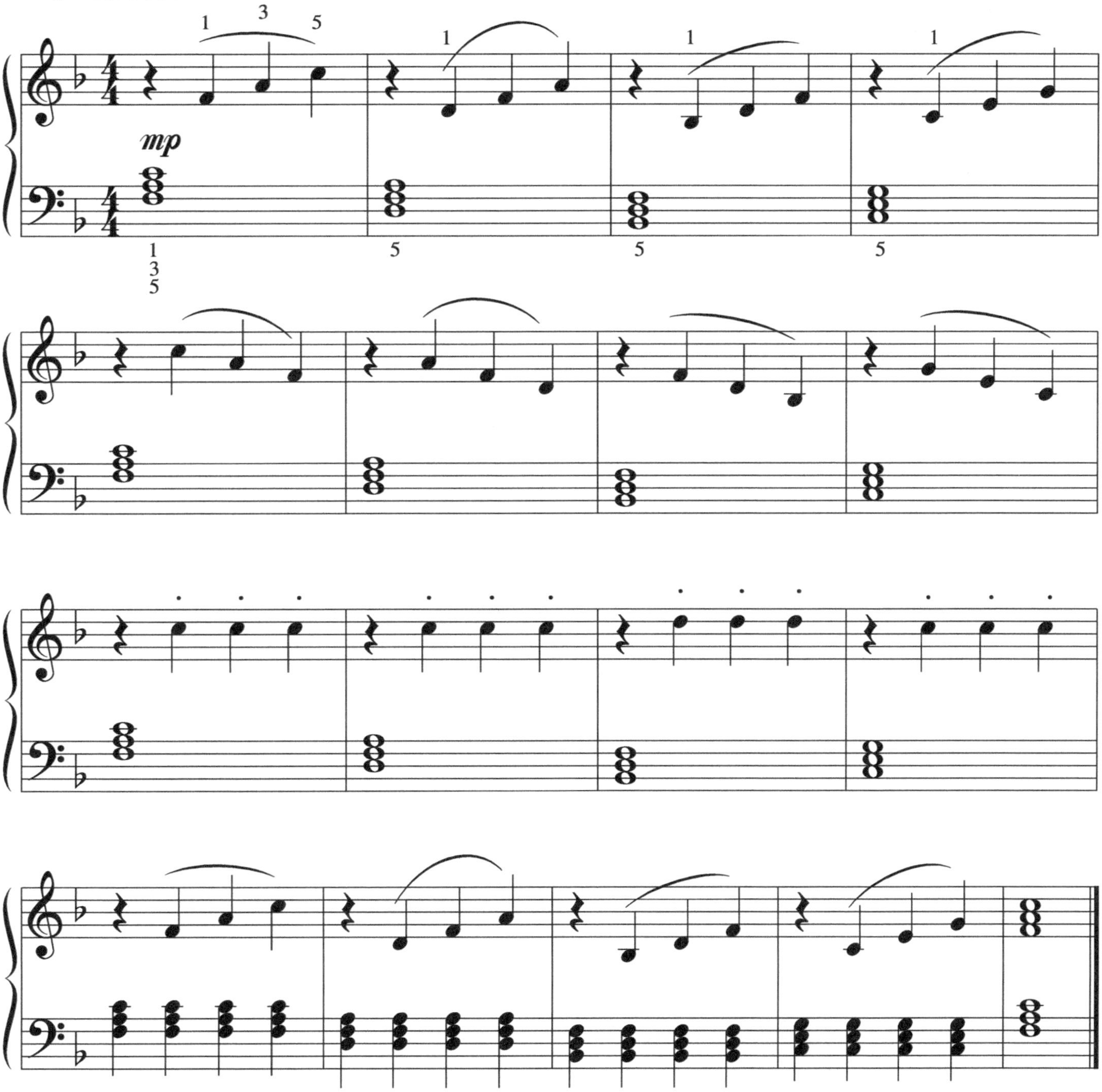

MUSIKERSPRACHE

Wenn Töne schnell hintereinander angeschlagen werden sollen, wird das Zeichen ⌇ vor den Klang gesetzt. Man spielt dann ein ***Arpeggio****.*

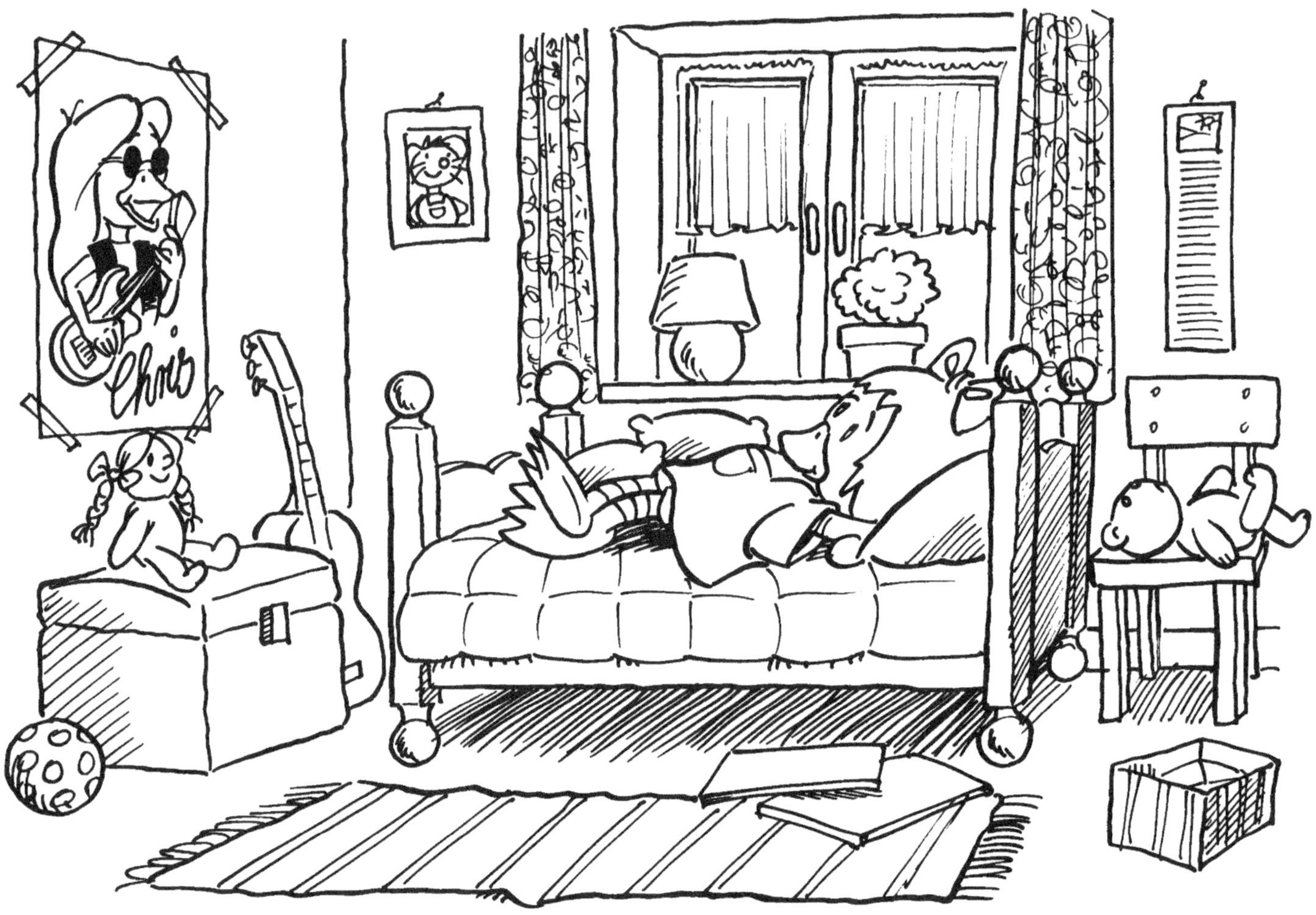

Für Chris

Weil es so schön ist, spielen Lilli und Resa noch ein „1645"-Stück, diesmal in **C-Dur**.

Lilli übernimmt die Dreiklänge und spielt sie ganz sorgfältig und gleichmäßig, Resa singt eine schöne Melodie dazu. Besonders schön klingt es, wenn das rechte Pedal eingesetzt wird: Immer wenn ein neuer Dreiklang gespielt wird, wird auch das Pedal gelöst und wieder neu angeschlagen. Die Töne dürfen dabei nicht ineinander verwischen.

Am Schluss werden die Dreiklangtöne schnell nacheinander angeschlagen, das ist an dem Zeichen ⌇ zu erkennen.

FINGERTRAINING

Lilli und Resa spielen die „1645"-Reihenfolge als Arpeggio mit getretenem rechten Pedal durch mehrere Oktaven.
Danach spielen sie diese Reihenfolge und schlagen die Töne gleichzeitig an.

Musik: Margret Feils/Martina S. (12 Jahre)

Langsam und sanft

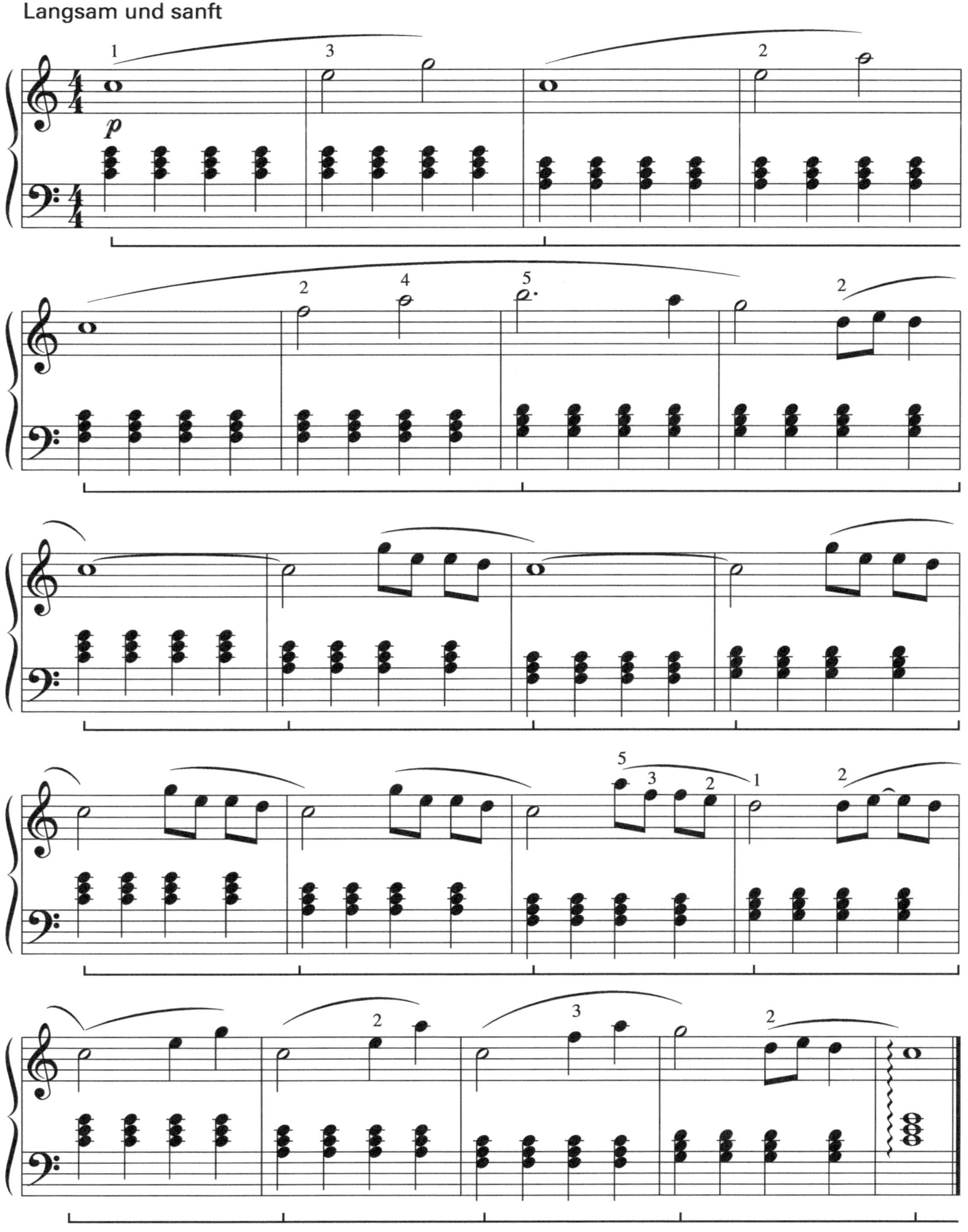

Die Moll-Tonleitern stellen sich vor

Resa hat mal wieder nachgedacht!

„Also, eigentlich müsste es genauso wie es Dur- und Moll-Dreiklänge gibt auch Dur- und Moll-Tonleitern geben, das wäre doch sonst ungerecht!"

Und genau so ist es. So wie die Dur-Tonleiter immer das gleiche „Strickmuster" hat, nämlich zwei Ganz, ein Halb, drei Ganz, ein Halb, so gibt es auch eine Moll-Tonleiter mit eigenem Strickmuster.

Zu jeder Dur-Tonleiter gibt es immer eine passende Moll-Tonleiter, indem man eine kleine Terz unter den Grundton der Dur-Tonleiter geht. Von da aus startet die Moll-Tonleiter mit den gleichen Tönen, die ihre Schwester auch hat, nur die Halbtonschritte liegen jetzt woanders.

Diese Moll-Tonleiter heißt *„Natürlich-Moll"*.

Zu der **C-Dur**-Tonleiter gehört die **A-Moll**-Tonleiter: Zeichne die Halbtonschritte mit deiner Lieblingsfarbe ein.

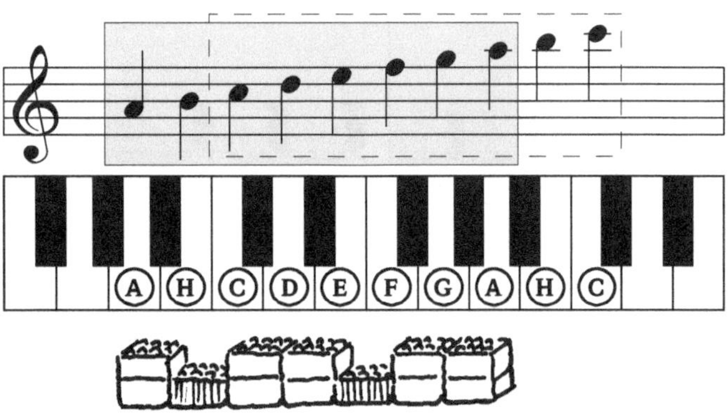

Zur **G-Dur**-Tonleiter gehört die **E-Moll**-Tonleiter.

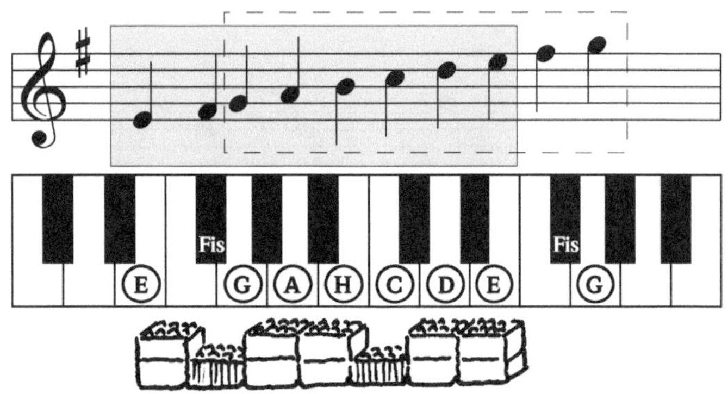

MUSIKERSPRACHE

*Zu jeder Dur-Tonleiter gehört eine entsprechende Moll-Tonleiter. Man spricht von der **„Parallelen Molltonart"**. Die Moll-Tonleiter startet von dem 6. Ton der Dur-Tonleiter. Es gibt jedoch, anders als bei der Dur-Tonleiter, drei Formen der Moll-Tonleiter: **Natürlich-Moll** übernimmt das Tonmaterial der entsprechenden Dur-Tonleiter, beginnt aber beim 6. Ton (kleine Terz, kleine Sext, kleine Sept). **Harmonisch-Moll** erhöht den 7. Ton (große Sept). **Melodisch-Moll** erhöht den 6. und den 7. Ton (große Sext und große Sept).*

Und wer gehört zu der **F-Dur**-Tonleiter?

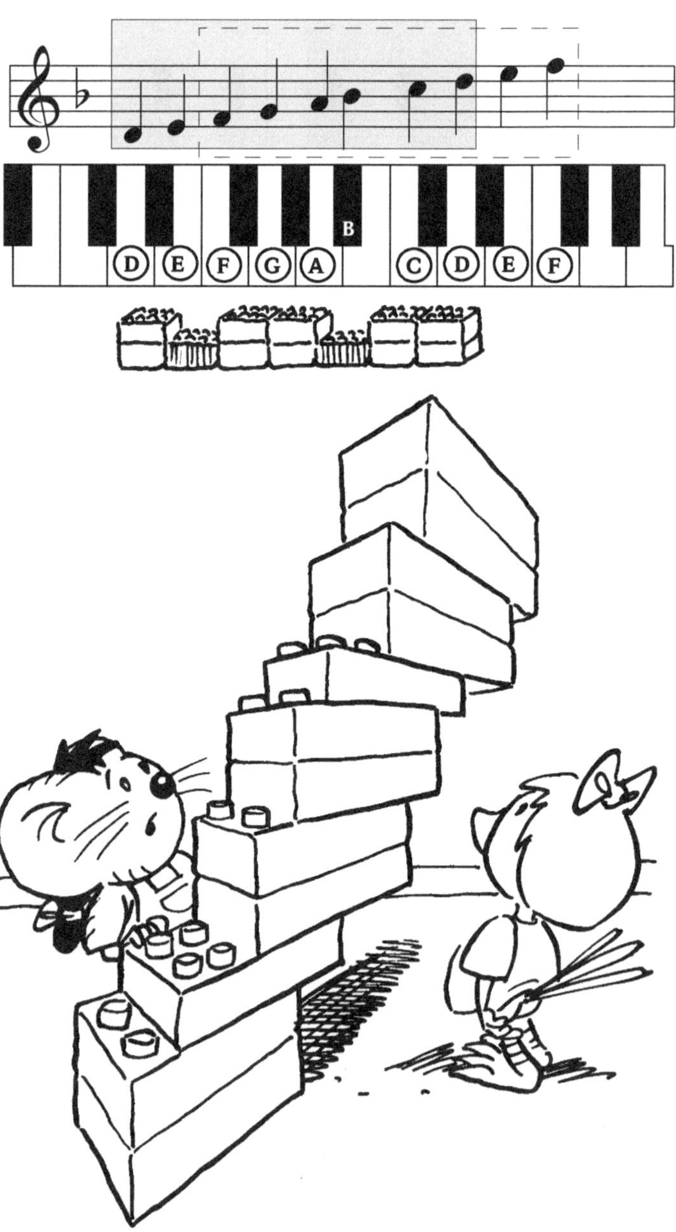

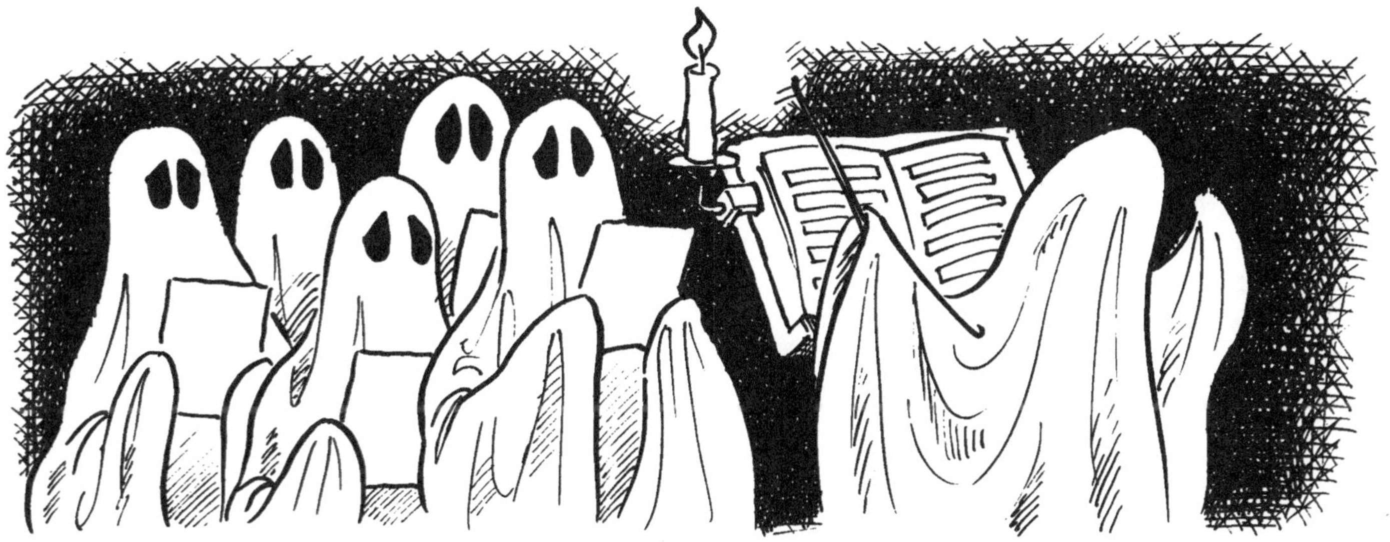

Gespensterlied in A-Moll

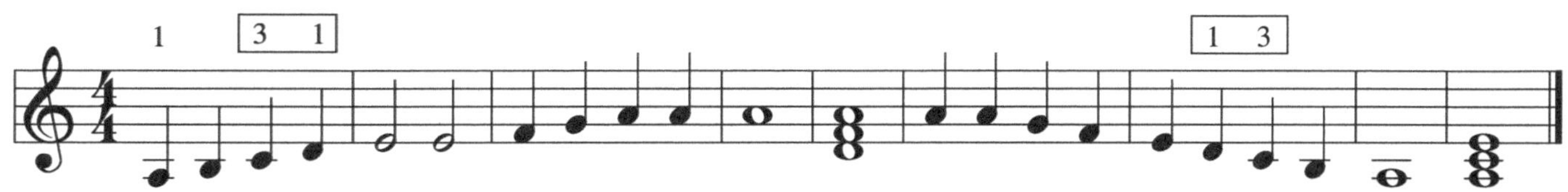

Aber das ist nicht alles. Weil die Moll-Tonleiter von dem 7. zum 8. Ton keinen Halbtonschritt bildet, wird das bei einer neuen Form der Moll-Tonleiter geändert. Der 7. Ton wird erhöht. Diese Moll-Tonleiter heißt *„Harmonisch-Moll"*.

Gespensterlied in Harmonisch-Moll

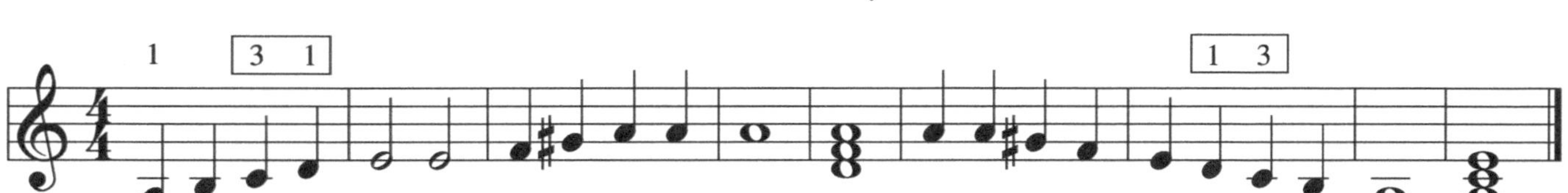

Doch was ist bei Harmonisch-Moll zwischen dem 6. und 7. Ton los?

Da ist jetzt ein Tonschritt entstanden, der größer als ein Ganztonschritt ist, nämlich ein Ganztonschritt plus einem Halbtonschritt.

Das war den Sängern zu viel; sie haben sich beschwert und damit erreicht, dass nun auch der 6. Ton erhöht wurde.

Diese Moll-Tonleiter heißt *„Melodisch-Moll"*.
Abwärts wird Melodisch-Moll wieder zurückverzaubert in die *„Natürlich-Moll"*-Tonleiter.

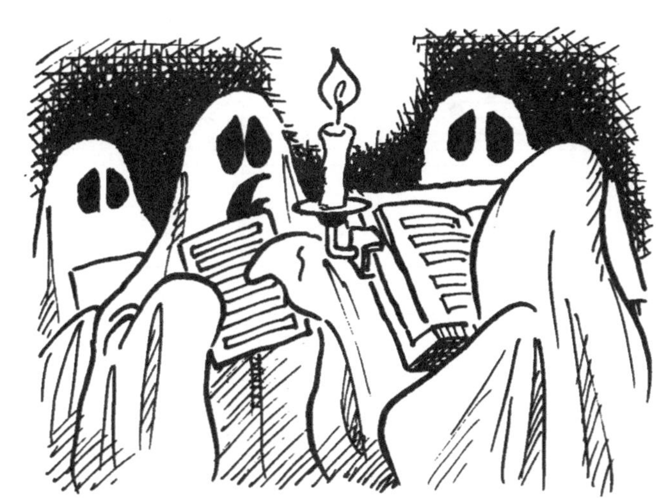

Gespensterlied in Melodisch-Moll

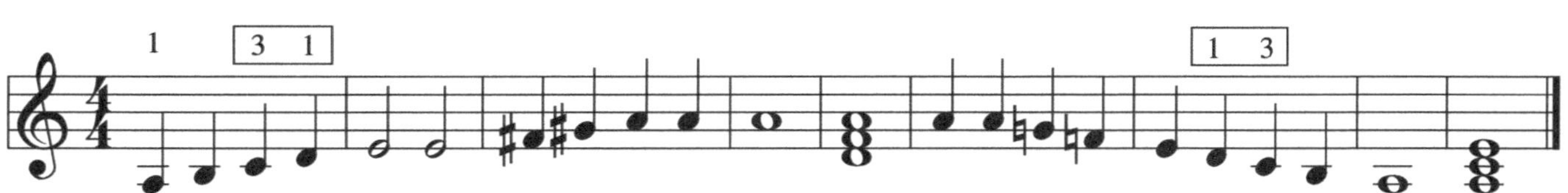

Affentanz

Die Affen wissen nicht so recht, wo sie hin wollen. Zuerst tanzen sie in **C-Dur**, doch dann laufen sie zu **A-Moll** und tanzen da weiter. Zum guten Schluss enden sie doch wieder in **C-Dur**.

Damit sie sich klar sagen können, wo sie dran sind, bezeichnen sie einfach die Teile des Stückes mit Buchstaben:

Der erste Teil heißt A, jetzt folgt Teil B und schließlich noch einmal A. Das Stück ist also so aufgebaut: A-B-A.

Aufgepasst: Lilli spielt ausnahmsweise auch im Violinschlüssel!

MUSIKERSPRACHE

Meistens lässt sich ein Musikstück in verschiedene Teile gliedern. Diese werden mit großen Buchstaben gekennzeichnet. Sehr häufig besteht ein Lied aus den Teilen ***A, B, A.***

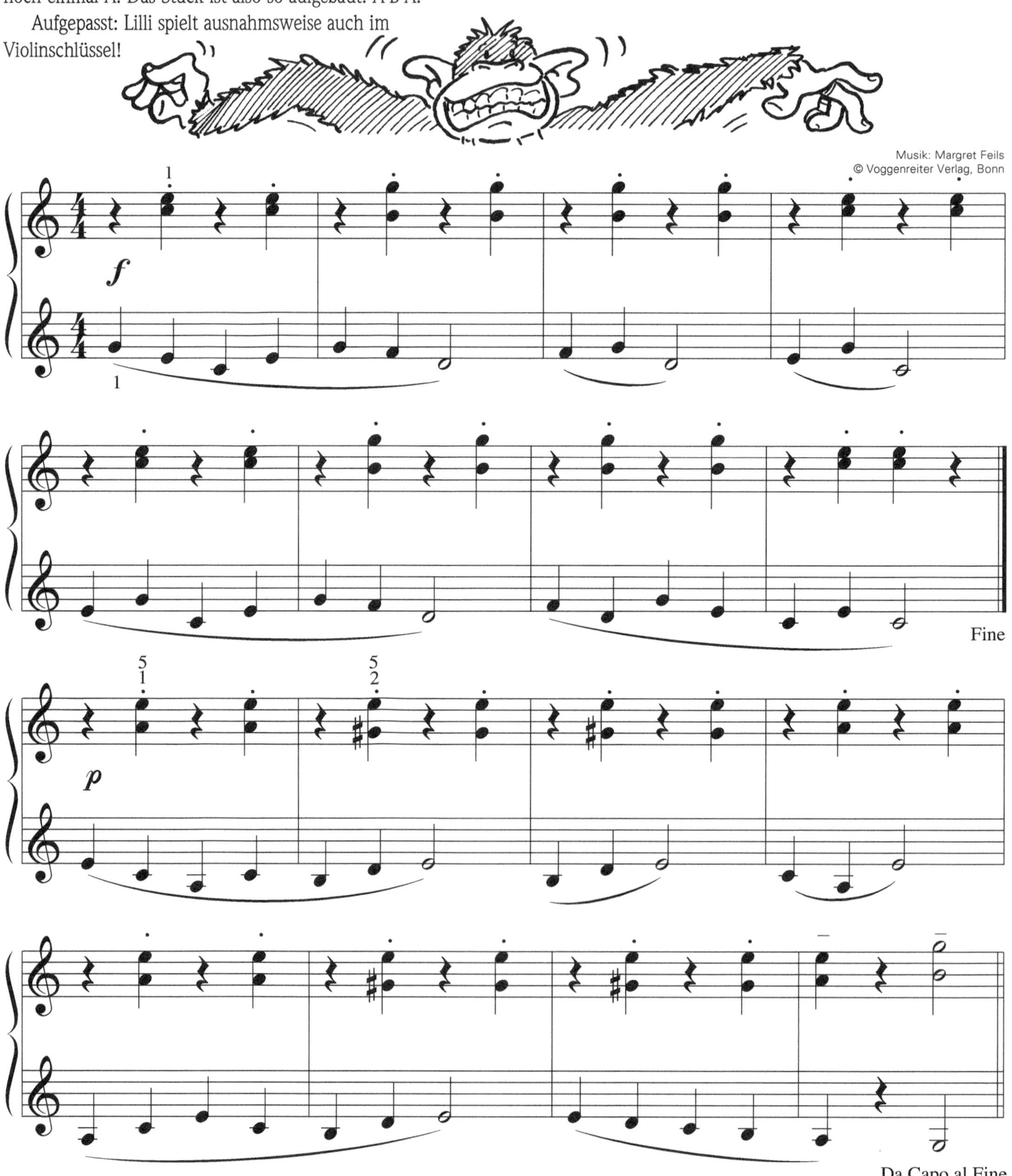

Melodie

Das „Summ-Lied“ spielt mit den Tönen der **D-Moll**-Tonleiter. Zu welcher Dur-Tonleiter gehört **D-Moll**?

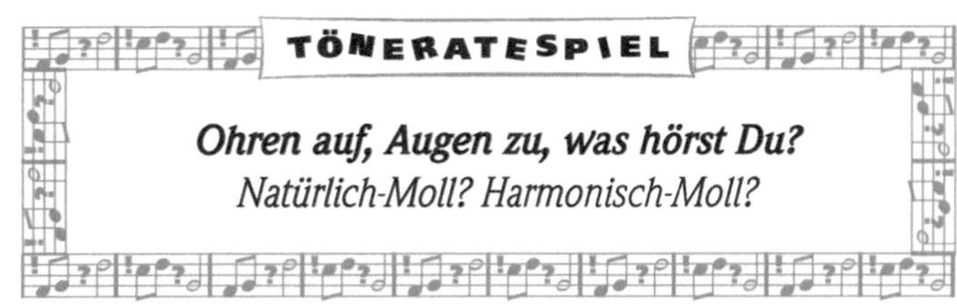

FINGERTRAINING

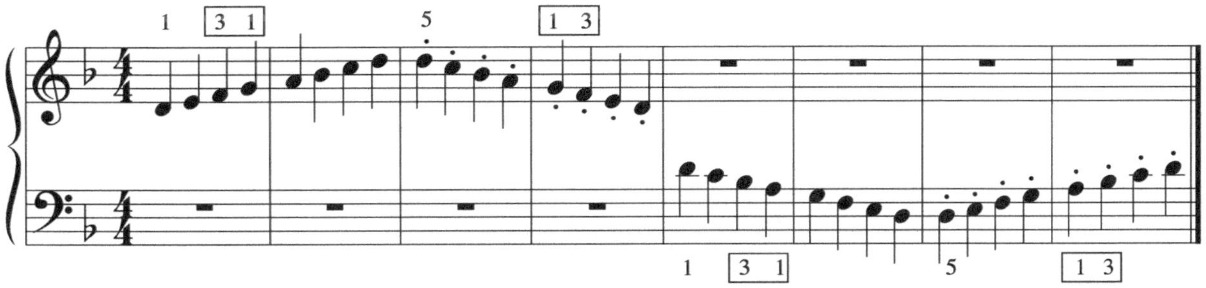

Hier kann man gut hören, wie geheimnisvoll die Moll-Tonart klingen kann. Beide Hände spielen das gleiche, sie spielen also parallel.

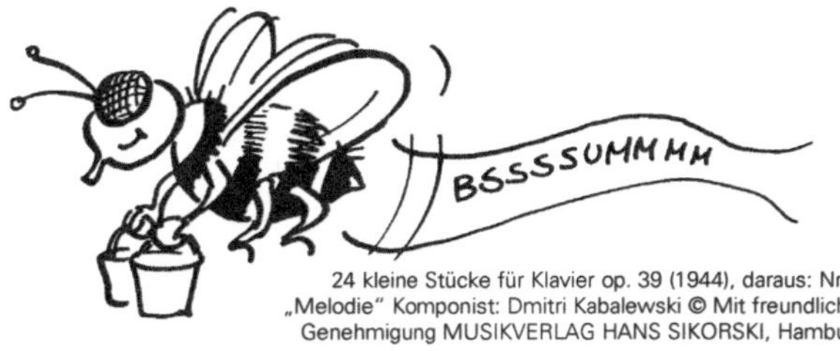

Andante

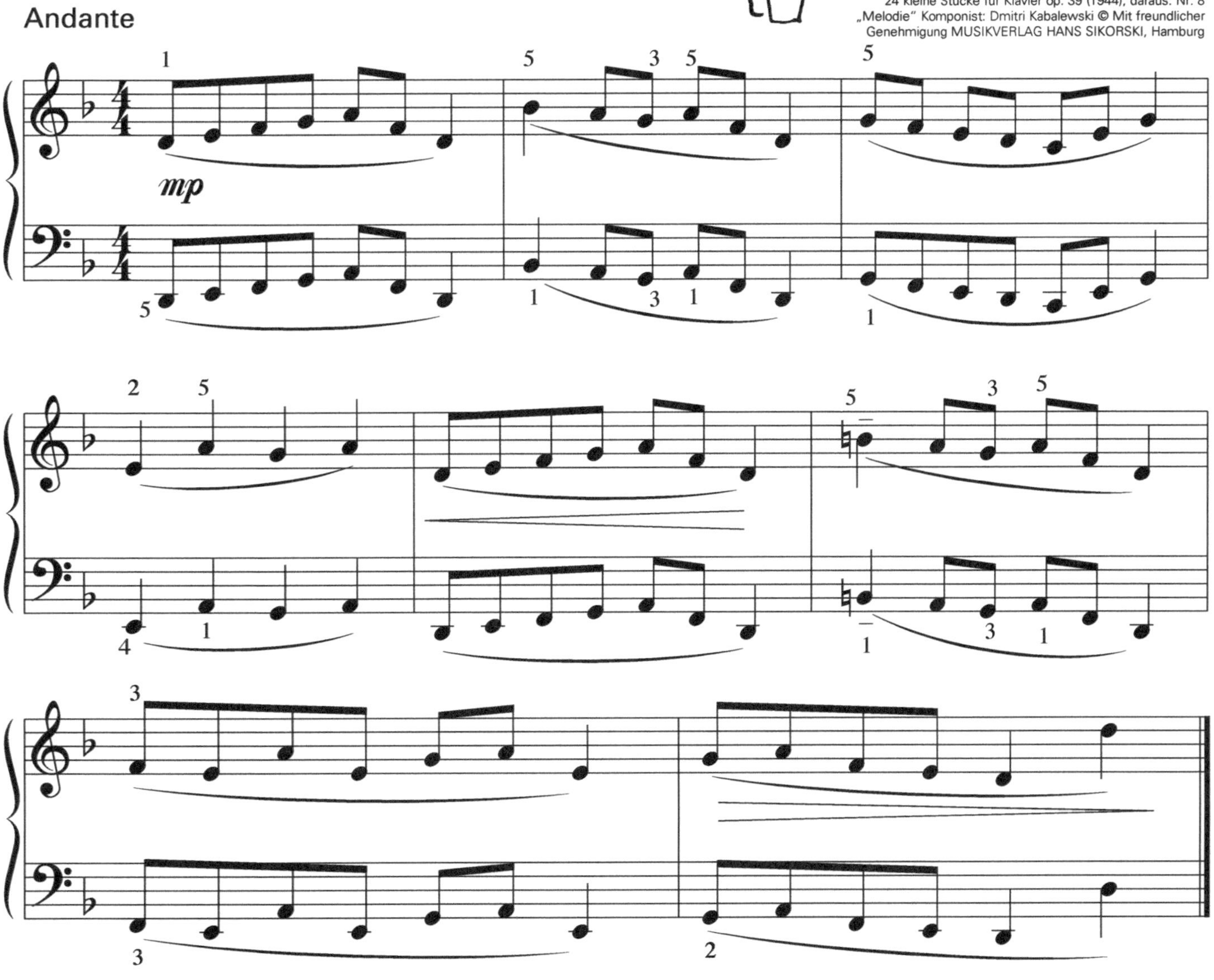

Sascha liebt nicht große Worte

Dieses Lied aus Russland steht in **A-Moll**. An dem **Gis** kann man erkennen, dass es *„Harmonisch-Moll“* ist. Obwohl oft behauptet wird, dass Moll-Stücke irgendwie traurig klingen, ist dieses Lied eigentlich ein recht freches und fröhliches Lied. Es beginnt erst gemütlich und nicht zu schnell, dann wird es immer schneller und schneller; dies wird durch das Wort *„Accelerando“* angezeigt.

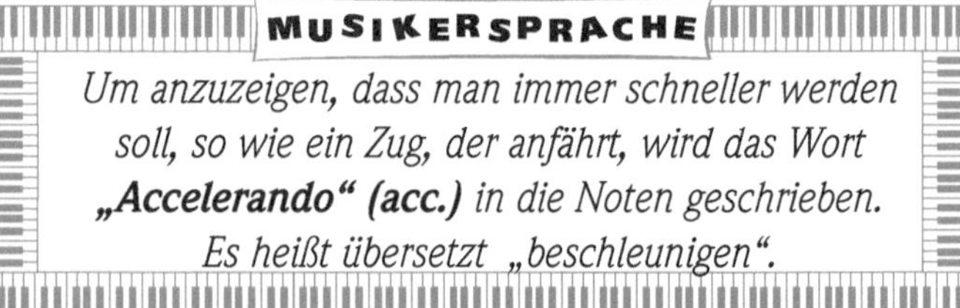

FINGERTRAINING

Allegro

Traditional

Sa - scha liebt nicht gro - ße Wor - te; denn er war von eig - ner Sor - te

Konn - te hoch im Bo - gen spuk - ken und mit bei - den Oh - ren zuk - ken

acc. nja nja nja nja nja nja nja nja nja naj nja nja nja

nja nja nja nja nja nja nja nja nja nja nja hei!

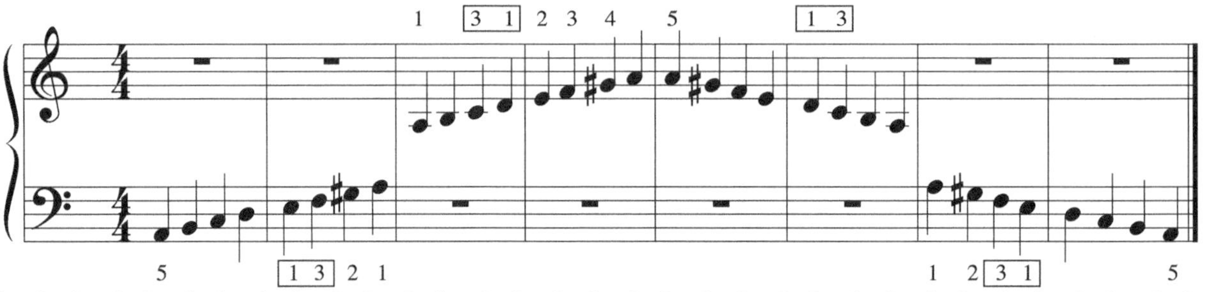

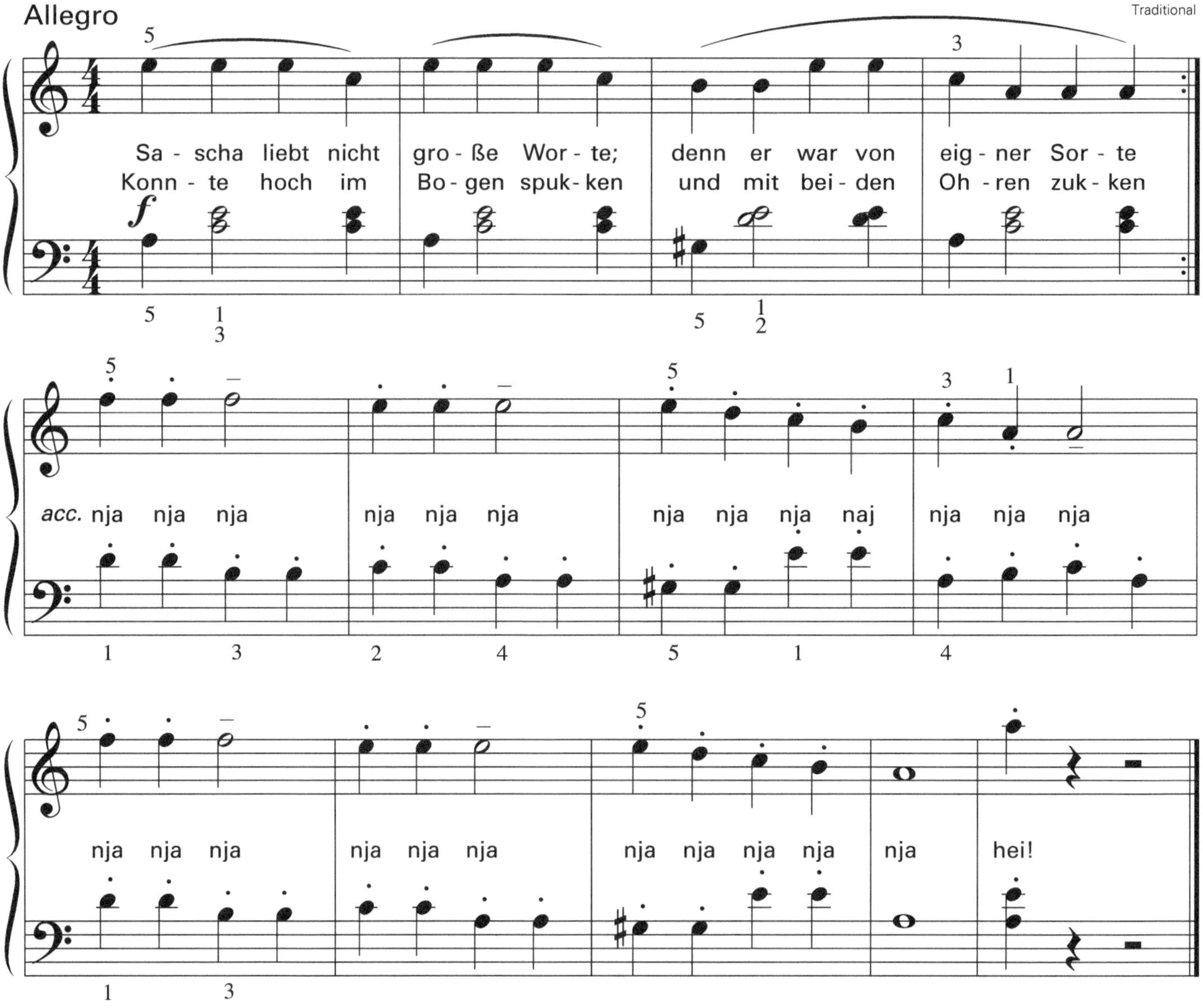

Indianertanz

Hier zeigen Indianer, dass Moll-Lieder nicht immer traurig klingen müssen. Die Indianer tanzen in **D-Moll**. Der **D-Moll**-Dreiklang ist die Tonika, also der wichtigste Dreiklang. Er erklingt auch sehr oft. Dazu kommt aber noch der **C-Dur**-Dreiklang, (der auf der 7. Stufe von Natürlich-Moll entsteht). Dieser Wechsel zwischen Dur- und Moll-Dreiklang klingt sehr schön.

Damit der Schluss so richtig spannend klingt, spielt Resa ihn eine Oktave höher als notiert, und Lilli spielt ihn eine Oktave tiefer. Dafür gibt es ein ganz einfaches Zeichen: 8va

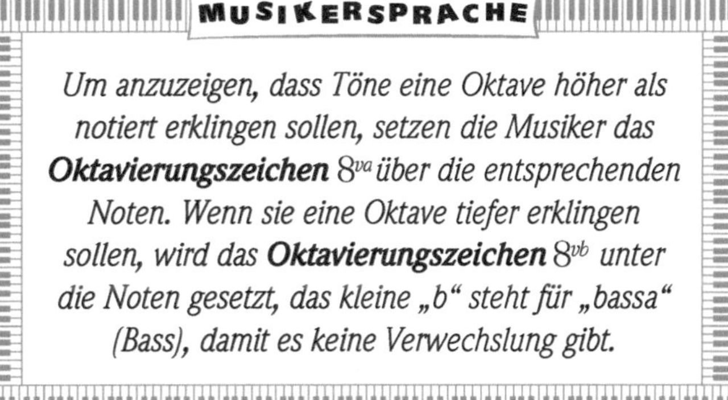

MUSIKERSPRACHE

Um anzuzeigen, dass Töne eine Oktave höher als notiert erklingen sollen, setzen die Musiker das ***Oktavierungszeichen*** *8va über die entsprechenden Noten. Wenn sie eine Oktave tiefer erklingen sollen, wird das* ***Oktavierungszeichen*** *8vb unter die Noten gesetzt, das kleine „b" steht für „bassa" (Bass), damit es keine Verwechslung gibt.*

♩ = MM 160

In - di - a - ner tan - zen In - di - a - ner - tanz. In - di - a - ner tan - zen stets im Kreis her - um. In - di - a - ner tan - zen stets im Kreis her - um.

In - di - a - ner tan - zen stets im Kreis her - um. In - di - a - ner - tanz,

In - di - a - ner - tanz, In - di - a - ner tan - zen!

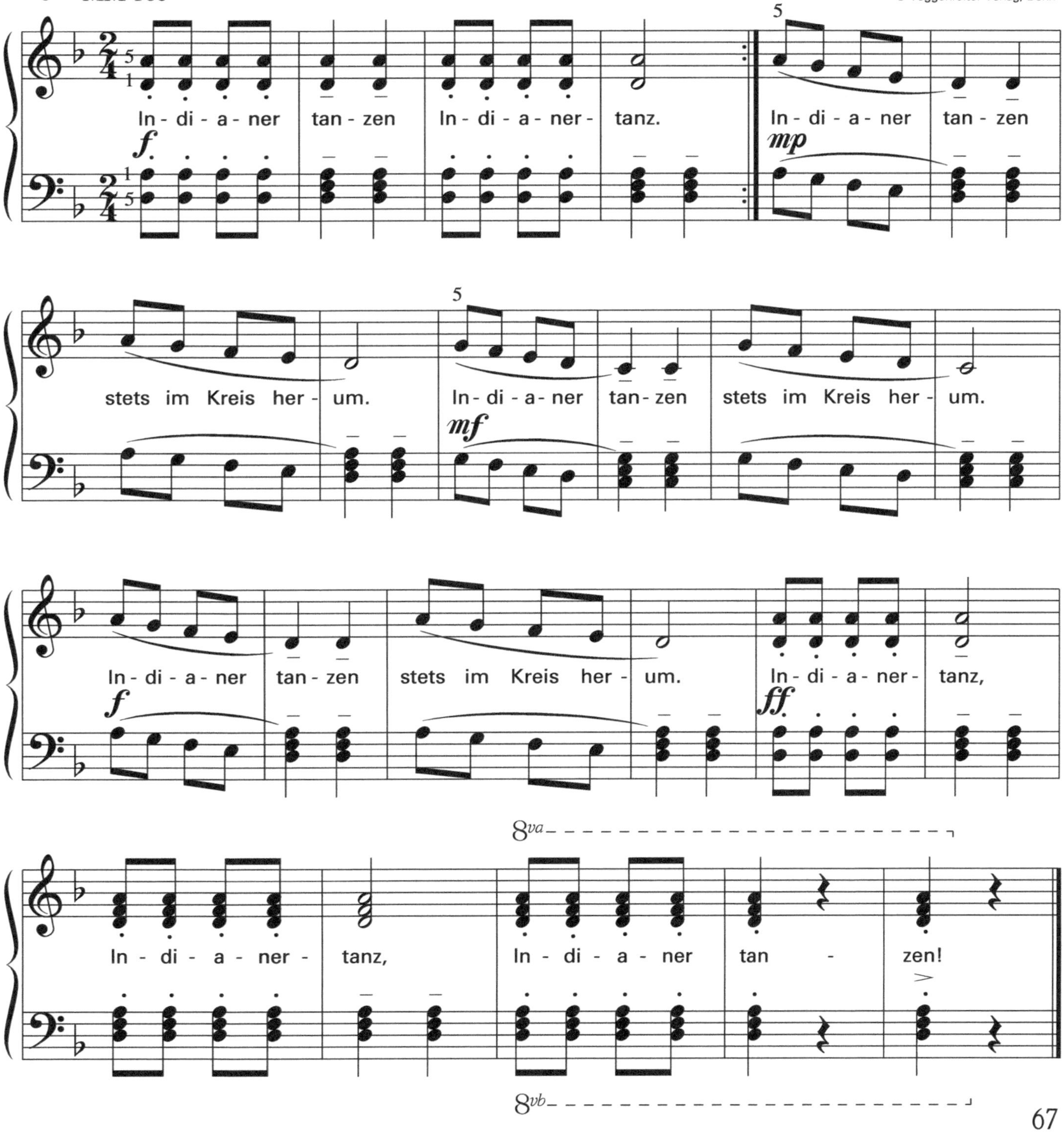

Schlaf Anne schlaf

Jetzt ist ein schönes Schlaflied in **E-Moll** an der Reihe. Die linke Hand spielt die Hauptdreiklänge als Begleitung zur Melodie. Dabei wird die harmonische Moll-Tonleiter benutzt. So entsteht auf dem 1. Ton ein Moll-Dreiklang, auf dem 4. Ton auch, aber auf dem 5. Ton ein Dur-Dreiklang, weil der 7. Ton erhöht wurde. Das macht die Moll-Tonart so spannend.

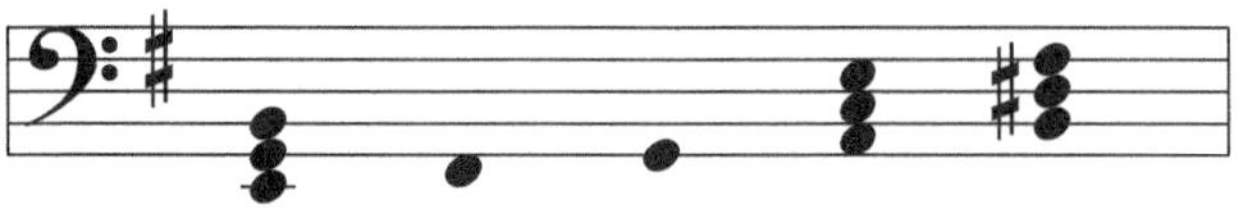

Die Linke lässt den tiefsten Ton liegen, während die Terz noch dazu kommt. Dies ist an den Notenhälsen zu erkennen. Der 1. Ton hat den Notenhals nach unten zum Zeichen dafür, dass dies die tiefste Stimme ist; die nachfolgenden Terzen haben dann den Notenhals nach oben gerichtet.

Die Rechte benutzt den stummen Fingerwechsel und den Daumenuntersatz, um in die verschiedenen Lagen zu gelangen.

Zum Schluss werden beide Hände immer etwas langsamer, was an dem Wort *„rit“*, einer Abkürzung für *„Ritardando“* zu erkennen ist. Ritardando heißt „verzögern“.

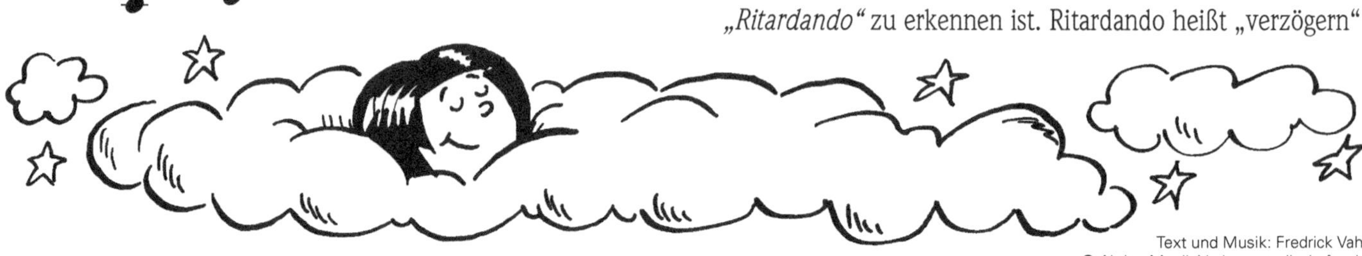

2. Schlaf Anne schlaf nur ein, bald kommt der Traum, schlüpft Dir ins Ohr hinein, merkst ihn erst kaum.

Fährt mit dem Traumschiff ans Ende der Nacht bis Dir der Morgen die Augen aufmacht.

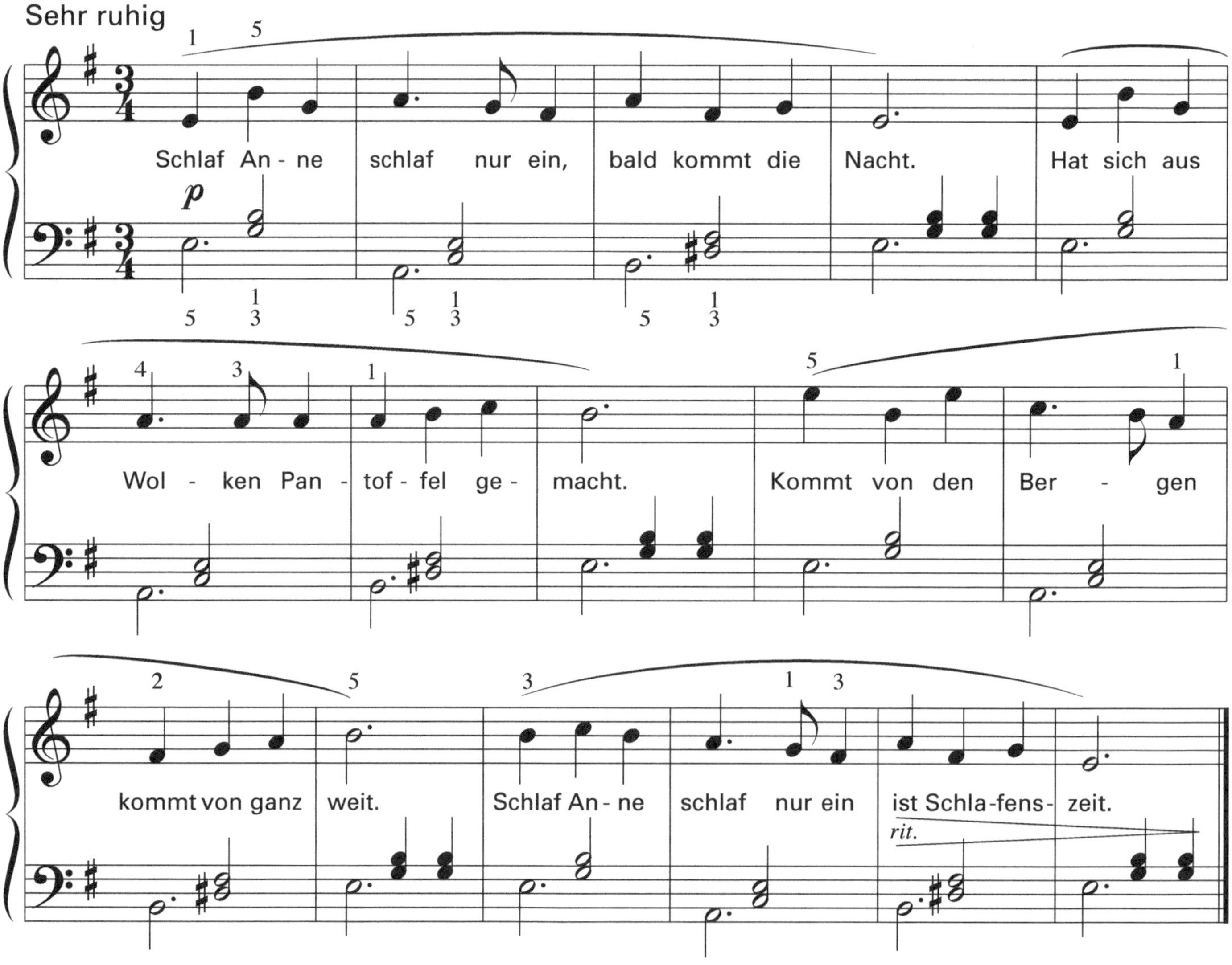

Sehr ruhig

Schlaf An - ne schlaf nur ein, bald kommt die Nacht. Hat sich aus Wol - ken Pan - tof - fel ge - macht. Kommt von den Ber - gen kommt von ganz weit. Schlaf An - ne schlaf nur ein ist Schla-fens- zeit.

rit.

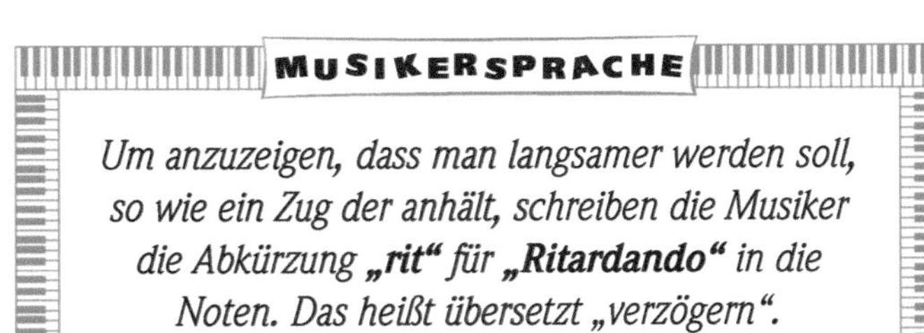

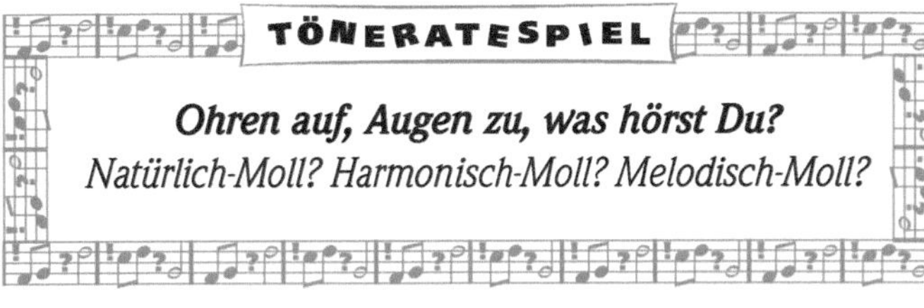

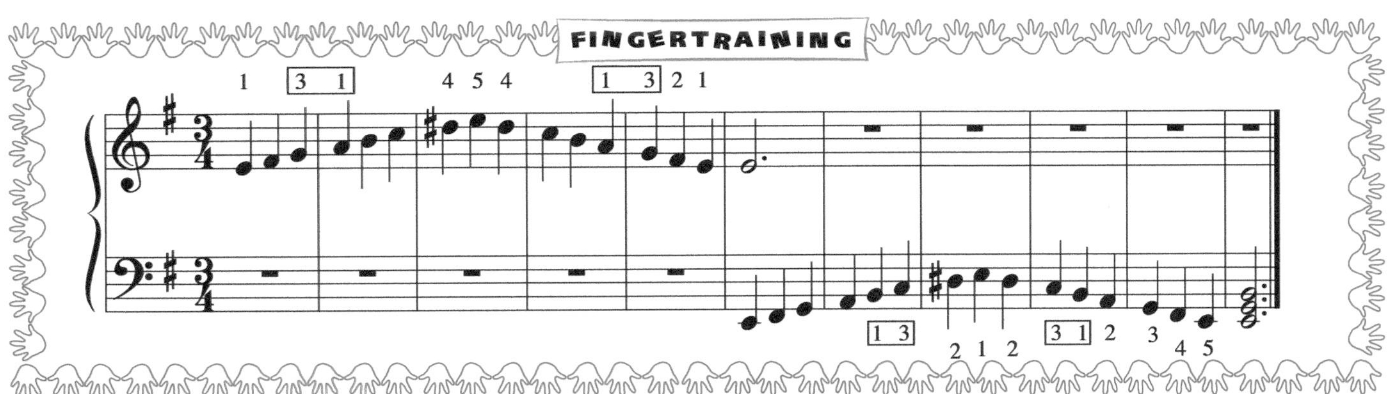

Hier schreibt Resa alle Moll-Tonleitern auf, die sie schon kennt.

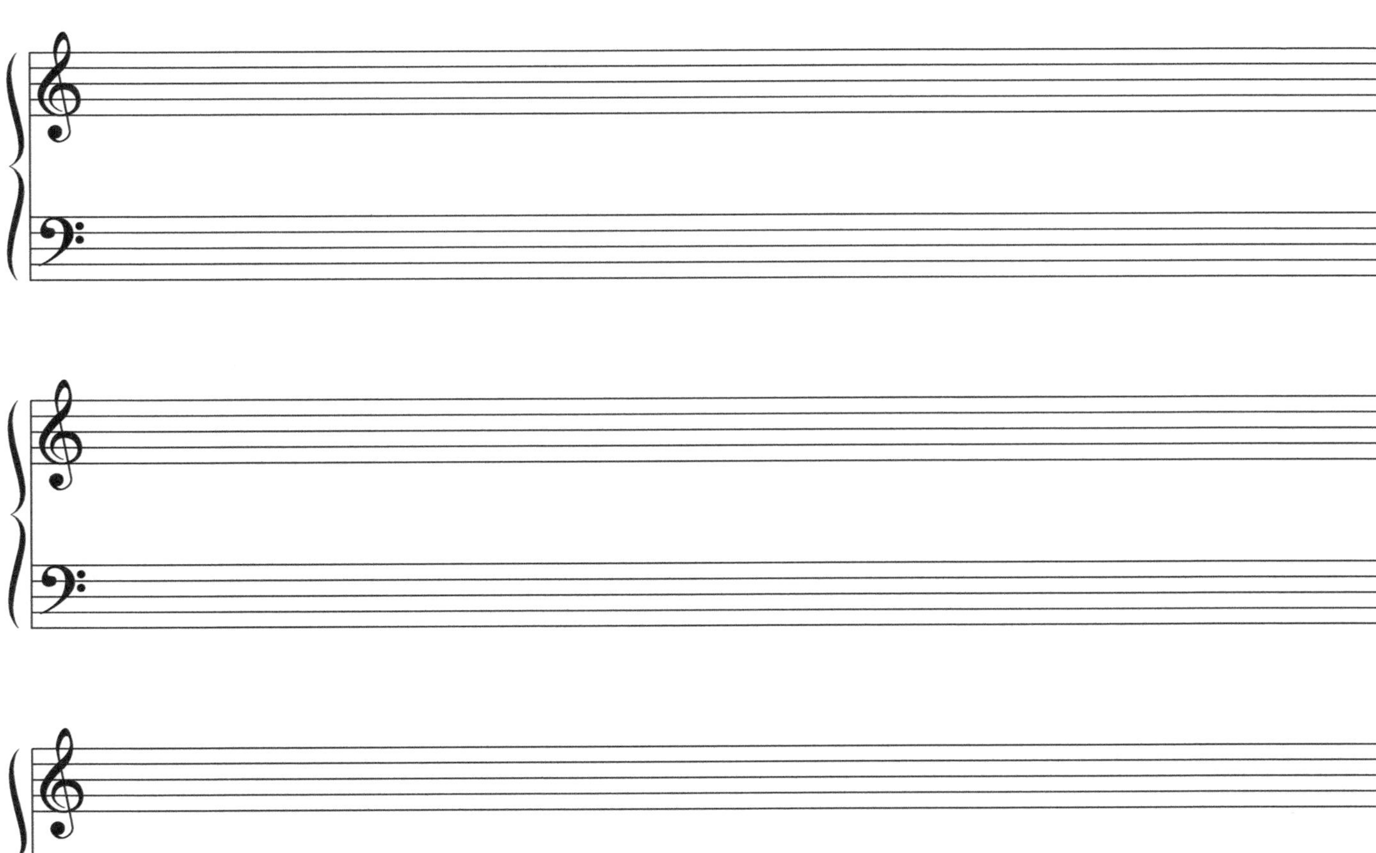

Spanisch 1765

In Moll gibt es auch eine Reihenfolge von Dreiklängen, die sehr beliebt ist. Vor allem spanische Gitarristen benutzen diese Folge gern. Deswegen kommt sie uns auch spanisch vor.

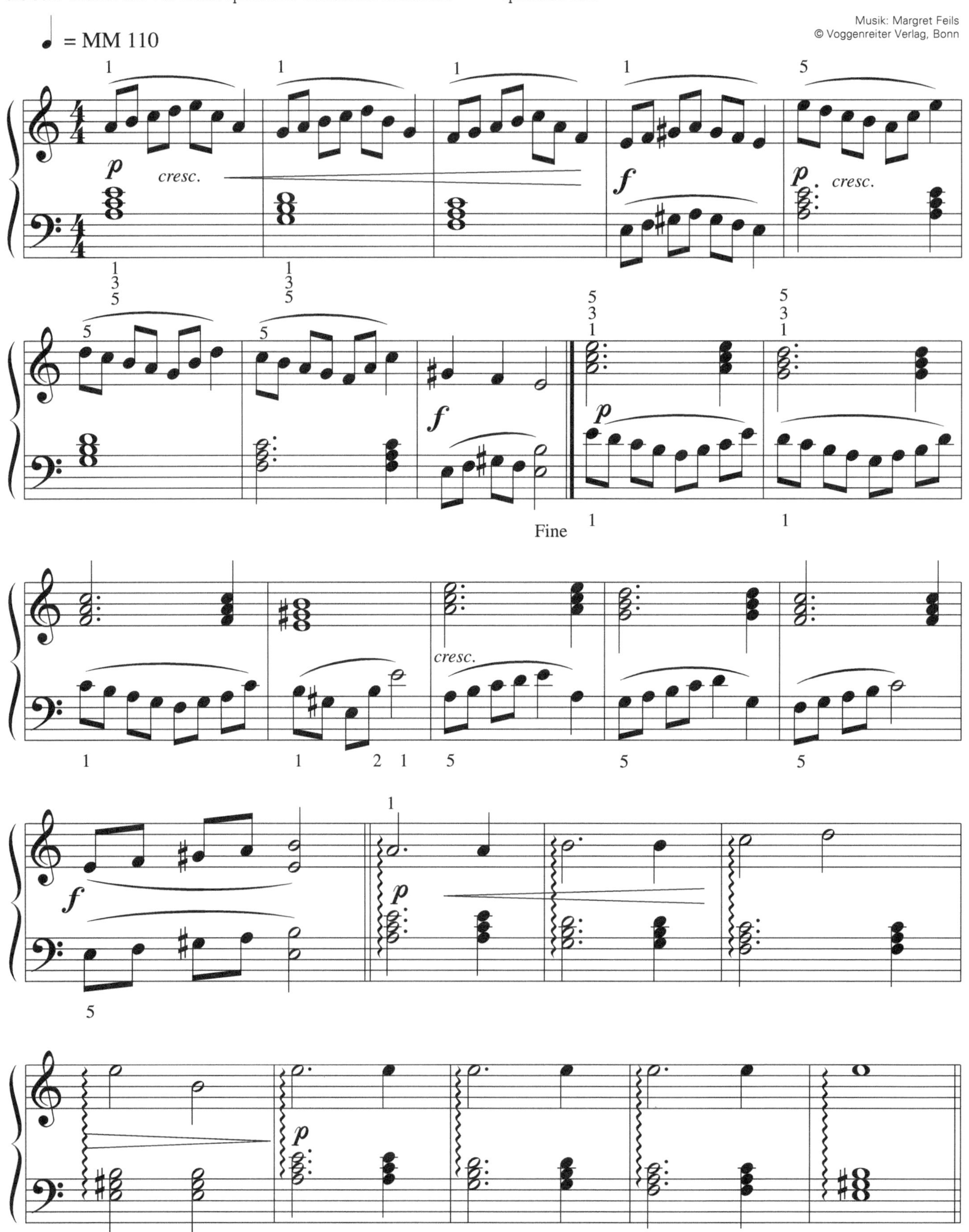

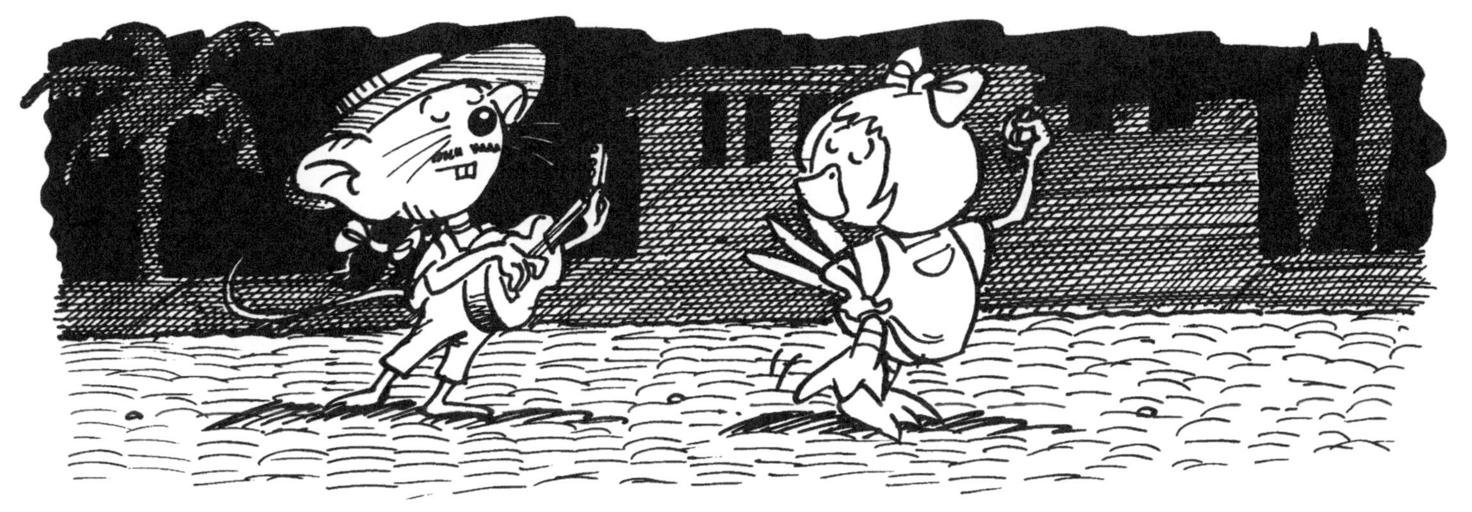

Fällt Dir mit den Tönen der **A-Moll**-Tonleiter ein eigenes spanisches Stück ein?

Die linke Hand spielt dazu diese Akkordfolge:

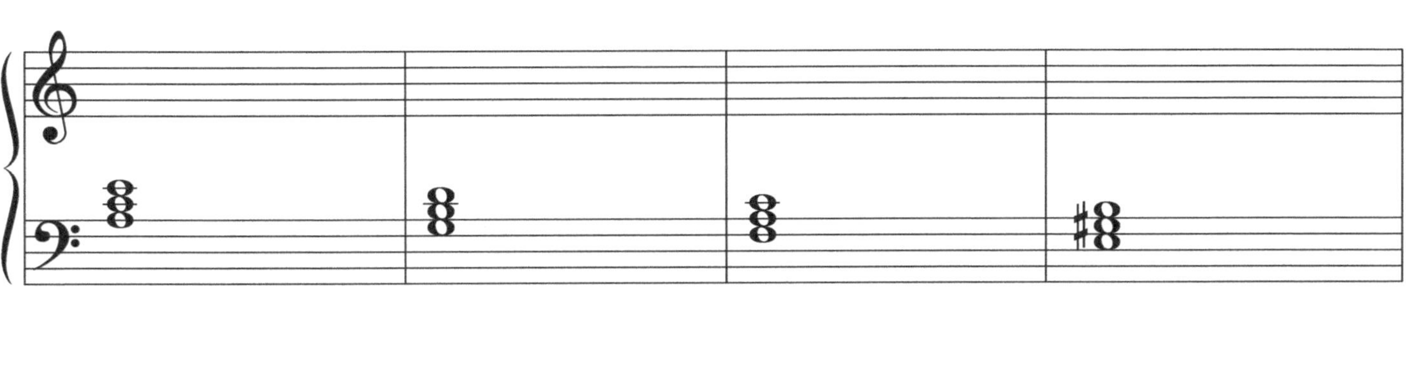

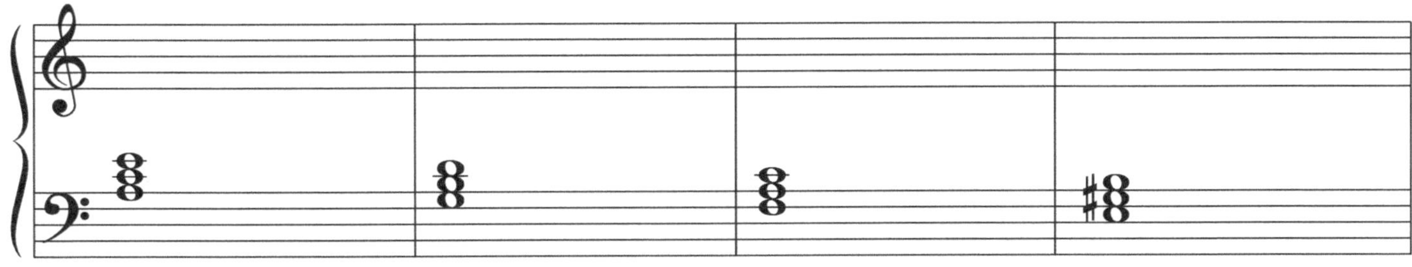

Lilli und Resa entdecken die D-Dur-Tonleiter

Lilli und Resa sind sich ganz sicher, dass es noch viel mehr Tonarten gibt, als sie bisher kennengelernt haben.

Die Tonleiter, die zwei Kreuzchen als Vorzeichen hat, heißt **D-Dur** und sieht so aus:

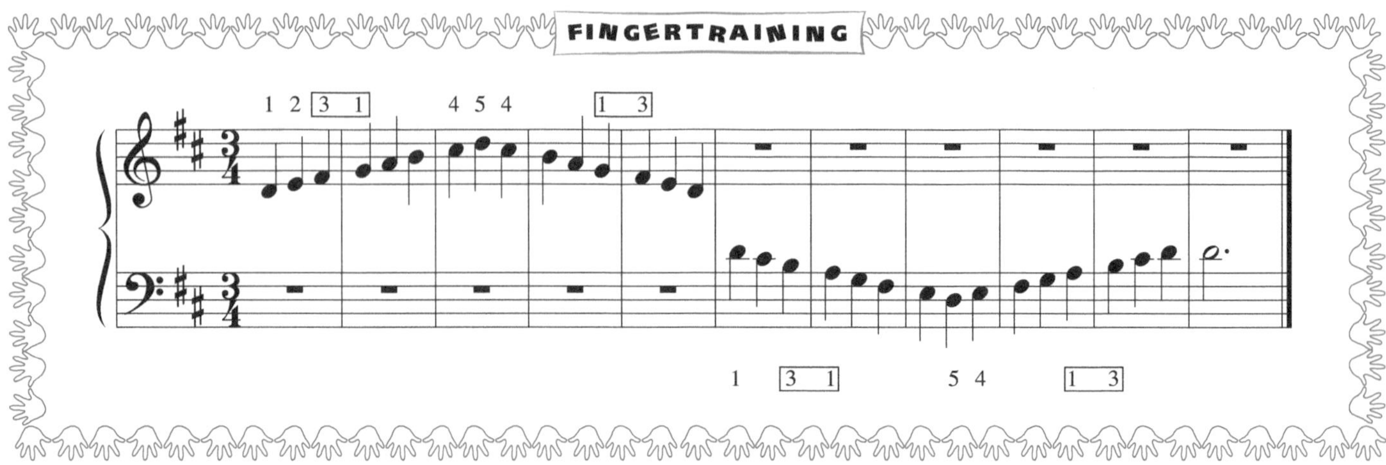

Hier ist Platz, um die Hauptdreiklänge der **D-Dur**-Tonleiter herauszutüfteln:

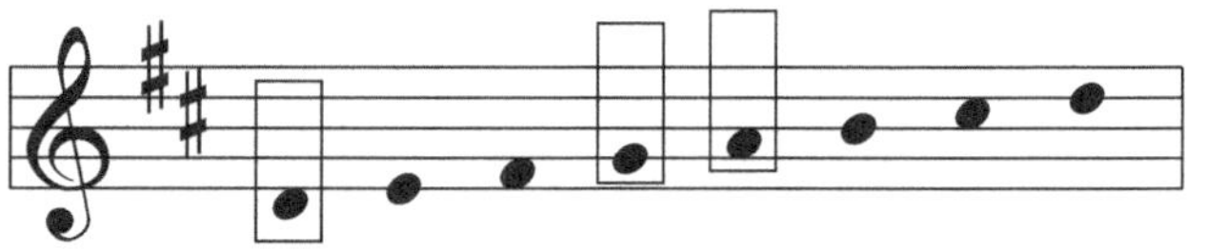

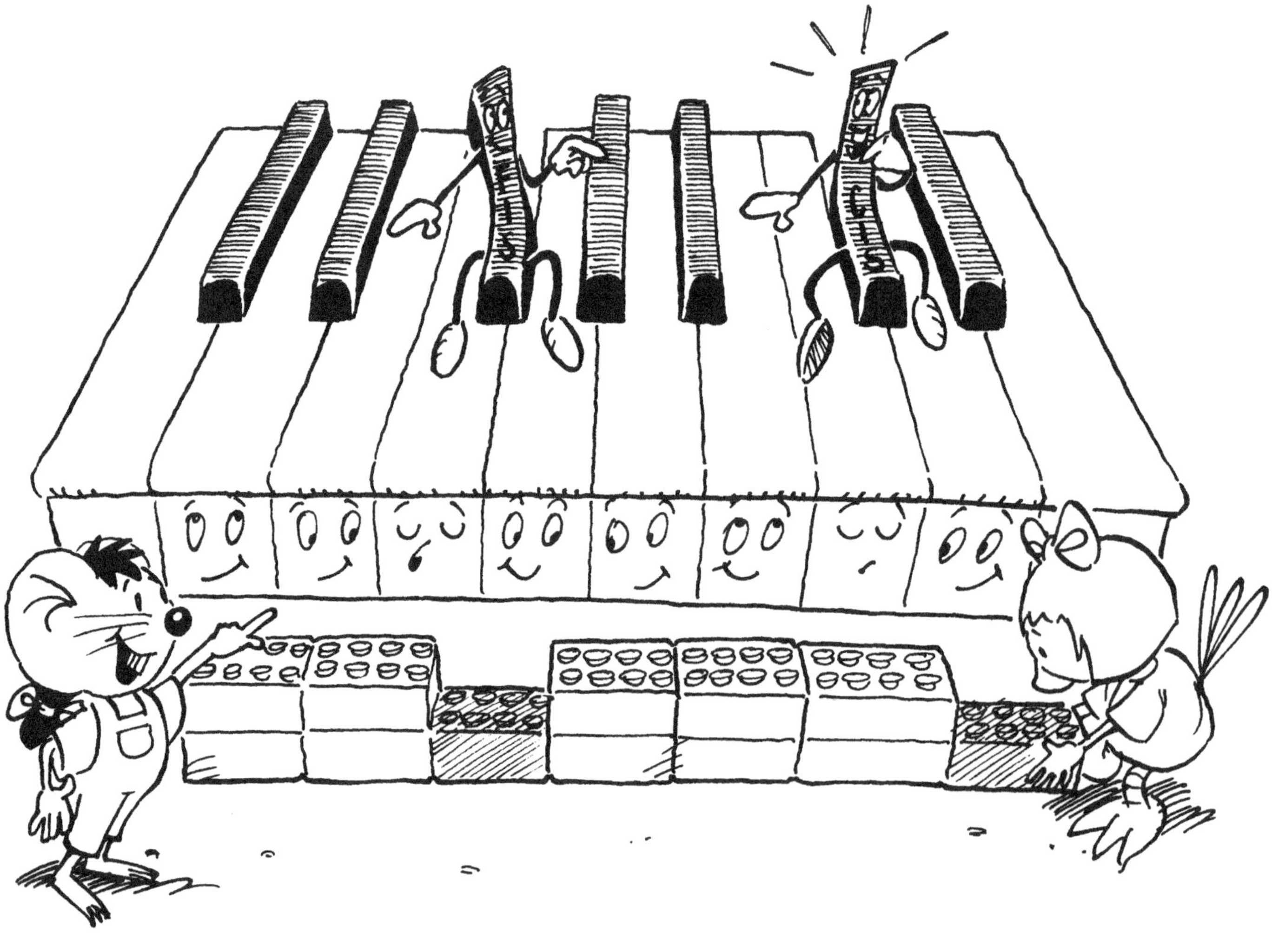

Hirtenweise

Das Stück „Hirtenweise“ steht in **D-Dur**, also aufgepasst: Jedes **F** wird zu **Fis** und jedes **C** wird zu **Cis** erhöht. Damit du das nicht vergisst, kannst du ja mal ausnahmsweise einen Buntstift zur Hand nehmen und die erhöhten Noten bunt einkreisen.

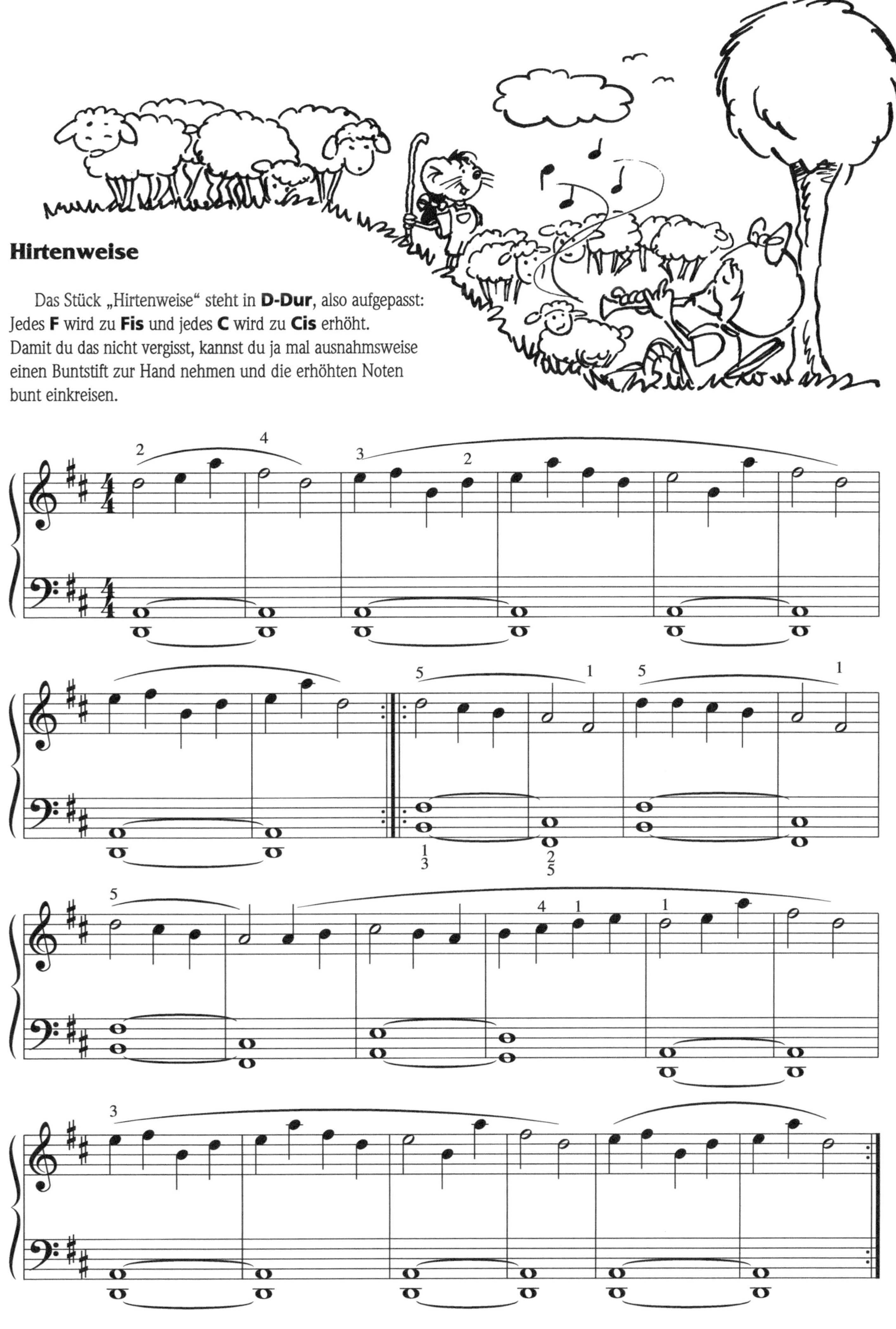

Pferderennen

Beim Pferderennen sieht es ganz so aus, als ob **D-Moll** das Rennen macht, doch dann wird es von **D-Dur** überholt!

Aber halt, zum Schluss ist **D-Moll** doch der Sieger, weil das *Da Capo*-Zeichen ja anzeigt, dass wieder von vorne angefangen wird bis zum Wort *„Fine“.*

Beim 6/8-Takt werden die Achtel als Grundschlag genommen und man zählt durch bis „6“:

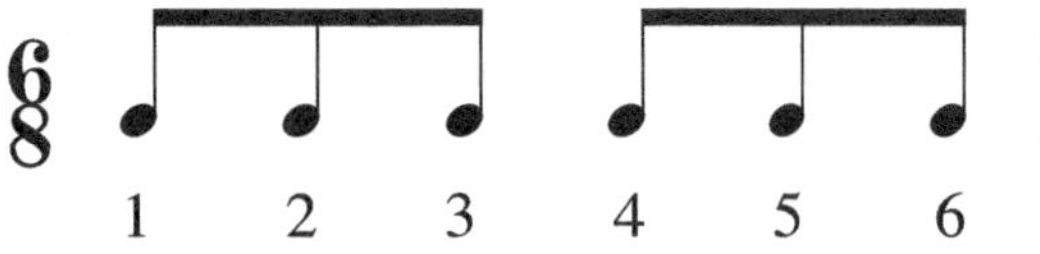

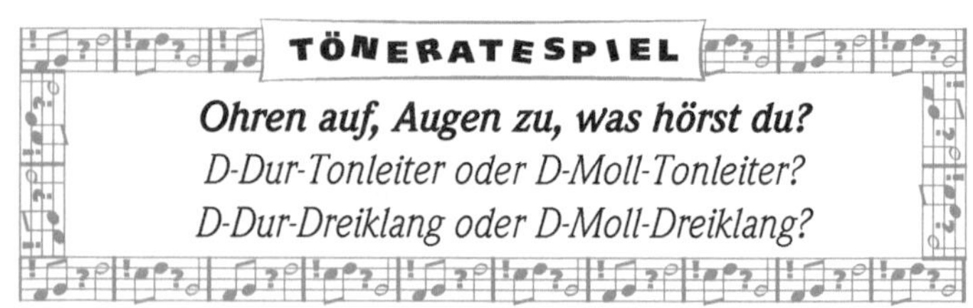

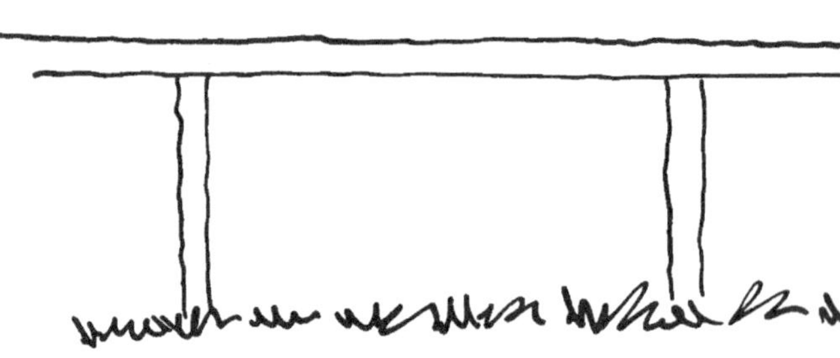

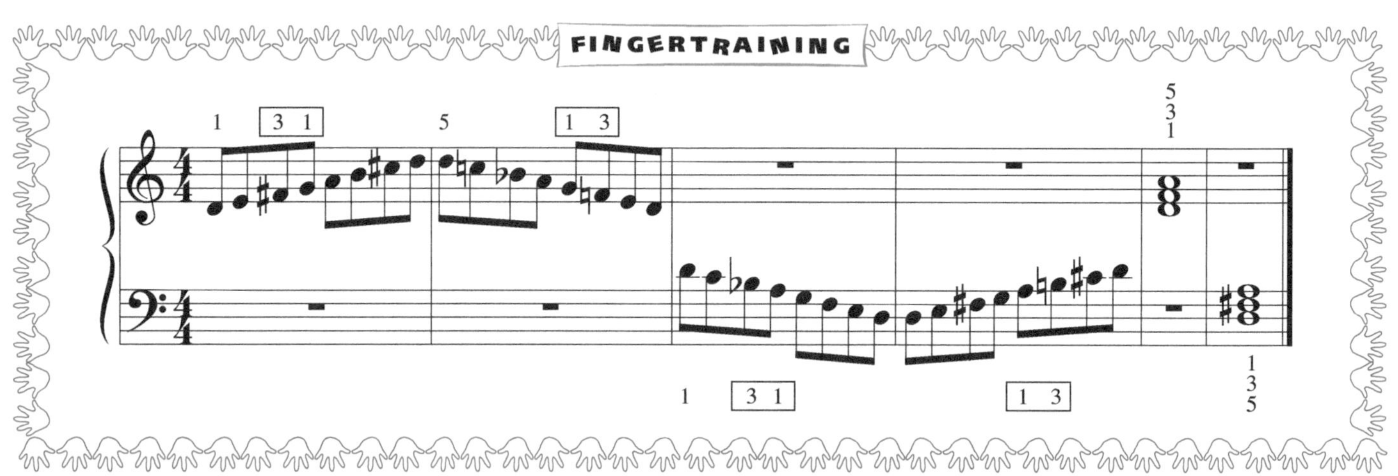

♩ = MM 138

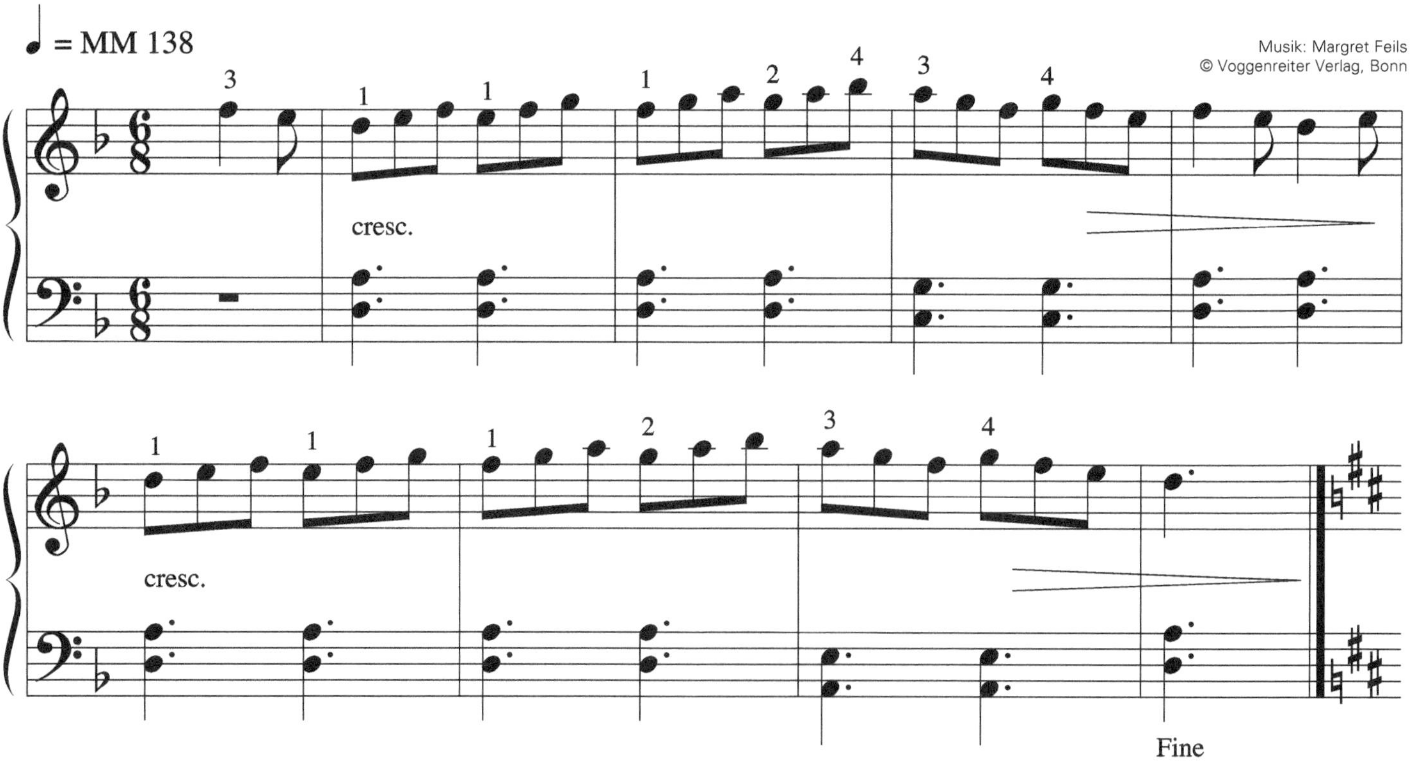

3 1 1 1 2 4 3 4

cresc.

1 1 1 2 3 4

cresc.

Fine

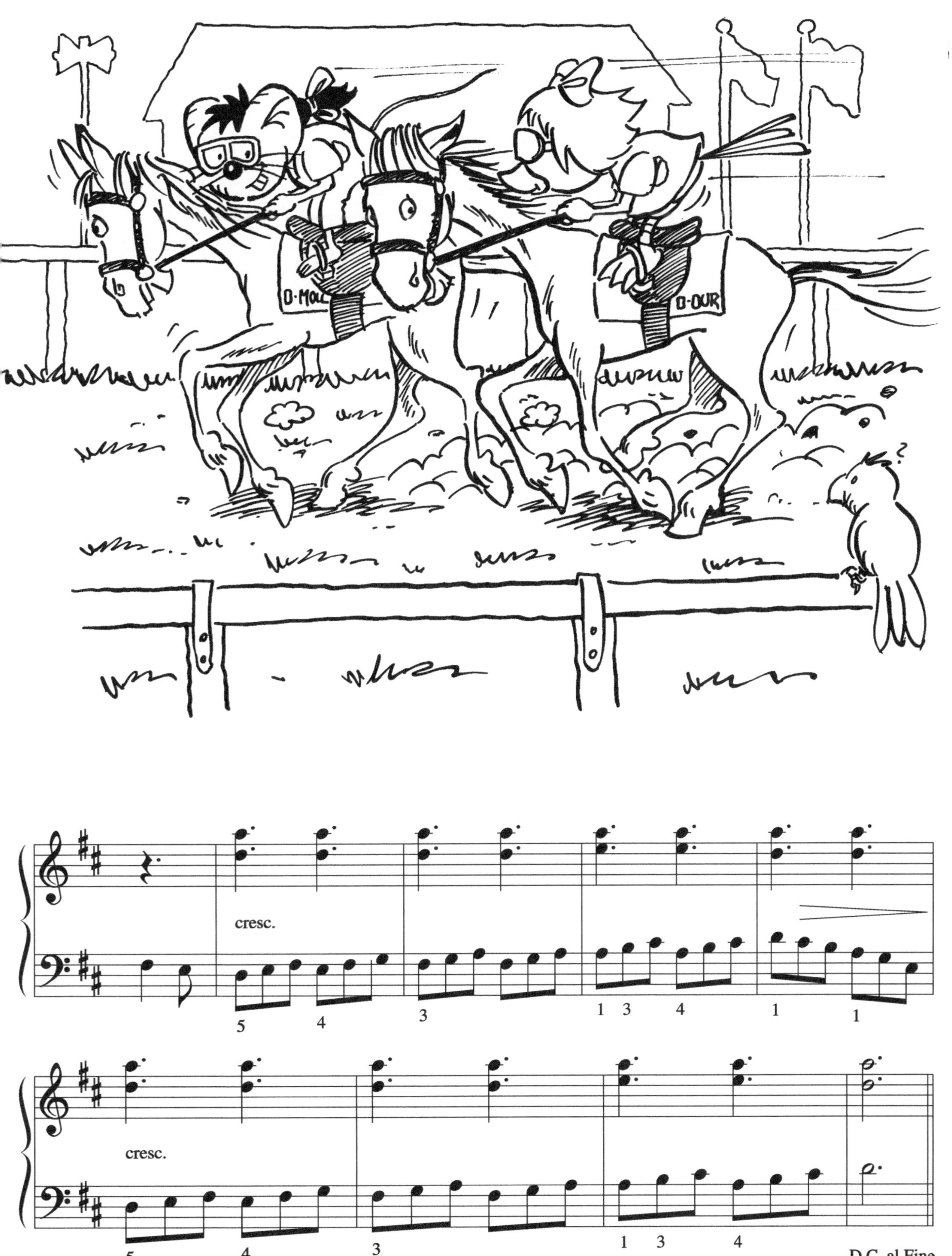
D-DUR
cresc.
5 4 3 1 3 4 1 1
cresc.
5 4 3 1 3 4
D.C. al Fine

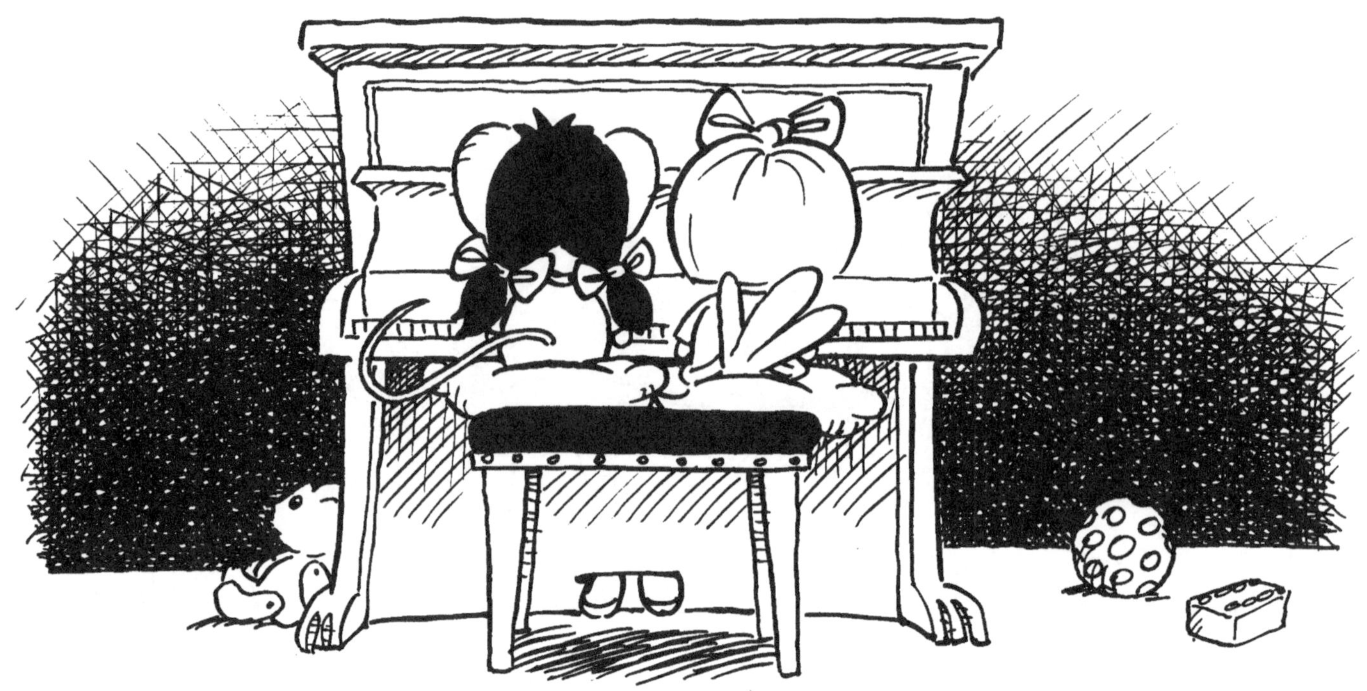

Etüde Nr. 1

In den beiden folgenden Etüden geht es darum, dass die linke und die rechte Hand lernen, gleichmäßig und schön die **D-Dur**-Tonleiter und die dazu passende **H-Moll**-Tonleiter zu spielen. Etüden sind nämlich Stücke, die speziell zum Üben einer bestimmten Technik geschrieben werden.

„Nr. 1“ steht in **D-Dur**, „Nr. 2“ in **H-Moll**. Es klingt schön, wenn man die Stücke nacheinander und zum Schluss wieder „Nr. 1“ spielt.

Hier ist Platz, um die Hauptdreiklänge von **H-Moll** aufzuschreiben. Dazu werden die Töne von Harmonisch-Moll benötigt.

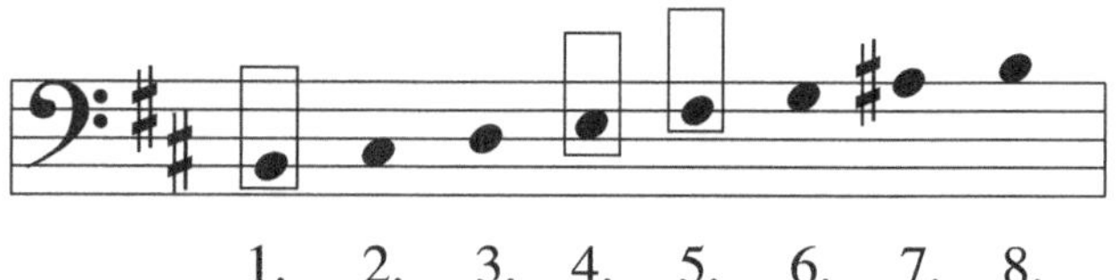

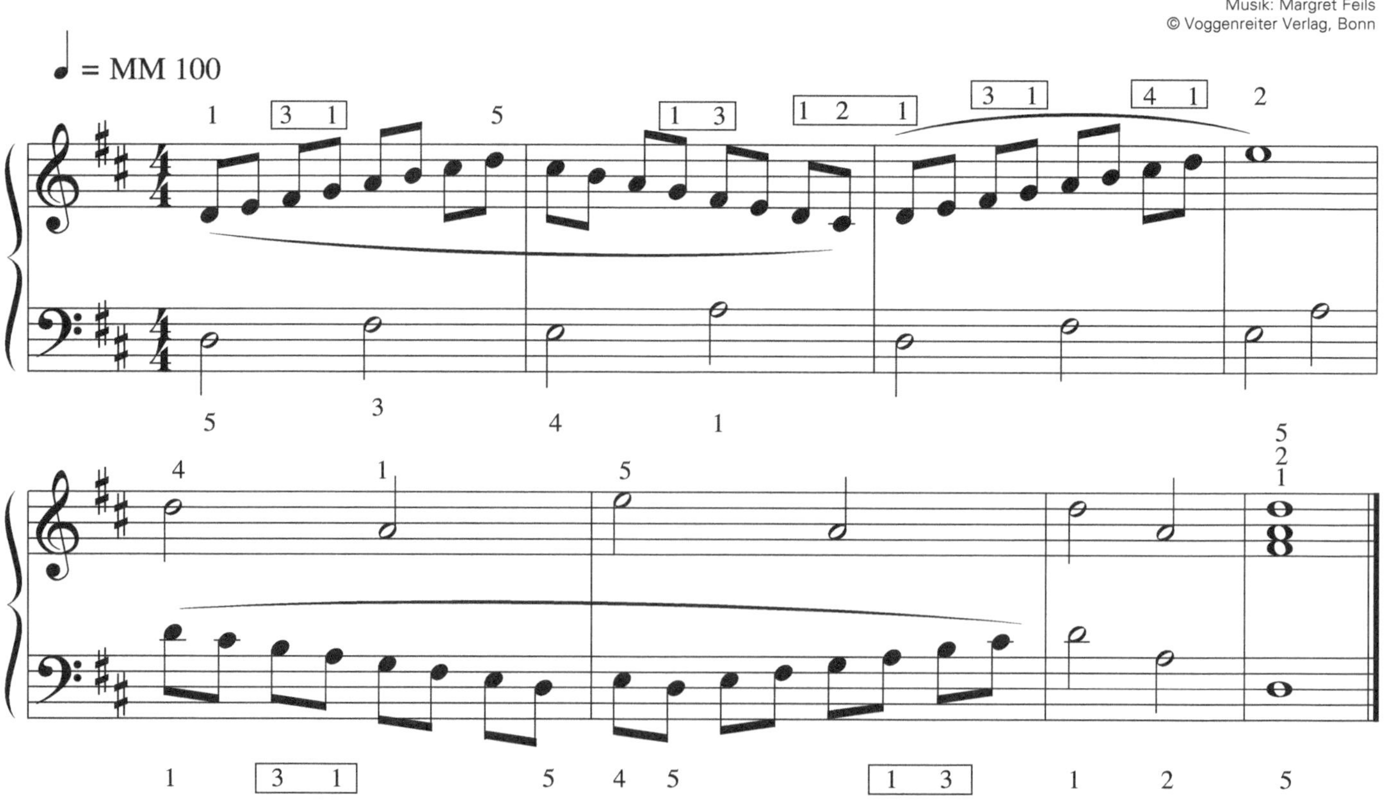

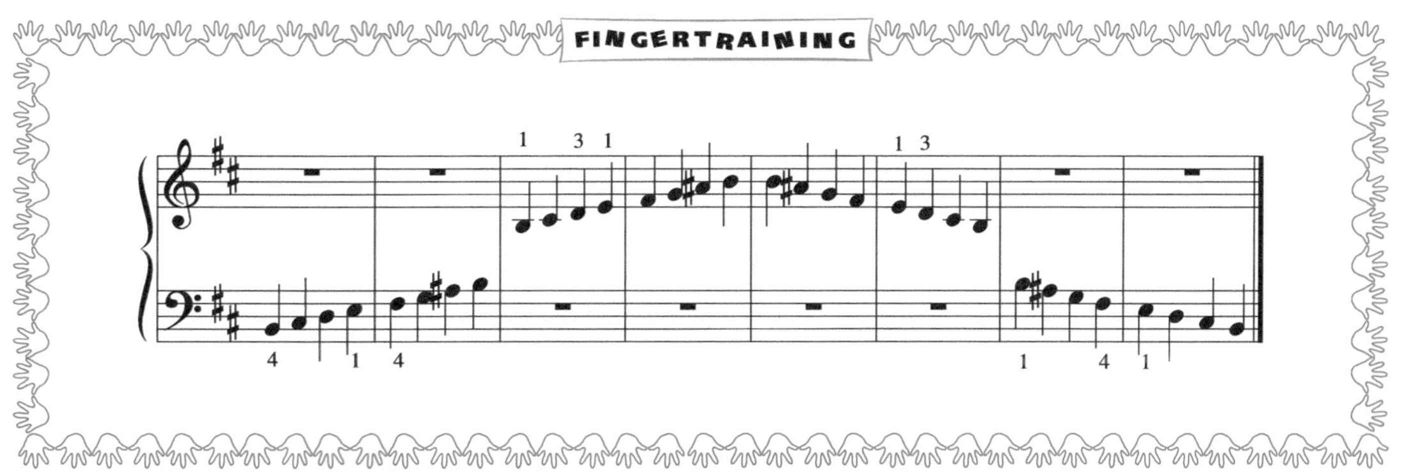

Etüde Nr. 2

Musik: Margret Feils

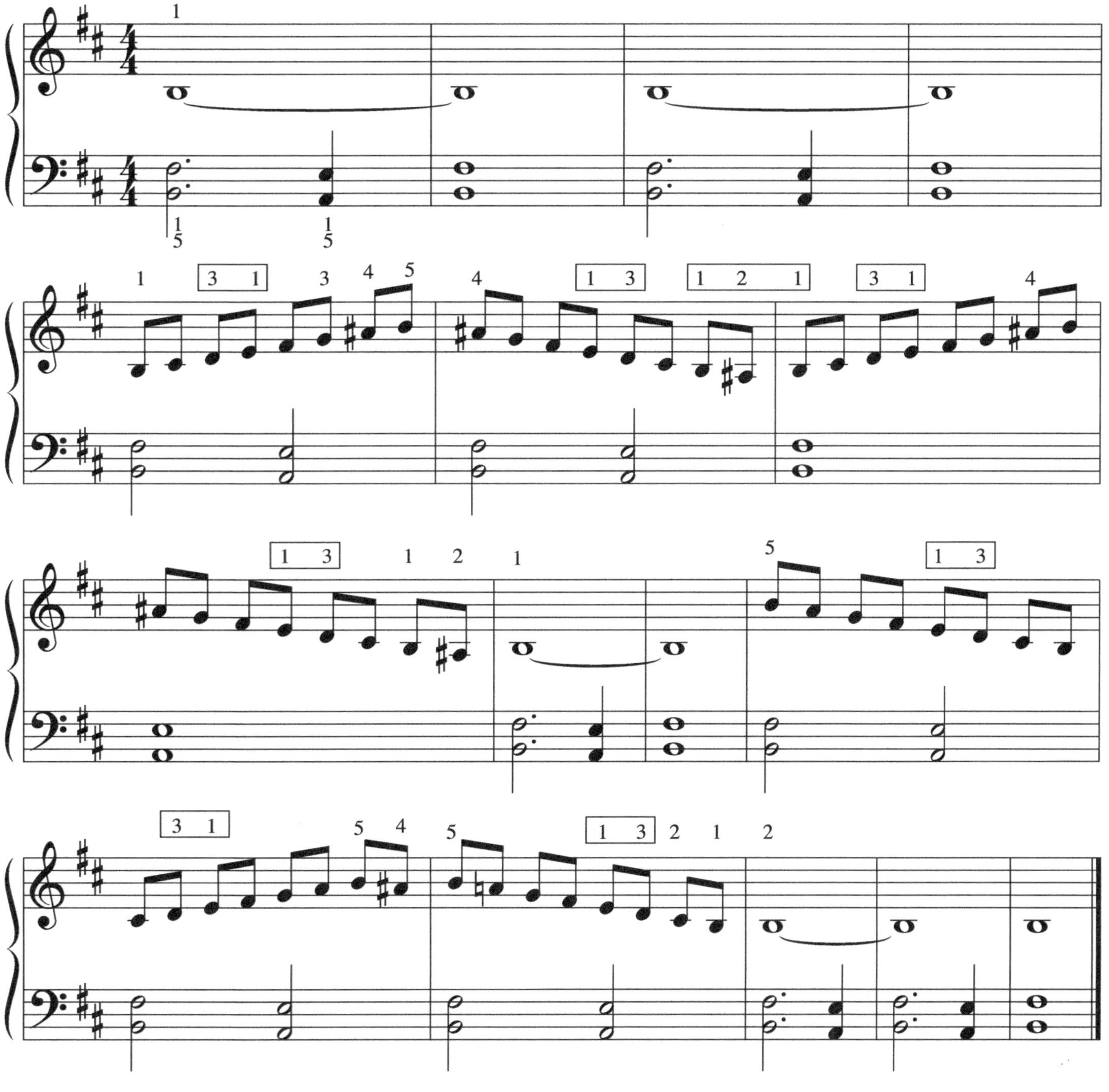

The Gay Gordons

Warst du jemals in Schottland? Lilli und Resa waren einmal dort in Ferien und haben ein schottisches Lied kennengelernt. Lilli übernimmt die Rolle des Dudelsacks, der immer in Quinten zu der Melodie erklingt. Als Besonderheit wird die Quint aber immer zusätzlich von einer kleinen Verzierung eingeleitet. Die kleine durchgestrichene Note wird also vor der Quint sehr kurz angeschlagen, fast wie gleichzeitig. Sie wird nicht extra gezählt und heißt „kurzer Vorschlag".

FINGERTRAINING

Lilli übt ihre Vorschlagsnoten: Zuerst spielt sie ganz gemütlich das Fis vor der Quint, dann wird das Fis immer schneller. Schließlich spielt sie das Fis gleichzeitig mit der Quint und lässt es dann erst los. Resa will das auch mal probieren.

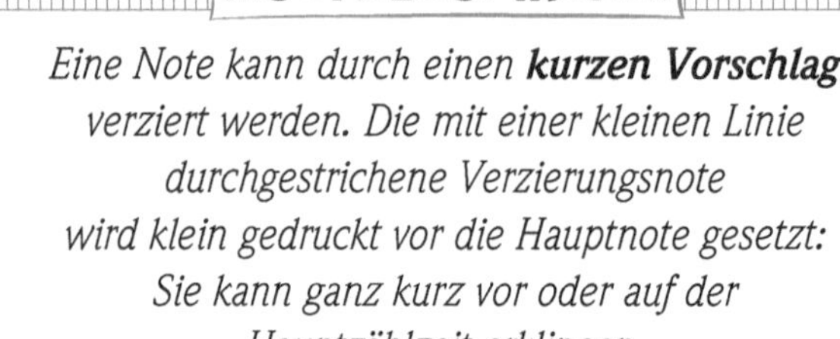

Allegro

Traditional

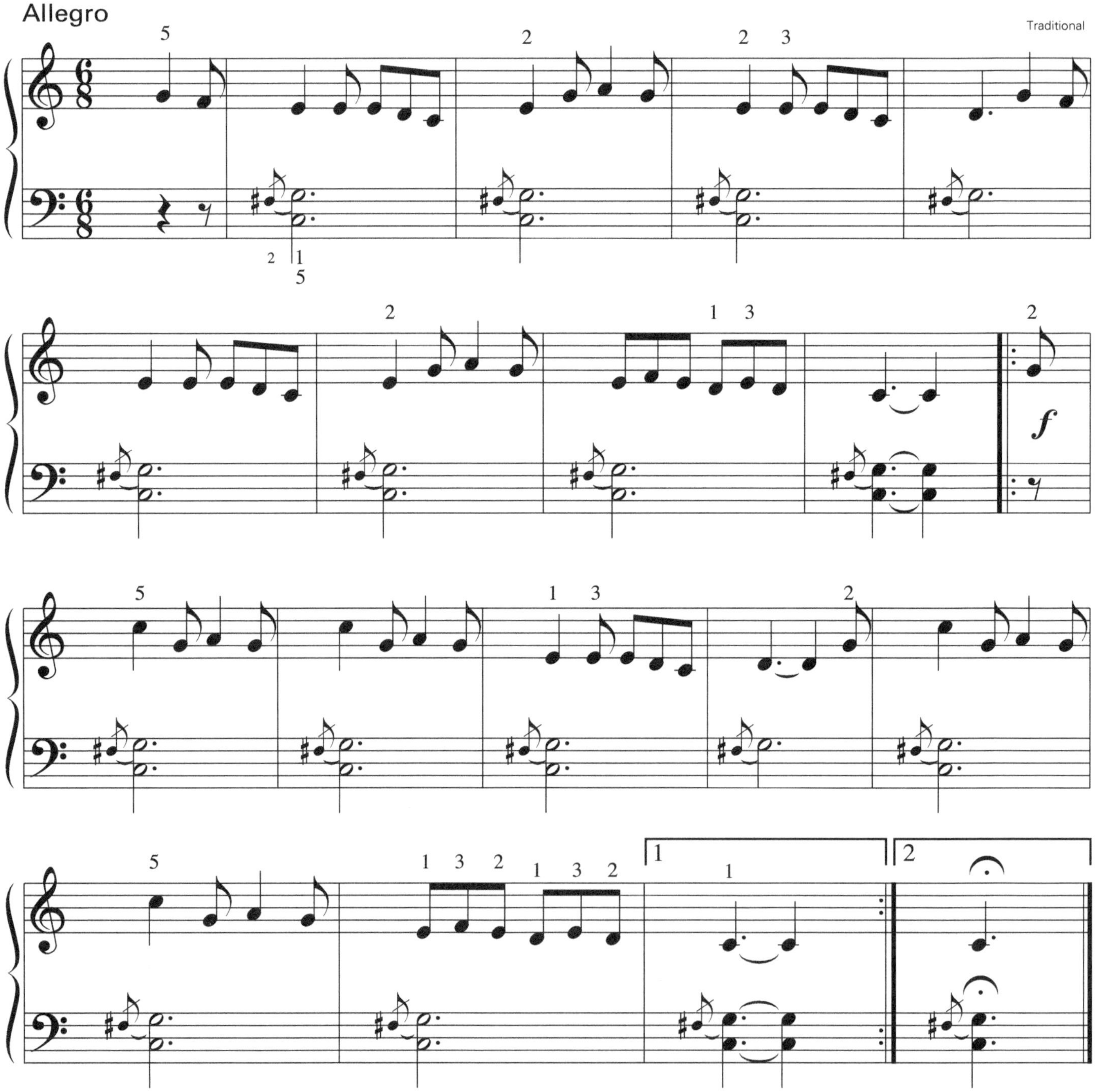

Begriffe ergänzen

Hier sind wichtige Wortteile verloren gegangen. Kannst du sie einfügen?

T R I _ _ _	… teilt drei Achtelnoten auf den Wert einer Viertelnote auf. (tri = drei). Man erkennt Sie an der „schrägen 3“ über oder unter den Noten. (S. 50)
_ _ _ - D R E I K L A N G	… wird aus einer großen Terz und darauf aufbauend einer kleinen Terz gebildet. (S. 51)
_ _ _ _ - D R E I K L A N G	… wird aus einer kleinen Terz und darauf aufbauend einer großen Terz gebildet. (S. 51)
_ _ _ _ _ D R E I K L Ä N G E	… sind die Dreiklänge, welche auf der I., IV. und V. Stufe stehen. Sie heißen so, weil sie so wichtig sind. (S. 54, 55)
_ _ _ _ _ A N D O	… zeigt an, dass eine Tonreihe sehr schnell hintereinander gespielt werden soll. (S. 57)
_ _ _ _ _ D R E I K L Ä N G E	… sind die Dreiklänge, welche sich auf der II., III. und VI. Stufe bilden. (S. 58)
_ _ _ E G G I O	…zeigt an, dass die Töne eines Akkordes sehr schnell nacheinander angeschlagen werden sollen. (S. 60)
_ _ _ _ T O N L E I T E R	… startet von dem 6. Ton der Dur-Tonleiter. Von ihr gibt es jedoch drei Formen: natürlich, harmonisch und melodisch. (S. 62)
T E I L A , _ _ _ _ _	… meist lässt sich ein Musikstück in verschiedene Teile gliedern. Diese werden dann einfach mit großen Buchstaben gekennzeichnet. (S. 64)
_ _ _ _ _ E R A N D O	… zeigt an, dass man immer schneller werden soll. Es heißt übersetzt „beschleunigen“. (S. 66)
O K T A - V I _ _ _ _ _ Z E _ _ _ _ _	… steht *über* den Noten und zeigt an, dass die Töne eine Oktave höher gespielt werden sollen als notiert (8*va*) – … steht *unter* den Noten und zeigt an, dass die Töne eine Oktave tiefer gespielt werden sollen als notiert (8*vb*). (S. 67)
_ _ _ _ _ D A N D O , R I T	… zeigt an, dass man immer langsamer werden soll. Es heißt übersetzt „verzögern“. (S. 69)

Die B-Dur-Tonleiter wird entdeckt

Die Tonleiter, die 2 Töne erniedrigt, heißt **B-Dur**. Hier wird jedes **H** zu **B** und jedes **E** zu **Es** erniedrigt.

Weil die **B-Dur**-Tonleiter mit einer schwarzen Taste beginnt, ist der Fingersatz für beide Hände besonders zu beachten:

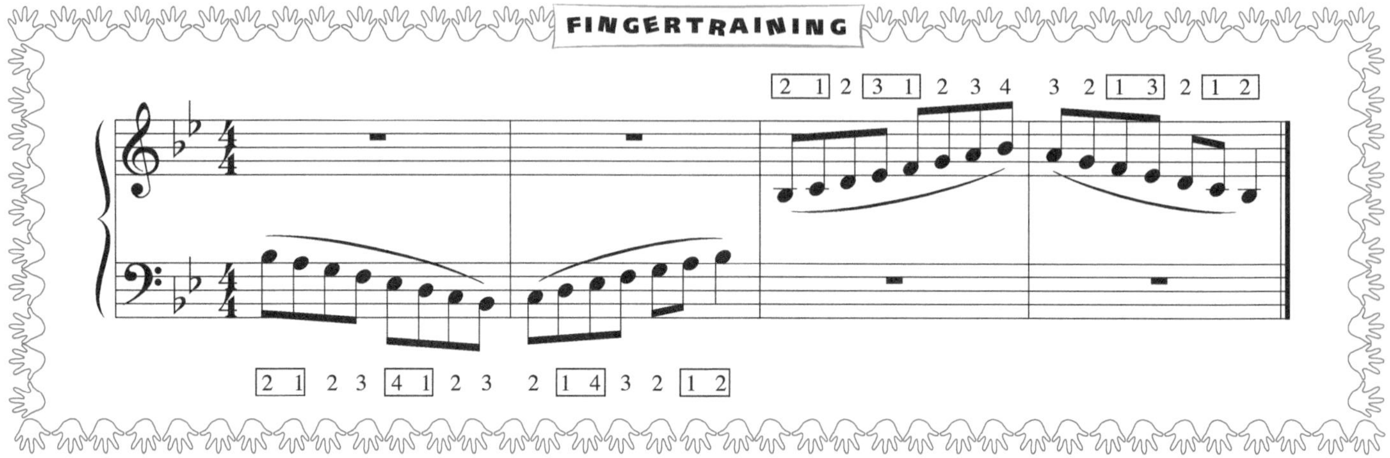

Hier ist Platz, um die Hauptdreiklänge von **B-Dur** aufzuschreiben:

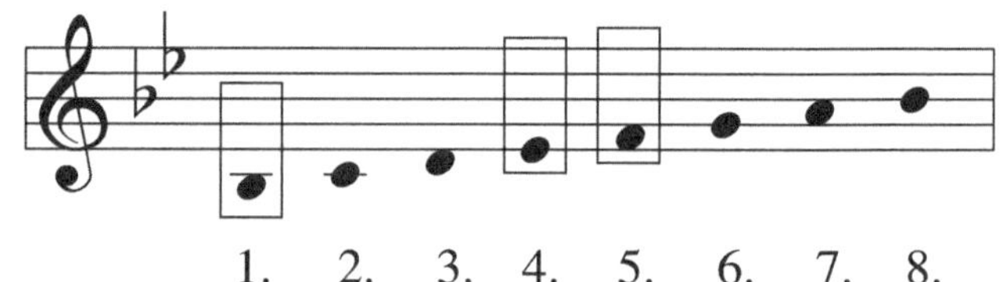

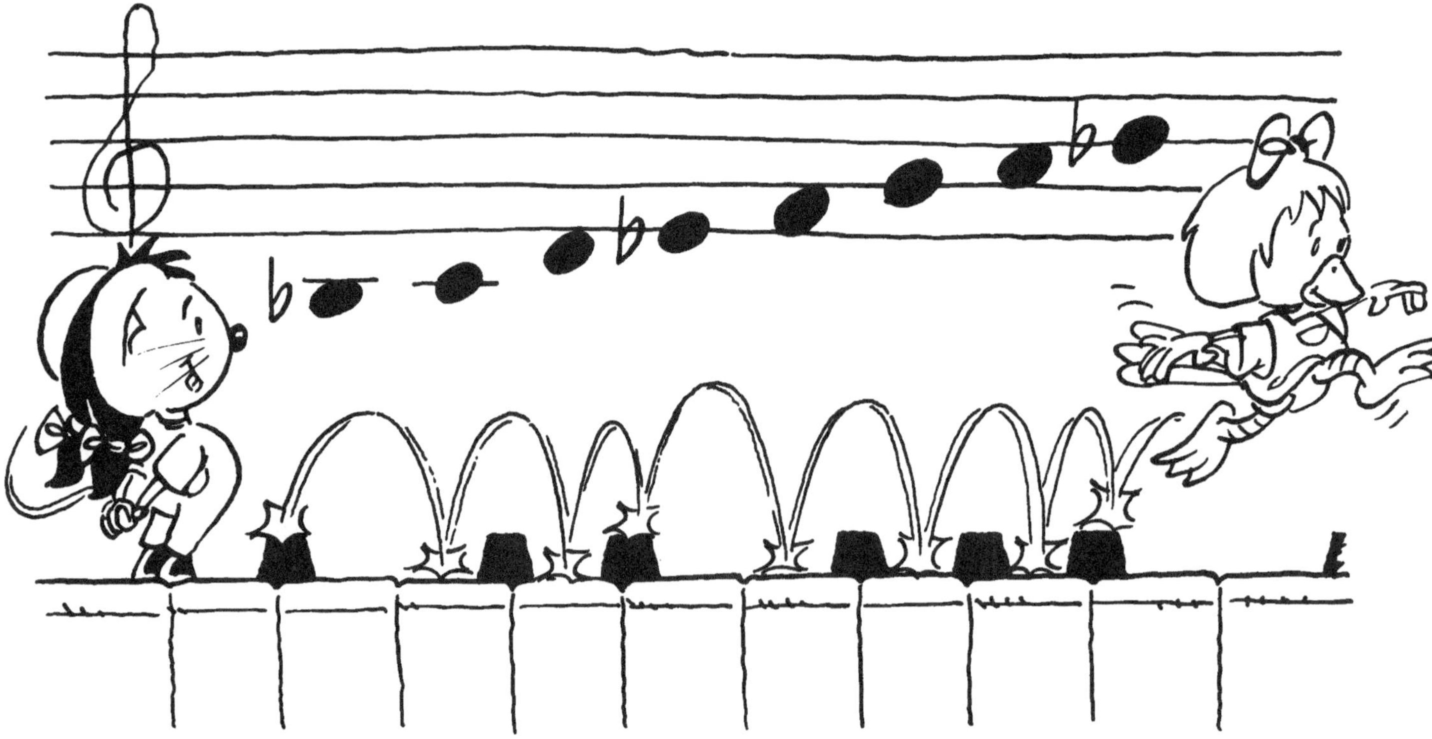

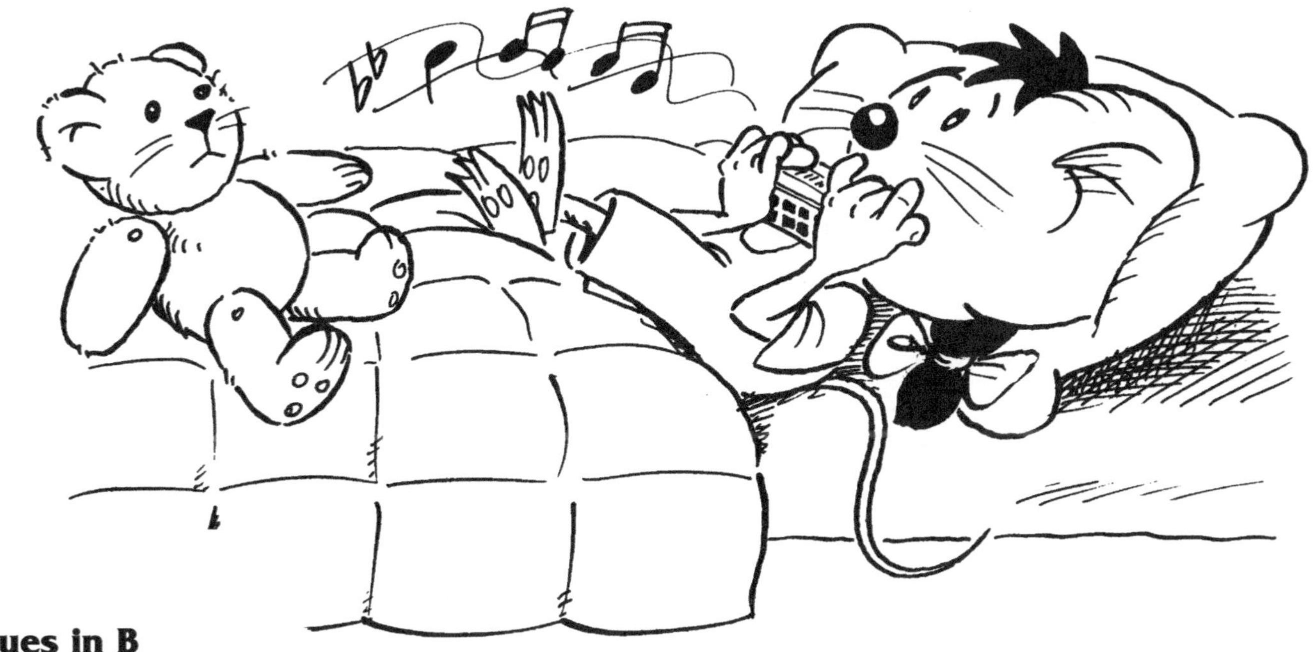

Blues in B

Wie der Titel schon verrät, geht es nun in die neue Tonart **B-Dur**.

Also aufgepasst: Jedes **H** wird zu **B** und jedes **E** wird zu **Es** erniedrigt. Die linke Hand begleitet die rechte mit einem typischen Begleitmuster: Die Hauptdreiklänge werden nicht vollständig gespielt; es wird immer auf die Terz verzichtet, die Quint wechselt sich mit der Sext ab.

Auch die Reihenfolge der Hauptdreiklänge ist ganz entscheidend: Male die Takte, in denen die *Tonika* erklingt, blau an; die Takte mit der *Sub-Dominante* werden gelb, und die *Dominante* wird rot.

Welche Stufe kommt am häufigsten vor, welche am seltesten? Damit das Ganze nicht zu kompliziert wird, verlässt die Rechte nicht ihre Lage.

Langsam, etwas träge

Musik: Margret Feils

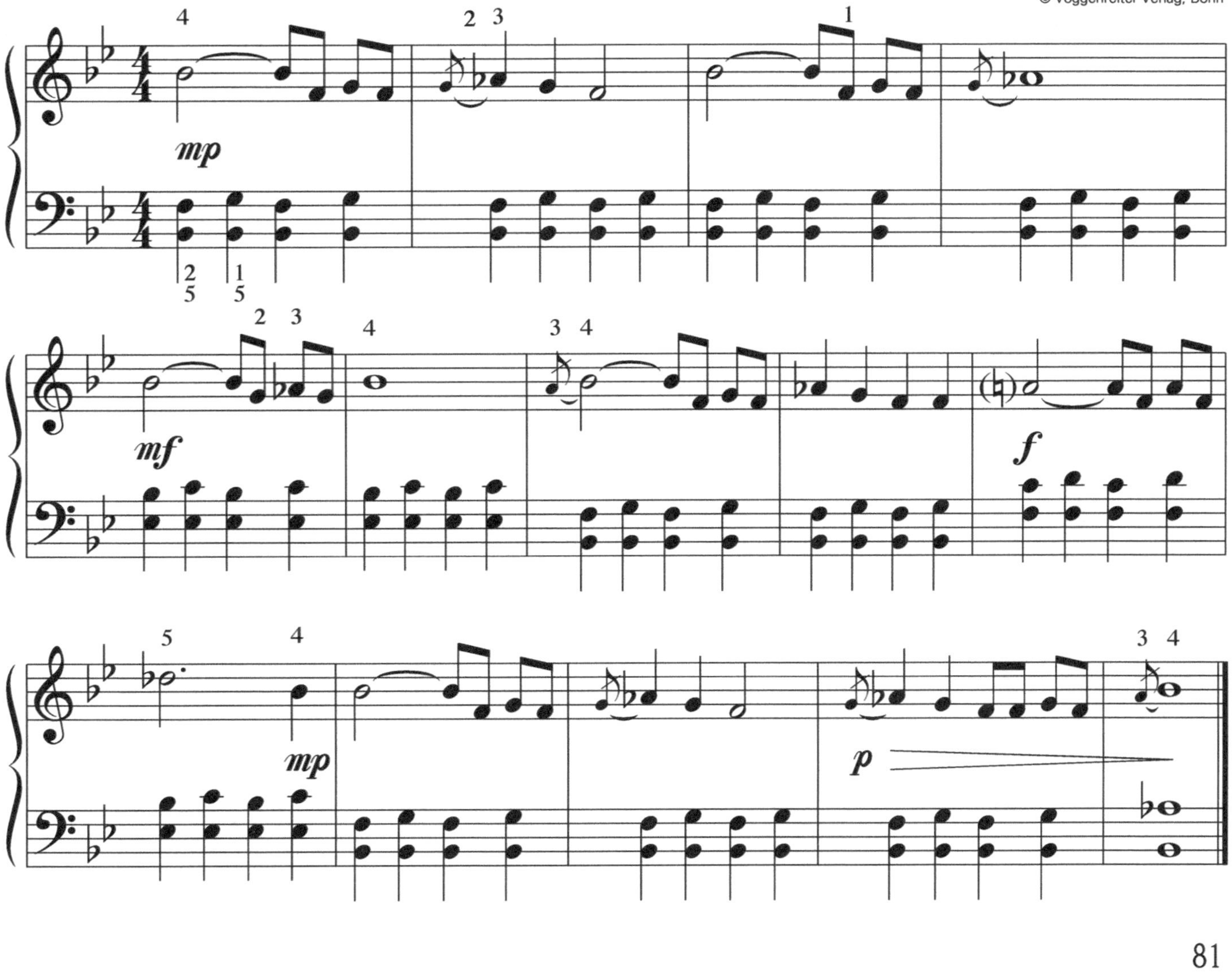

Sid ist aus Amerika

Noch ein Stück mit zwei „Be's" als Vorzeichen. Die kluge Lilli hat herausgefunden, dass es diesmal nicht **B-Dur** ist, mit dem die beiden es zu tun haben, sondern die Schwester-Tonleiter **G-Moll**.

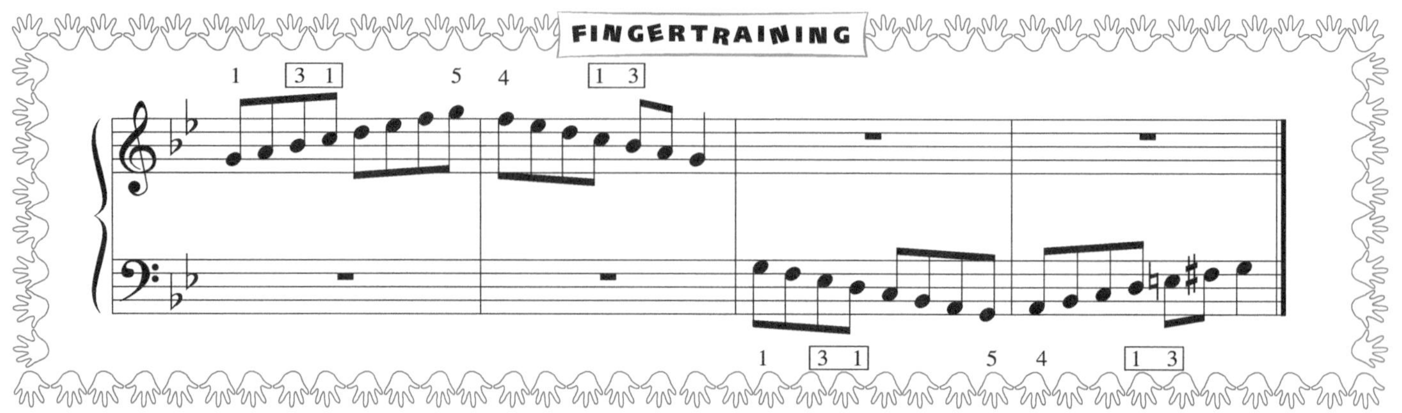

Hier ist Platz, um die Hauptdreiklänge von **G-Moll** aufzuschreiben. Dazu wird wieder Harmonisch-Moll benötigt:

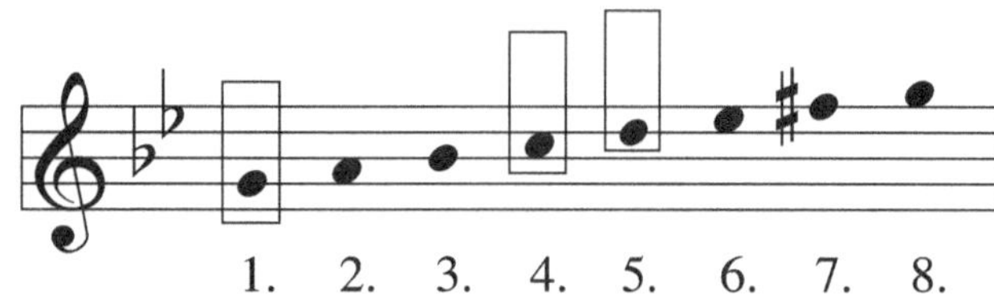

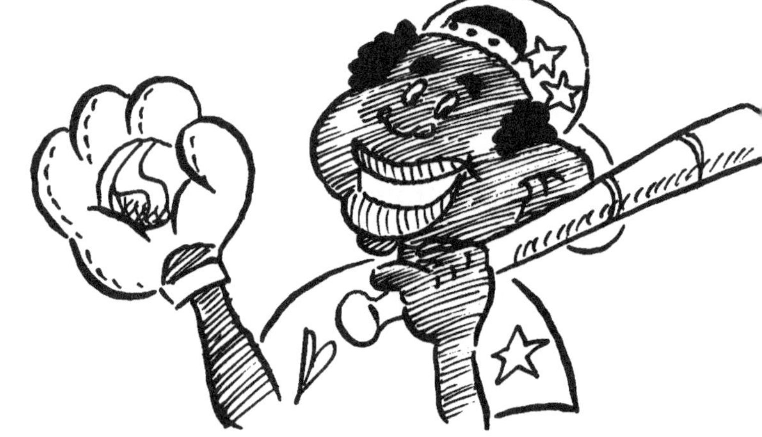

Lilli spielt ein einfaches Ostinato, zu dem Resa mit 6 Tönen ihre Melodie hervorzaubert.

Text und Musik: Margret Feils

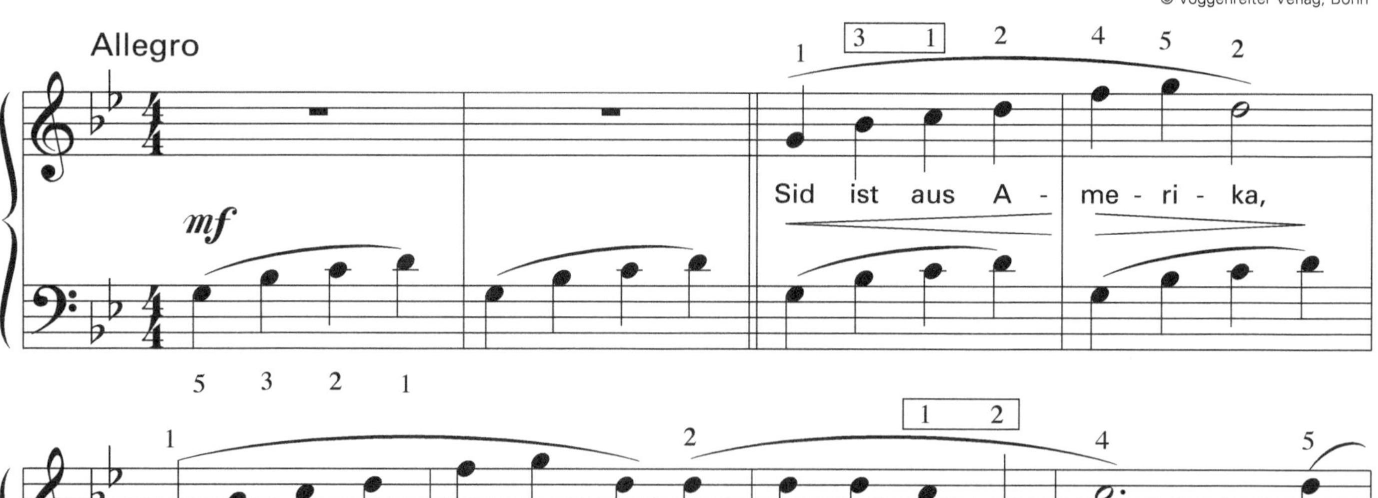

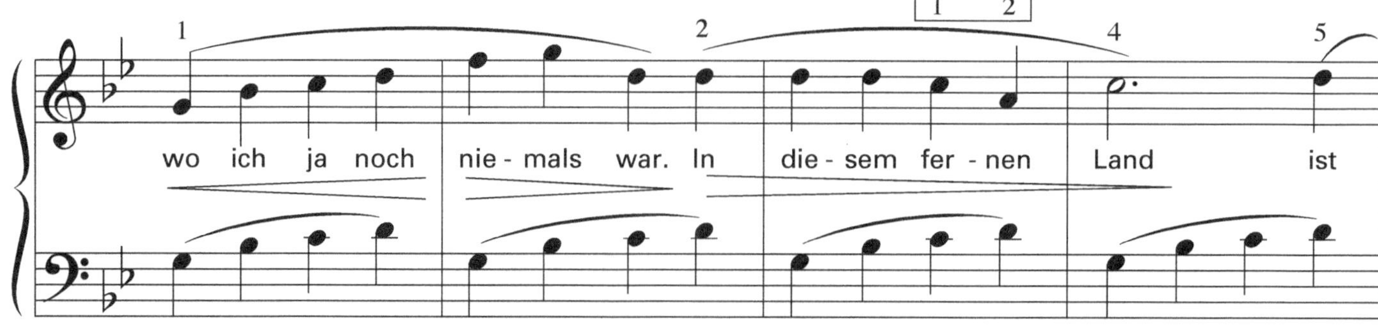

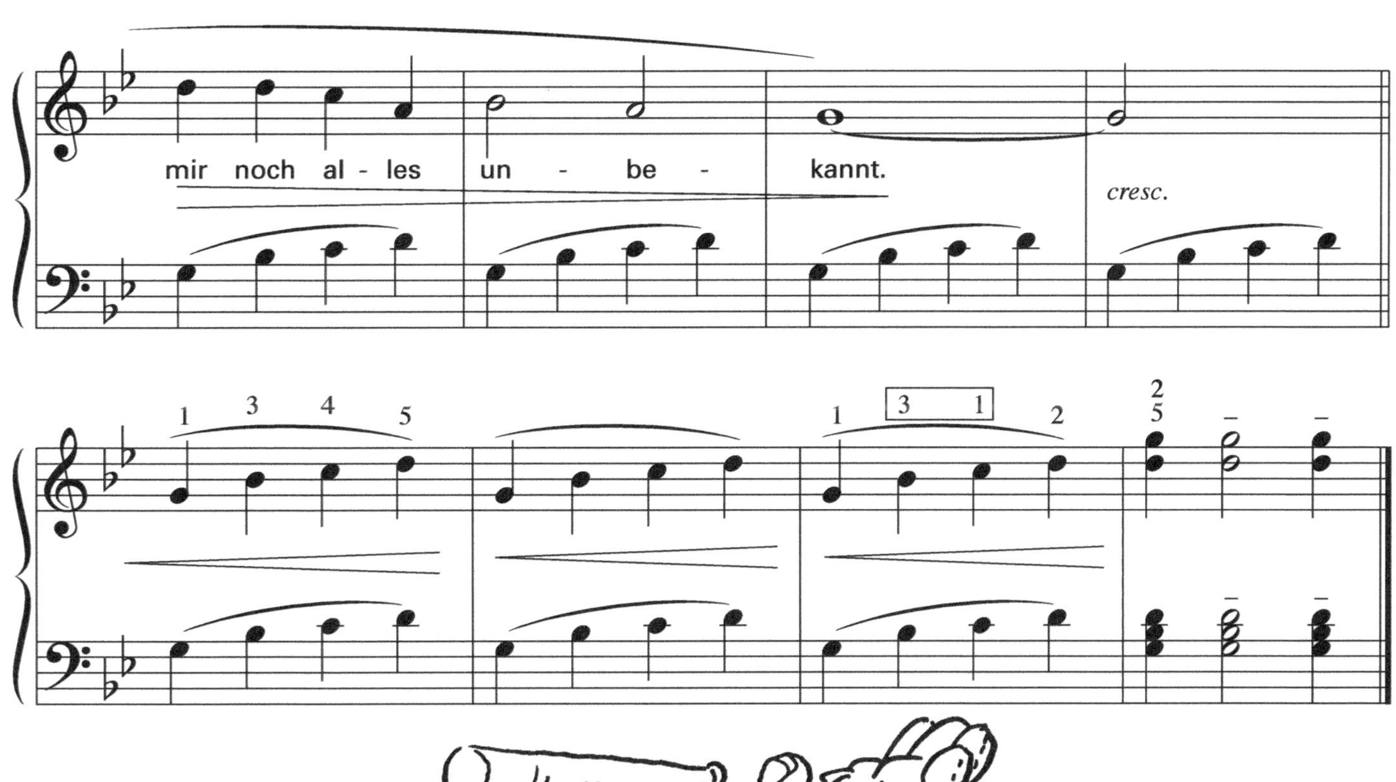

Lilli spielt ihr Ostinato und Resa versucht, mit den fünf angegebenen Tönen eigene Experimente zu machen.

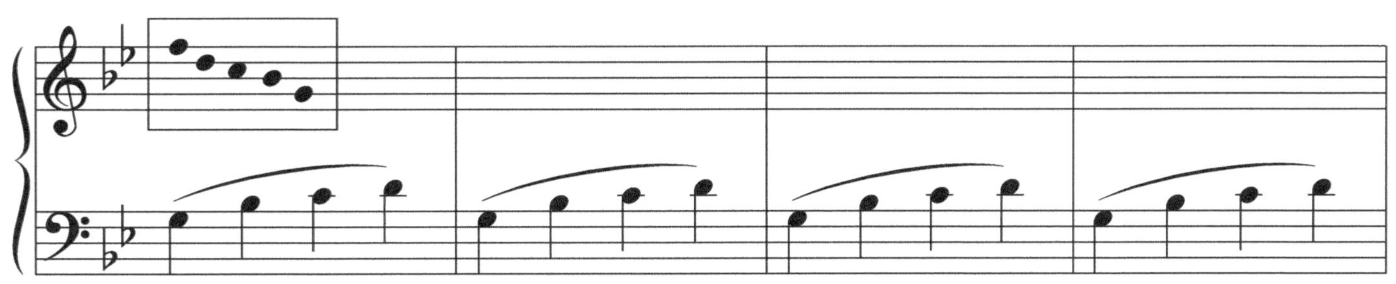

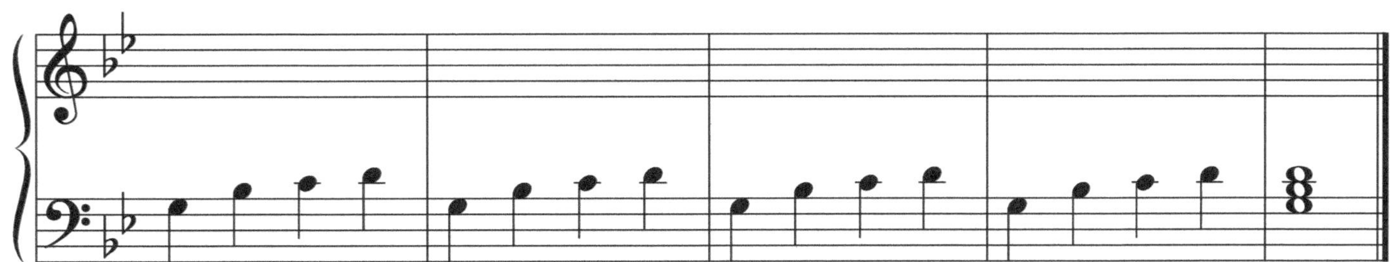

Hier schreiben die beiden die drei Formen von **G-Moll** auf:

Natürlich-Moll **Harmonisch-Moll** **Melodisch-Moll**

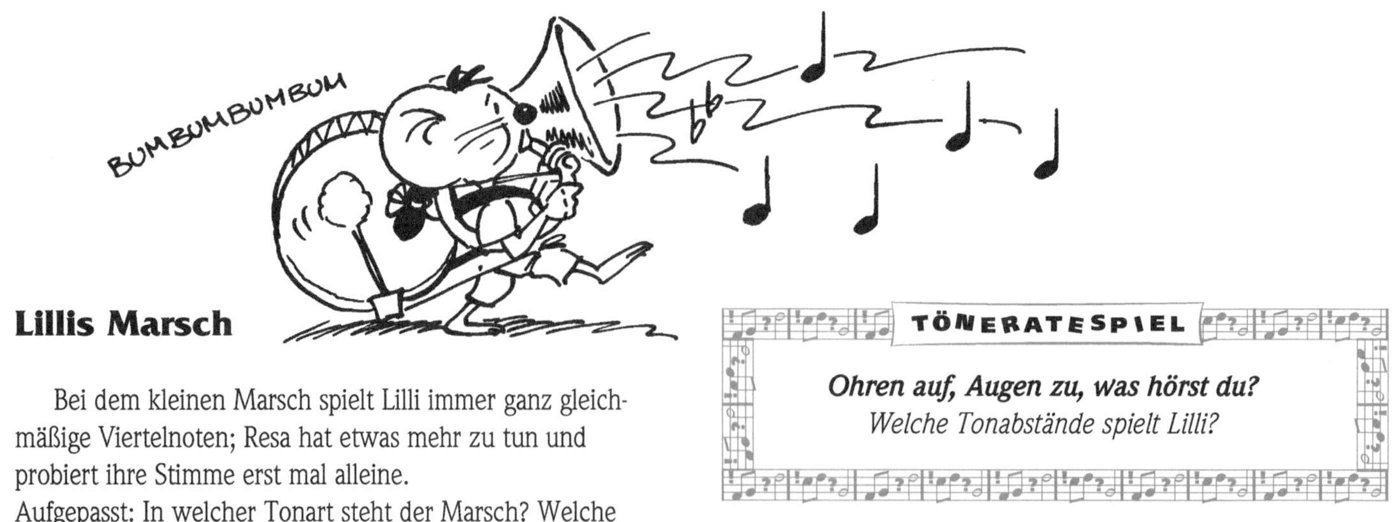

Lillis Marsch

Bei dem kleinen Marsch spielt Lilli immer ganz gleichmäßige Viertelnoten; Resa hat etwas mehr zu tun und probiert ihre Stimme erst mal alleine.
Aufgepasst: In welcher Tonart steht der Marsch? Welche Töne werden erniedrigt?

TÖNERATESPIEL

Ohren auf, Augen zu, was hörst du?
Welche Tonabstände spielt Lilli?

Musik: Margret Feils

Temperamentvoll

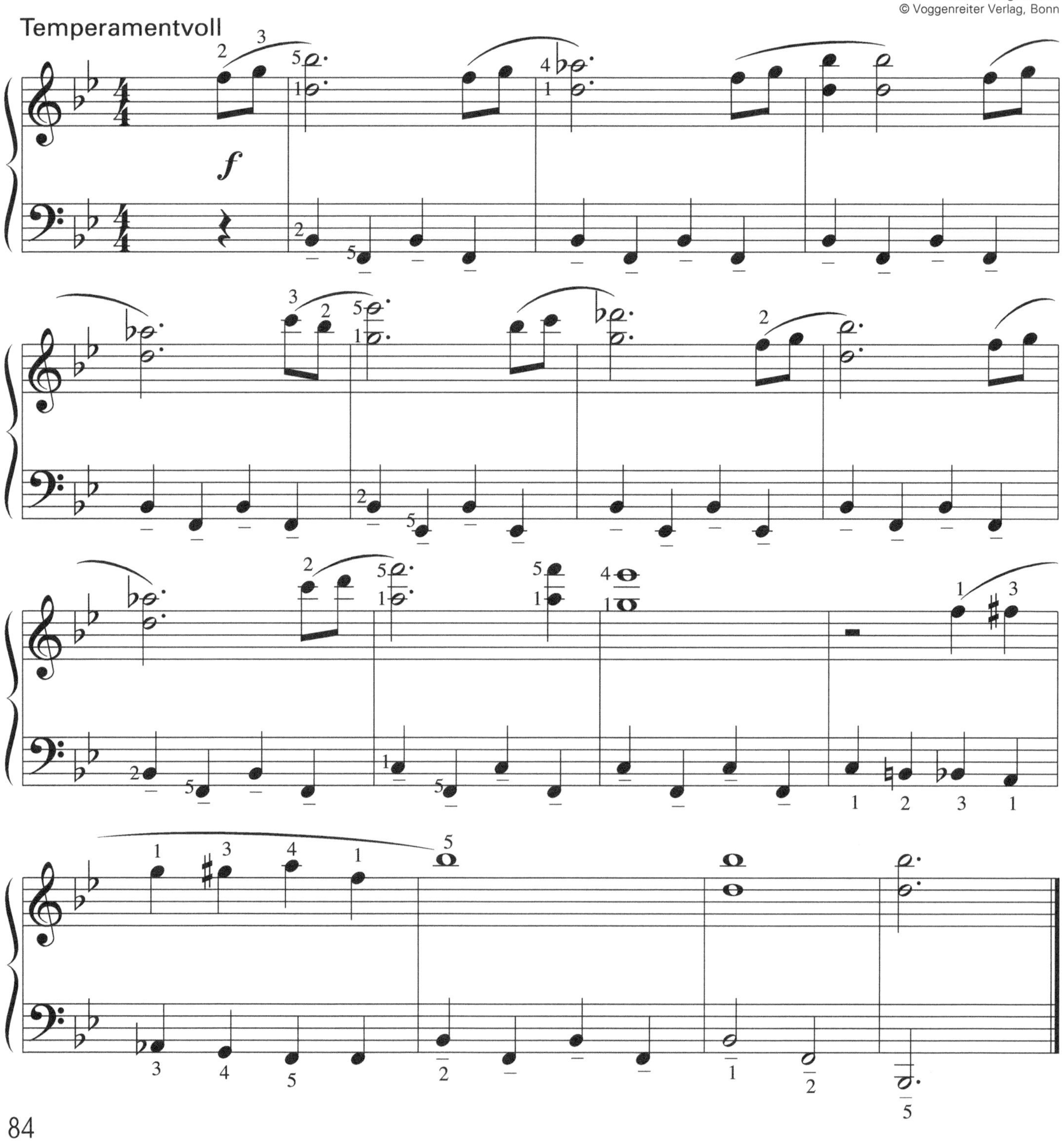

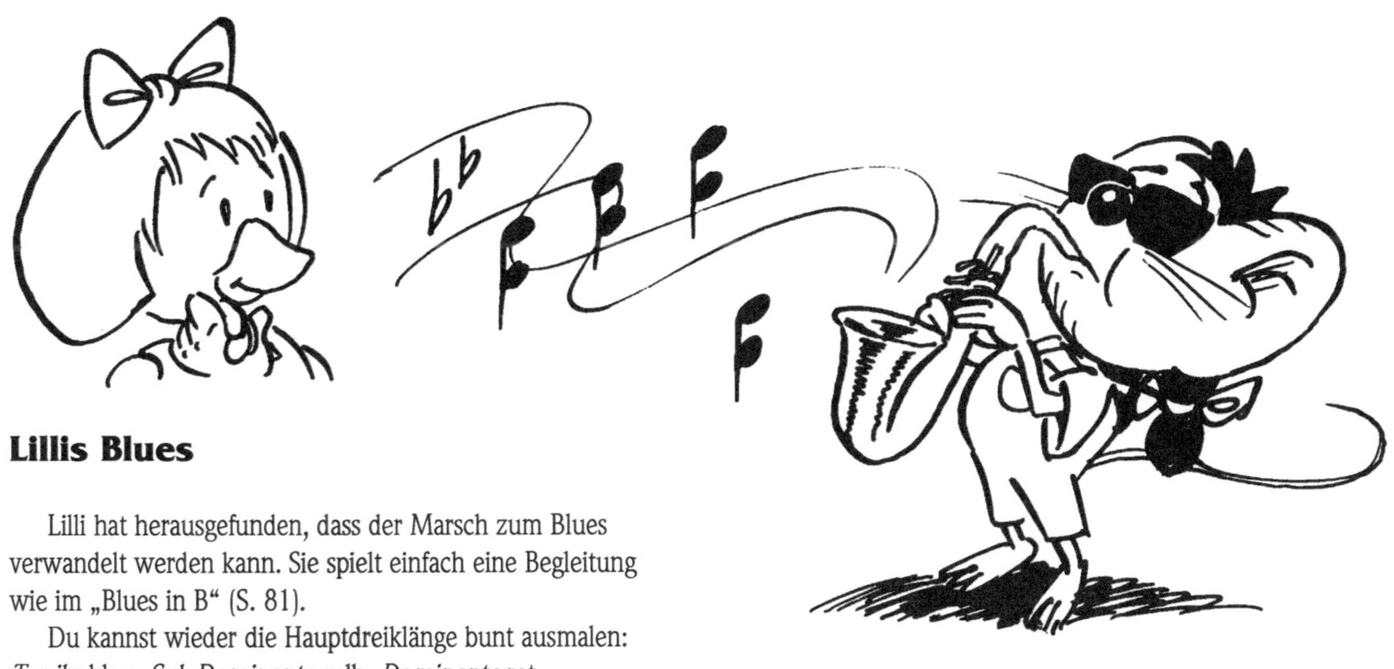

Lillis Blues

Lilli hat herausgefunden, dass der Marsch zum Blues verwandelt werden kann. Sie spielt einfach eine Begleitung wie im „Blues in B“ (S. 81).

Du kannst wieder die Hauptdreiklänge bunt ausmalen: *Tonika* blau, *Sub-Dominante* gelb, *Dominante* rot.
Resa fehlen noch einige Noten, kannst du ihr helfen und sie vom Marsch abschreiben? Oder etwas Neues erfinden?

Musik: Margret Feils

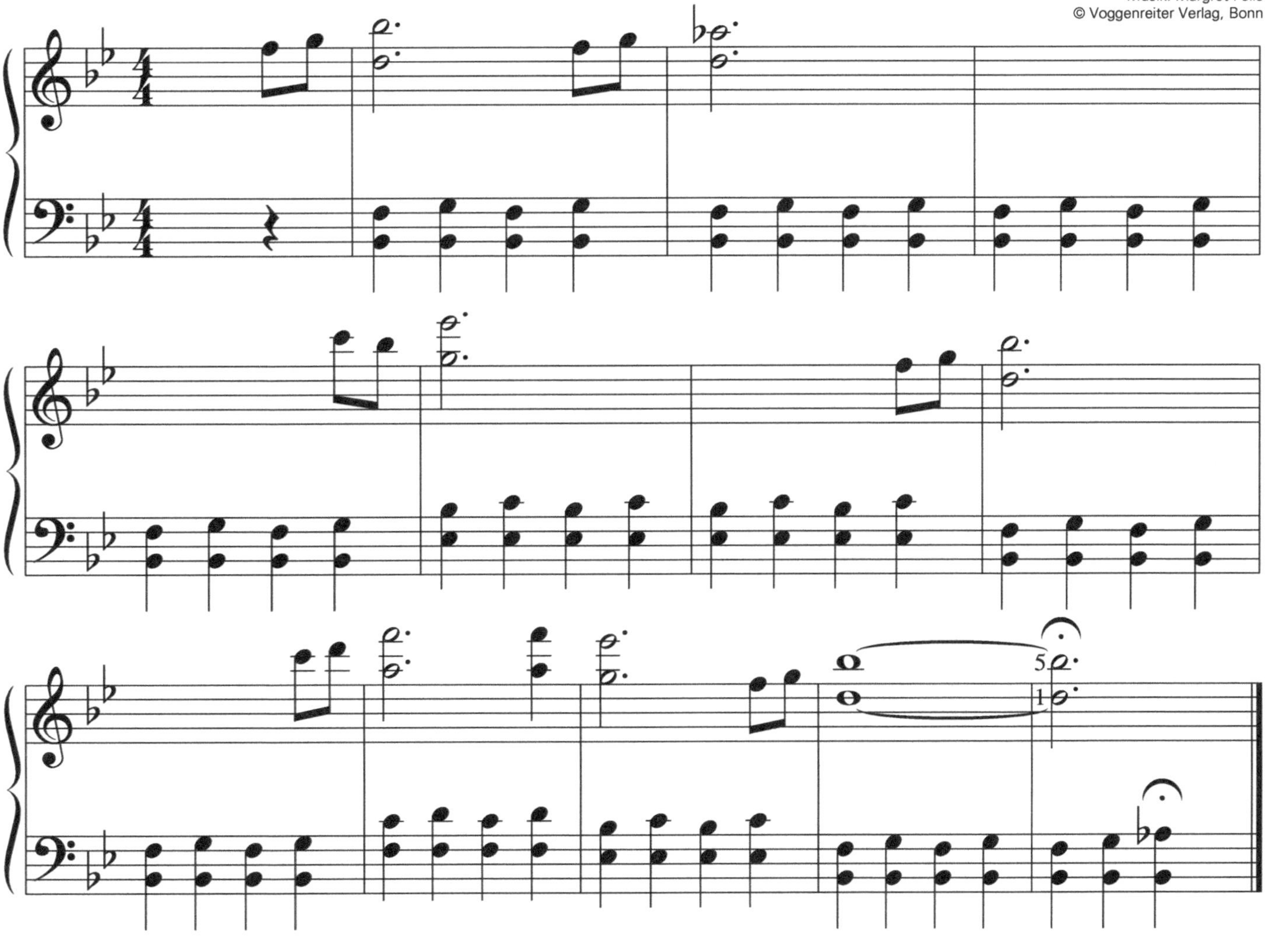

Gavotte

Jetzt spielen die beiden noch einmal ein Musikstück in **C-Dur**. In Teil A verlässt Resa ihre Lage nicht, Lilli macht an einer Stelle eine Wanderung über die Oktave. Findest du den Takt?

In Teil B wechseln beide Hände in eine neue Lage und spielen parallel: Wenn Lilli einen Tonschritt nach oben geht, macht Resa das auch, aber sie spielt alles um zwei Oktaven plus eine Terz höher.

Am Schluss spielen sie wieder den Teil A. Halt, da gibt es noch eine schöne Kleinigkeit, die neu ist:

MUSIKERSPRACHE

*Wenn ein Ton mit seiner oberen Nebennote verziert werden soll, wird das Zeichen ⁓ gesetzt, es heißt **Praller**. Die Hauptnote und die verzierende obere Nebennote werden schnell auf die Zählzeit angeschlagen und zur Hauptnote geführt.*

Das Zeichen ⁓ zeigt an, dass der Ton der unter ihm steht, verziert wird. Man spielt die Note, dann folgt schnell ihr oberer Nachbar und schließlich wird die Hauptnote wieder gespielt. Das Ganze heißt dann *„Praller"*.

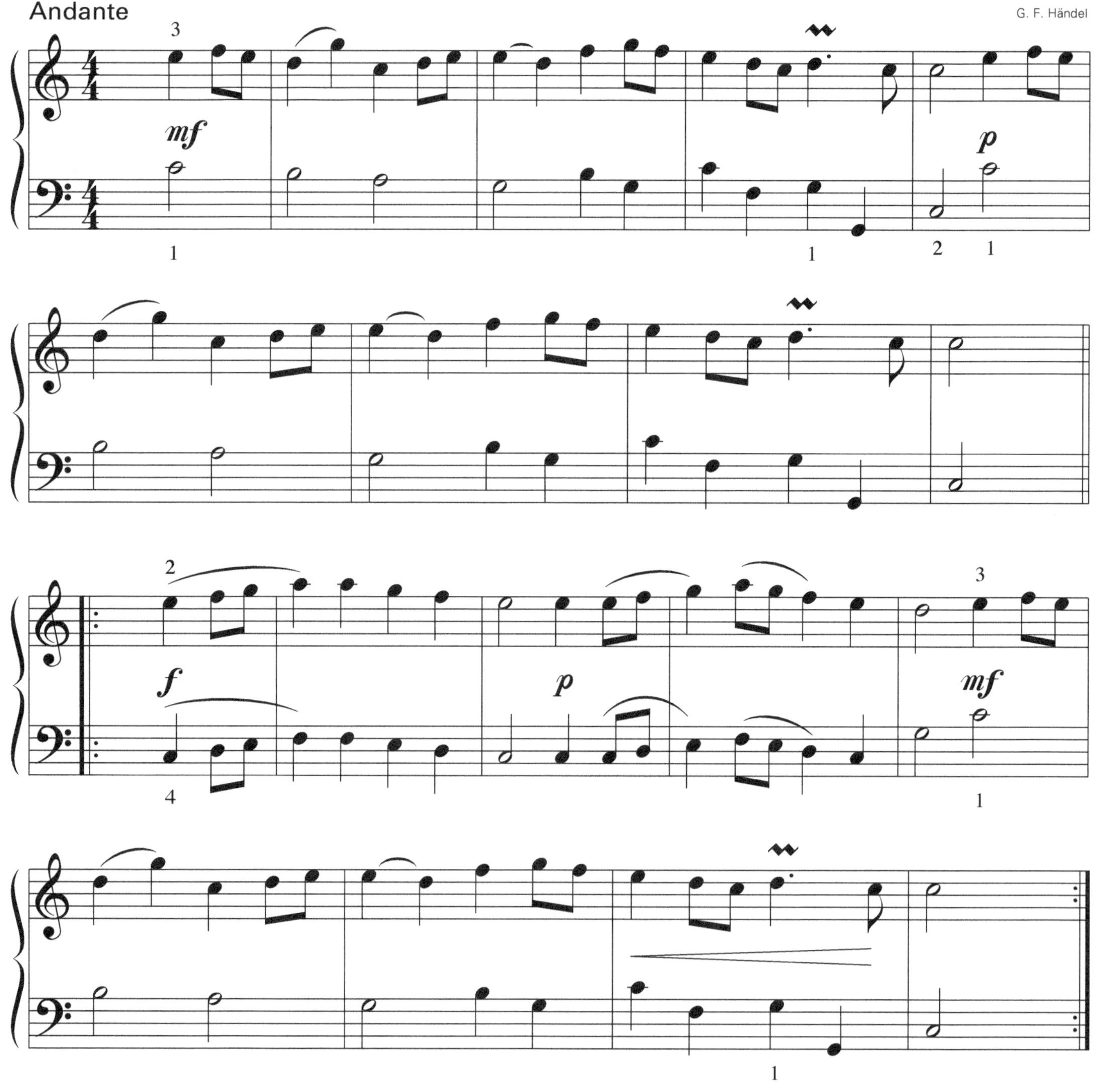

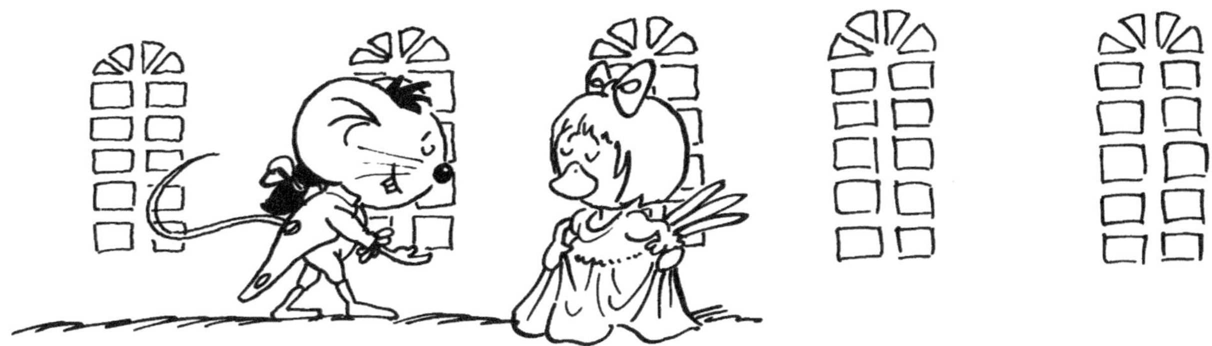

Menuett

In welcher Tonart steht dieses Menuett von Leopold Mozart?

Lilli begleitet die Rechte häufig mit Terzen, aber ihre weite Wanderung über die Oktav kommt auch wieder vor. In Teil B spielt sie sogar Oktaven; ob das deine linke Hand schon schafft?

Resa spielt zunächst einmal ihre Stimme alleine und achtet genau auf den Fingersatz, schließlich geht sie ja schon weite Wege …

FINGERTRAINING

Hier übt Lilli Oktaven zu greifen, dabei passt sie gut auf, dass ihr Handgelenk immer locker mit nach unten geht und sich dort ausruht. Wenn eine neue Oktav angeschlagen wird, hebt sie das Handgelenk wieder mit an. Es darf auf keinen Fall irgend etwas weh tun! Resa übt das auch.

TÖNERATESPIEL

In dem Menuett haben sich einige Dreiklänge versteckt, manchmal fehlt ihnen aber ein Ton. Findest du heraus, welche Dreiklänge das sind?

Andantino grazioso

Leopold Mozart

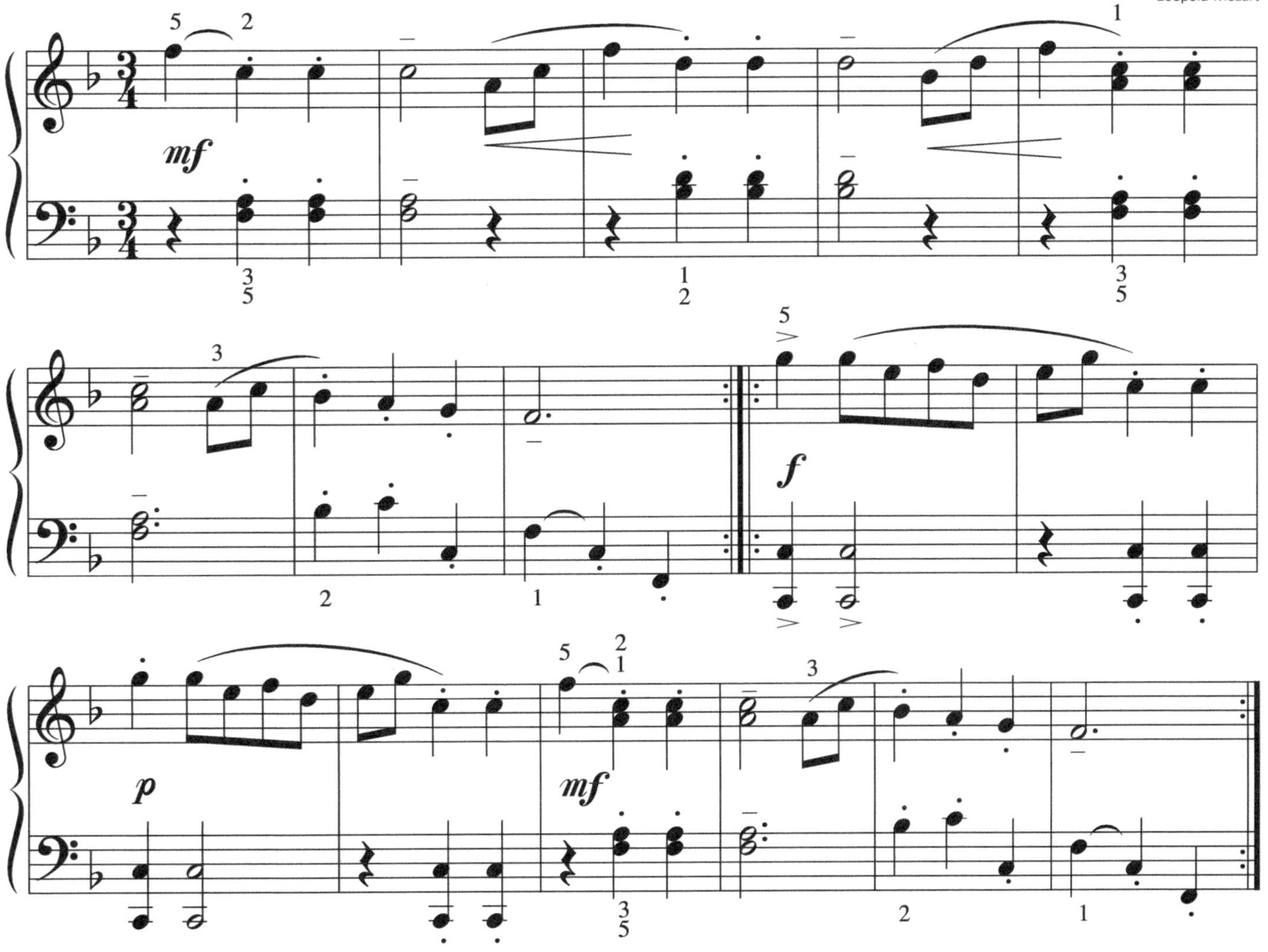

Rock-A-Bye

Dies ist nun der letzte Titel in diesem Buch. Grund genug, sich ein wenig auszuruhen und zu freuen: Ein großes Stück des Weges zum Klavierspiel ist bereits geschafft!

Jetzt kann die linke Hand über eine ganz einfache Linie von Tönen die rechte begleiten, es kommen fast keine Sprünge für sie vor. Die rechte Hand spielt ganz alleine zwei Stimmen. Sie hält die obere Note über den ganzen Takt hinweg an, während gleichzeitig darunter eine Melodie gespielt wird. Dann wird es auch für sie recht einfach, so dass eine Erholung am Klavier jetzt nicht mehr ausgeschlossen werden kann!

Wichtig ist, dass die überbundenen Noten nicht mehr angeschlagen werden dürfen und genau ausgezählt werden müssen:

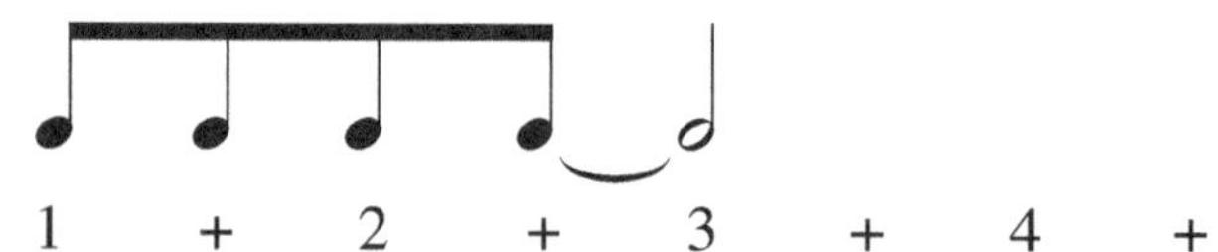

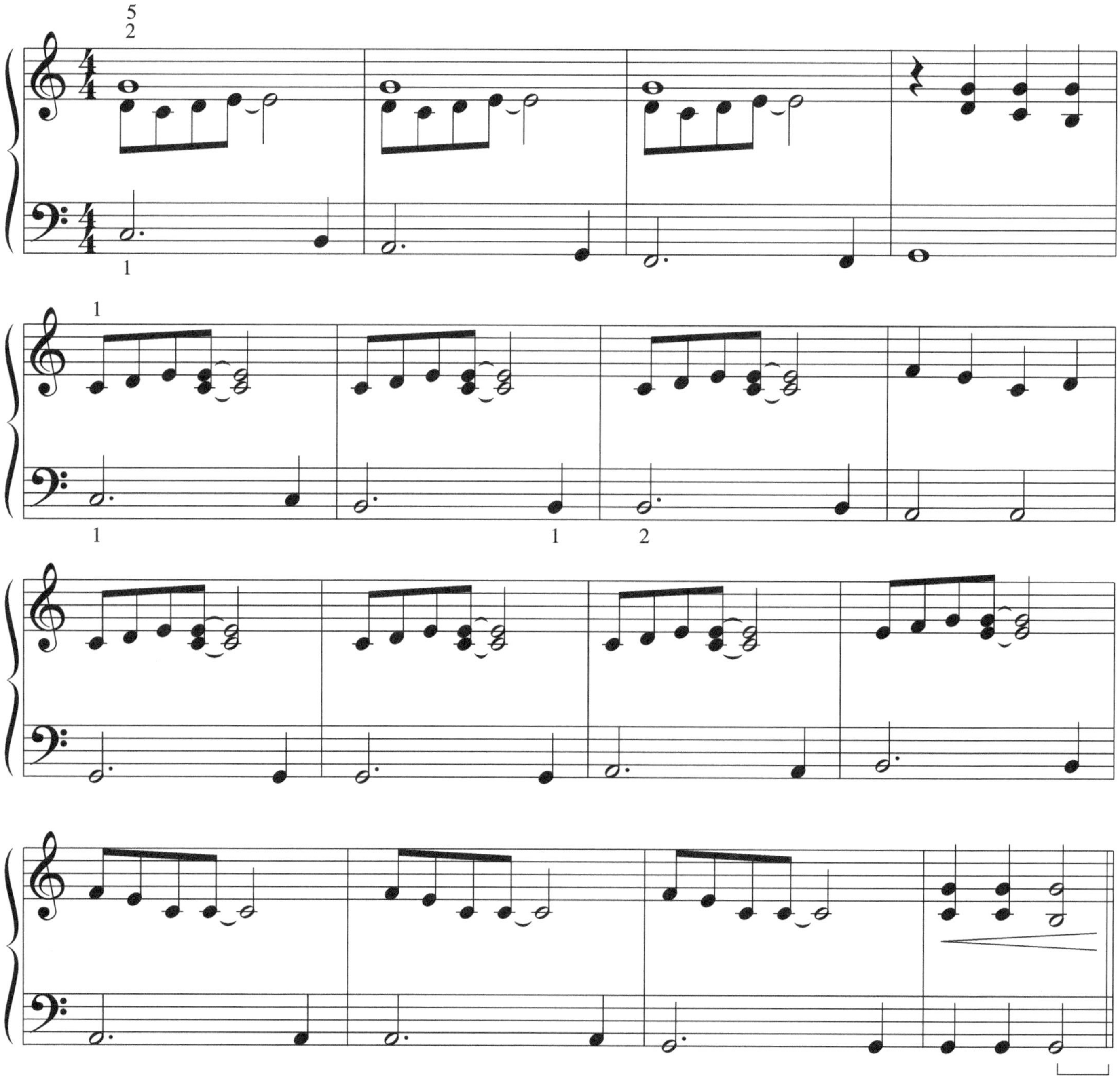

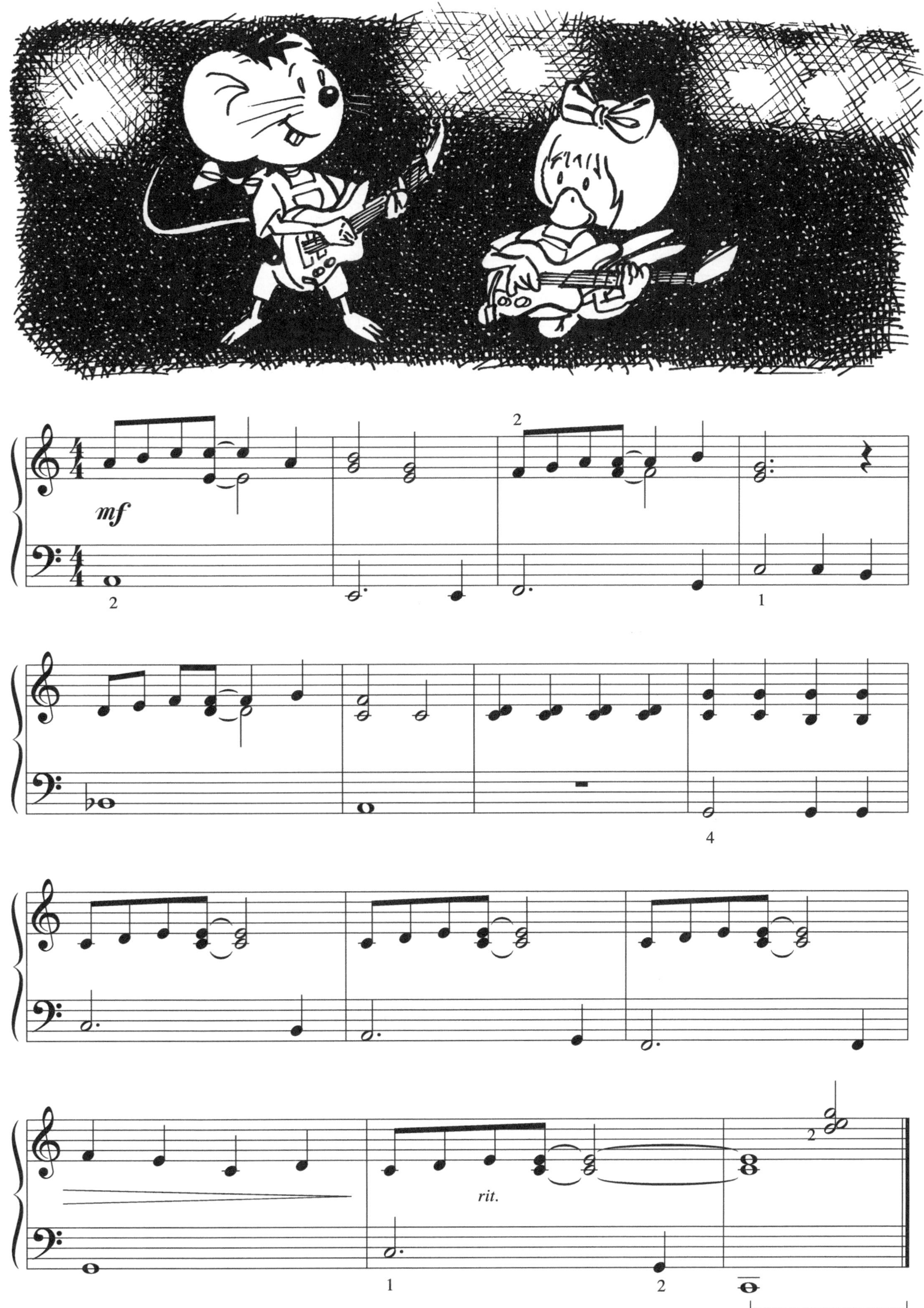
mf
rit.

Lexikon

Accelerando, acc, zeigt an, dass man immer schneller werden soll. *Accelerando* heißt übersetzt „beschleunigen" (S. 66).

Adagio siehe *Tempobezeichnungen.*

Allegretto siehe *Tempobezeichnungen.*

Allegro siehe *Tempobezeichnungen.*

Andante siehe *Tempobezeichnungen.*

Andantino grazioso *siehe Tempobezeichnungen.*

Arpeggio zeigt an, dass eine Tonreihe sehr schnell hintereinander gespielt werden soll (S. 60).

Auflösungszeichen ♮ macht die Vorzeichen (♭ oder ♯) unwirksam (S. 15).

Chromatische Reihe ist eine Tonreihe, die nur aus Halbtonschritten besteht (S. 16).

Be (♭) erniedrigt um eine kleine Sekund (S. 11).

Betonungszeichen $>$ zeigt an, dass der Ton besonders betont werden soll (S. 38).

Daumenuntersatz ist ein wichtiges „Transportmittel". Der Daumen wird unter den 2. oder 3. Finger geführt. Umgekehrt geht das auch: Der 2. oder 3. Finger wird über den Daumen hinweg geführt (S. 26).

Dur-Dreiklang wird aus einer großen Terz und darauf aufbauend einer kleinen Terz gebildet (S. 52).

Dur-Tonleiter ist eine Leiter aus Tönen, die in einer ganz festen Ordnung aufgebaut sind: 2 Ganz-, 1 Halb-, 3 Ganz- und 1 Halbtonschritt (S. 28).

F-Dur-Tonleiter ist die Tonart mit einem ♭. Jedes **H** wird zu **B** erniedrigt (S. 31).

G-Dur-Tonleiter ist die Tonart mit einem ♯. Jedes **F** wird zu **Fis** erhöht (S. 29).

Glissando zeigt an, dass eine Tonreihe sehr schnell hintereinander gespielt werden soll (S. 57).

Hauptdreiklänge sind die Dreiklänge, welche auf der I., IV. und V. Stufe einer Dur-Tonleiter stehen. Das Tonzentrum wird von der I. Stufe gebildet, sie heißt *Tonika.* Die Ausdehnung des Tonzentrums wird von der IV. Stufe übernommen, diese heißt *Sub-Dominante.* Die V. Stufe beherrscht das Geschehen, sie heißt *Dominante.* Weil diese Dreiklänge so wichtig sind, heißen sie Hauptdreiklänge (S. 54 u. 55).

Hilfslinien bekommen Noten, die über- oder unterhalb der fünf Notenlinien sitzen (S. 25).

Kreuz (♯) erhöht um eine kleine Sekund (S. 9).

Kurzer Vorschlag ist eine Verzierungsnote, die unmittelbar vor oder gleichzeitig mit der Hauptnote erklingen kann (S. 78).

Metronom ist ein Gerät, mit dem man genau einstellen kann, wie oft der Grundschlag pro Minute angeschlagen wird. **MM♩=120** heißt z. B., dass bei diesem Zeitmaß 120 Schläge in eine Minute passen (S. 37).

Moderato siehe *Tempobezeichnungen.*

Moll-Dreiklang wird aus einer kleinen Terz und darauf aufbauend einer großen Terz gebildet (S. 52).

Moll-Tonleiter startet von dem 6. Ton der Dur-Tonleiter. Es gibt jedoch, anders als bei der Dur-Tonleiter, drei Formen der Moll-Tonleiter: *Natürlich-Moll* übernimmt das Tonmaterial der entsprechenden Dur-Tonleiter, beginnt aber beim 6. Ton (kleine Terz, kleine Sext, kleine Sept). *Harmonisch-Moll* erhöht den 7. Ton (große Sept). *Melodisch-Moll* erhöht den 6. und den 7. Ton (große Sext und große Sept) (S. 62).

Nebendreiklänge sind die Dreiklänge, welche sich auf der II., III. und VI. Stufe bilden (S. 58).

Oktavbezeichnungen sind die Namen für die verschiedenen Oktaven vom **C** bis zum **C**: *Subkontra-Töne, Kontra-Oktav, große Oktav, kleine Oktav, ein-, zwei-, drei- und viergestrichene Oktav* (S. 18).

Oktavierungszeichen 8va zeigen an, dass Töne eine Oktave höher als notiert erklingen sollen. Wenn sie eine Oktave tiefer erklingen sollen, wird das Oktavierungszeichen 8vb unter die Noten gesetzt, das kleine „b" steht für „bassa" (Bass), damit es keine Verwechslung gibt (S. 67).

Ostinato ist eine Figur aus Tönen, die sich immer wiederholt (S. 39).

Pedalzeichen 𝆮 ✻ zeigen an, wann das rechte Pedal eingesetzt werden soll (S. 48).

Praller 𝆗 wird gesetzt, wenn ein Ton mit seiner oberen Nebennote verziert werden soll. Die Hauptnote und die verzierende obere Nebennote werden schnell auf die Zählzeit angeschlagen und zur Hauptnote geführt (S. 86).

Presto siehe *Tempobezeichnungen.*

Ritardando, rit, zeigt an, dass man immer langsamer werden soll. *Ritardando* heißt übersetzt „verzögern" (S. 69).

Sempre staccato bedeutet, dass immer *staccato* gespielt werden soll (S. 25).

Synkope nennen die Musiker, wenn in einem Takt eine unbetonte Zeit betont wird (S. 6).

Teil A, Teil B, teilt ein Musikstück in verschiedene Teile. Diese werden dann einfach mit großen Buchstaben gekennzeichnet (S. 64).

Tempobezeichnungen legen fest, ob ein Stück schnell oder langsam gespielt werden soll. Oft werden italienische Worte gebraucht: *Adagio* = „langsam", *Allegretto* = „mäßig schnell", *Allegro* = „lebhaft", *Andante* = „gehend, in ruhiger Bewegung", *Andantino grazioso* = „ruhig, anmutig", *Moderato* = „mäßig bewegt" und *Presto* = „sehr schnell" (S. 37).

Tonart legt fest, mit welchen Tönen ein Stück gespielt wird. Man erkennt die Tonart an den Vorzeichen ganz zu Beginn einer jeden Zeile (S. 33).

Triole teilt drei Achtelnoten auf den Wert einer Viertelnote auf (tri = drei). Man erkennt die Triole an der „schrägen 3" über oder unter den Noten (S. 50).

URKUNDE

Hiermit wird von Lilli und Resa bescheinigt, dass

____

Die KLAVIER-SPIEL-SCHULE

mit Lilli und Resa

Band 2

erfolgreich abgeschlossen hat und jetzt mit Band 3 beginnen kann.

____

DATUM

____

LEHRER / IN

Klavier-Spielplan

Jedesmal, wenn Lilli Klavier spielt, kreuzt sie das im Spielplan an. Resa schreibt sogar ihre Spielzeit auf.

Die Klavier-Woche beginnt mit dem Tag, an dem sie Unterricht haben.

Woche von – bis	Was ich spiele ...	Worauf ich achte ...

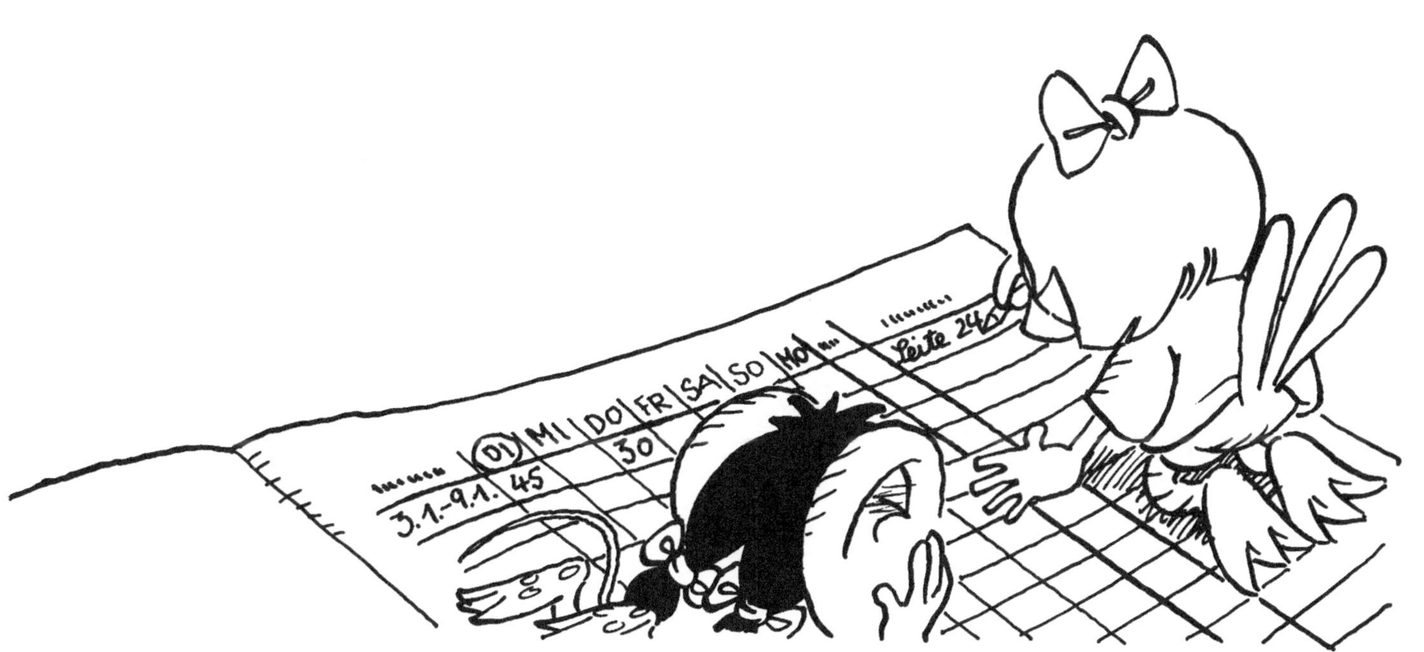

1. Tag	2. Tag	3. Tag	4. Tag	5. Tag	6. Tag	7. Tag	Fragen, Wünsche, Ziele

Woche von – bis	Was ich spiele ...	Worauf ich achte ...

1. Tag	2. Tag	3. Tag	4. Tag	5. Tag	6. Tag	7. Tag	Fragen, Wünsche, Ziele

Seite zum Kopieren

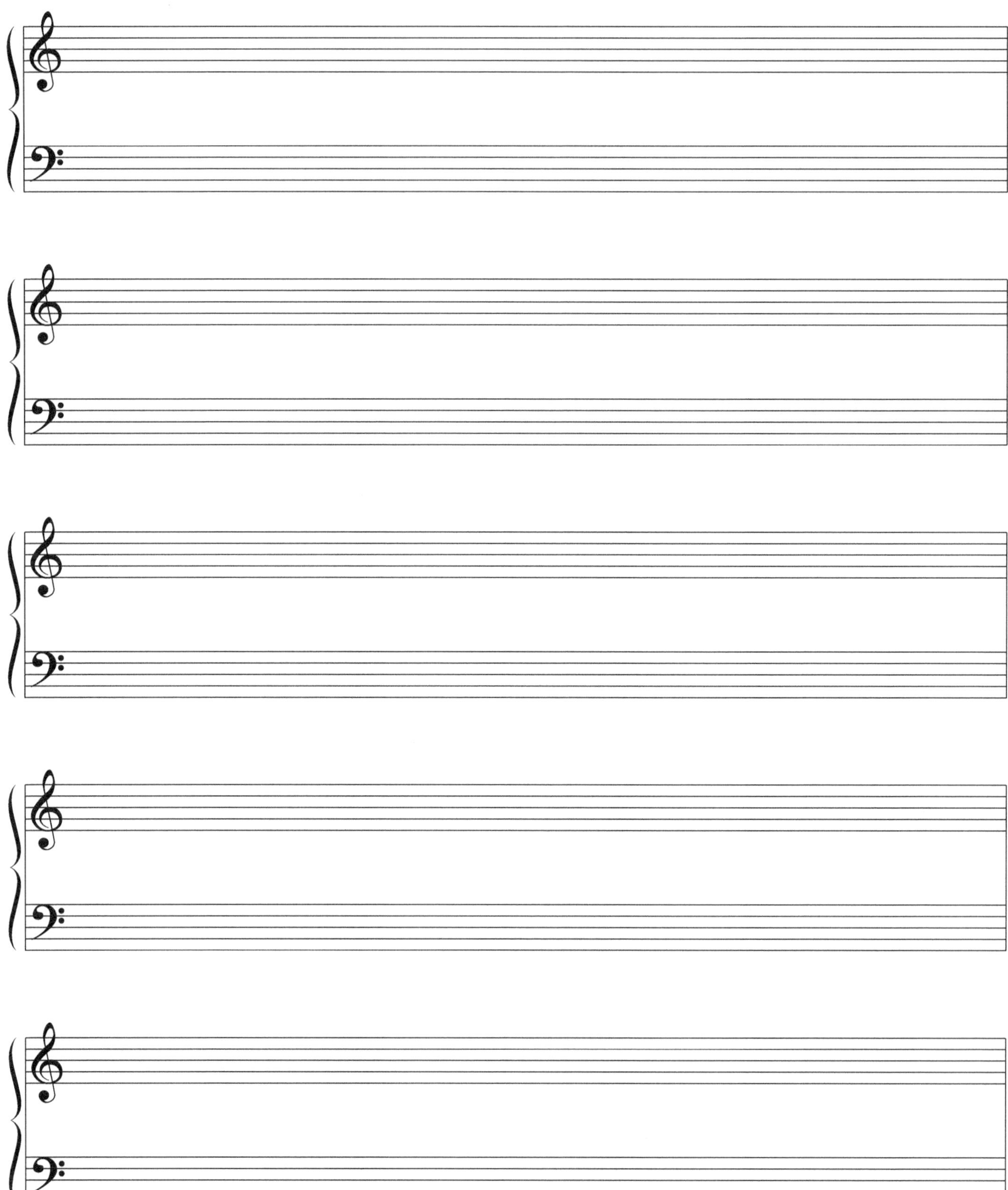